U0791139

智能社会

打造未来全新商业版图

高金波 著

AN
INTELLIGENT
UTOPIA

中信出版集团 · CHINACITICPRESS · 北京

图书在版编目（CIP）数据

智能社会 / 高金波著 . -- 北京：中信出版社，
2016.6（2025.1 重印）
ISBN 978-7-5086-5714-1

I. ①智… II. ①高… III. ①经济发展趋势—研究
Ⅳ. ①F113.4

中国版本图书馆 CIP 数据核字（2015）第 284644 号

智能社会

著　　者：高金波
策划推广：中信出版社（China CITIC Press）
出版发行：中信出版集团股份有限公司
（北京市朝阳区东三环北路 27 号嘉铭中心　　邮编　100020）
（CITIC Publishing Group）
承 印 者：北京盛通印刷股份有限公司

开　　本：880mm×1230mm　1/32　　印　　张：11.75　　字　　数：258 千字
版　　次：2016 年 6 月第 1 版　　印　　次：2025 年 1 月第 8 次印刷
书　　号：ISBN 978-7-5086-5714-1
定　　价：49.00 元

版权所有 · 侵权必究
凡购本社图书，如有缺页、倒页、脱页，由发行公司负责退换。
服务热线：010-84849555　　服务传真：010-84849000
投稿邮箱：author@citicpub.com

目 录

前言

互联网将世界一分为二——实体世界和虚拟世界。在虚拟世界之中，智能企业的典型特征是将“大众创造”出售给大众。譬如，你通过微信与朋友聊天，你既是信息的制造者，又是信息的使用者；你使用谷歌搜索，你的每次搜索选择都促使谷歌更加“聪明”；你使用YouTube（一个视频网站），你既是视频的提供者，又是视频的收看者……

如果没有你（消费者），微信、谷歌、YouTube等企业将毫无竞争力。因此，在虚拟世界，消费者替代员工成为创新的主体，成为竞争力之源。这是一种全新的创新方式，使智能企业具有几乎零就业承载、零成本的特征。谷歌、百度、腾讯、阿里等智能企业核心业务单元的净利润率都能轻松超过50%，这在实体领域是不可想象的。

某种程度上来讲，智能企业只从大众口袋拿走钱，而几乎不为大众提供就业机会。每个智能企业都像一个自我强化的现金黑洞，吞噬着实体世界的现金。当现金由实体世界单向流向虚拟世界时，虚拟世界的自我强化与实体世界的自我弱化，必然相伴发生。阿里市值超越中石油就是虚拟世界自我强化的明证。底特律、通用汽车、诺基亚的破产是实体世界自我弱化的缩影。

在自我强化的机制推动下，虚拟世界的企业逐渐长成参天大树，并将智能化的触角伸向实体领域。智能化全面入侵实体领域，“亏损潮”随之而至。这是我们感觉钱越来越难赚和幸福常常从指间溜走的根本原因。在零售领域，电商可以覆盖所有的用户群体，几乎所有的实体零售商都在电商的打击范围之内。电商的成本会随着规模化和智能化技术的引入而不断下降，而实体零售商的成本却会随着房租、人力成本的上涨而持续上升。

两者之间的竞争是不对等的，京东们像开着飞机向地面扫射的特种部队，而实体零售商则像拿着大刀长矛的义和团。京东们每亏损1元钱，都可以打掉实体零售商百元级别的利润。这种杠杆效应让华尔街愿意给京东们提供更多的炮弹，以“伤己20，杀敌2000”的毁灭方式来完成对传统零售业的颠覆。

显然，这种颠覆的终极埋单者是大众，因为利润是市场的氧气。在服务领域，团购网站并不创造价值，却强行将成本分摊到饭店、酒店、洗浴、桑拿、美发等服务商头上。腾讯推出的“1分钱洗车”，看似有利于车主，实则是垄断的前奏。在运输领域，谷歌推出的无人驾驶技术日趋成熟，并开始在商业运输和出租车领域替代人力。在生产领域，立体农业和无人工厂正在取代农民和产业工人，使生产加速进入智能化阶段……

要么颠覆，要么被颠覆！中间道路是很难走下去的。这是智能化全面入侵实体产业和人类就业的真实写照。在原有的机制下，无论人类如何努力都无法与智能机器、智能软件匹敌，因为智能企业的核心赢利方式是将“大众创造”出售给大众，是一种自我强化的现金黑洞。

人类如何摆脱被智能机器颠覆的命运呢？这是笔者从2009年开始深入思考的问题。经历5年多的探索，本人基本穿越工业社会的迷雾，找到了解决问题的钥匙。互联网的普及让筹集资金的奇点开始显现，余额宝一年时间可以募集万亿闲置资金。如果这种募集资金的方式不是继续流向金融业，而与中国农业对接，那么，1万亿资金会使中国农业升级为荷兰式农业。后者以高效而著称，20万荷兰“农民”每年创造价值7000多亿人民币的农产品出口。

如果在中国复制20个荷兰式农业产区，中国的绿色农产品产值将达到14万亿元。这些产出由农民和市民分享，那么，就业将可以从容地从钢铁、煤炭、水泥、建材和房地产领域退出。雾霾之源将因此逐渐消除，天空湛蓝、河水清澈、牧草肥美、果蔬天然将不再是奢望。

如果这些资金与中国教育业对接，那么，不仅可以为中国创造出全球最大的智能教育平台，更能够为中国人带来空前的智力平等。如果这些资金与电动汽车行业对接，中国将彻底摆脱石油美元的禁锢，进一步降低化石能源污染和噪声污染。如果这些资金与中国医疗行业对接，那么，中国医疗行业将很容易升级为智能医疗，困扰中国人的医疗问题将迎刃而解。如果这些资金与服务业对接，那么，联网的智能厨房将可以使我们自由享受全球美味。如果这些资金与智能机器人对接，那么，量产后的智能机器人将不仅可以为工厂服务，更能走入我们的家庭……

如果我们允许“如果”，若干个万亿会变为若干个几十万亿。我们的社会将以渐进的、自然的方式升级至一种全新的形态。这种社会形态以智力平等和投资机会平等为基础，民主和自由深入经济的每根末梢神经。在这种社会，人类的主体任务是消费与享受，劳动的主体义务由智能机器承担。社会矛盾会因“不劳而获”程度的深入而逐渐化解。这种全新的社会形态，可以称为智能社会。

本书将结合全球最新的智能技术、群体开放式创新和市场上的合理机制，从消费者和企业两个视角分别绘制通往智能社会的蓝图，分别以量化的方式来论述如何使农业、教育、医疗、金融、汽车、交通、智能机器人等领域的“如果”变成现实，如何以渐进的、合作的、自然的方式撬开智能社会的大门。

如果你的目标是希望成为李嘉诚，那么，本书一定会让你大失所望。如果你的目标仅是希望享受北欧式的环境，远离雾霾和垃圾食品；如果你的目标仅是希望享受北欧式福利，远离上学难、看病难、养老难；如果你的目标仅是希望获得民主和自由，远离垄断和腐败；如果你的目标仅是希望用碎片时间和智力每年换取十几万的收入，使经济自由度更进一步——那么，智能社会将可以一站式地满足你的要求。

第一部分

未来，不在现在之中

第一章　智能教育

开启在线教育市场、打开智能大门的钥匙

每部智能手机都能装下整个平面世界，因为每部智能手机都可以自由采集、传输和播放“现场”。如果智能手机播放内容的能力更进一步，突破平面，变成立体视频，那么，会对教育行业产生什么样的颠覆性影响？

我们先来展望一下。每部智能手机都可以装下全球名校名师的立体授课现场，可以同步传输授课信息，不受时间、地点限制。全球名师将变得“分身有术”，名校名师服务学生群体将不再受时间和地点的限制。当“分身有术”的名师平均服务学生数量由现在的几十人增加至未来的上万人时，教育行业的效率将获得大幅提升，在教师整体数量下降95%的基础上，大学教育反而可以获得普及。

这一切并非科幻，而是正在展开的未来。

美国南加州的创业公司Ostendo花了9年时间研发了一款适用智能手机的投影仪。它嘀嗒糖大小，在一枚电脑芯片的支持下控制每束光（以100万像素为单位）的颜色、亮度。该芯片可插进智能手机，支持在对角线约1.2米的平面上放映视频。而更多的芯片连缀在一起可以呈现更大、更复杂的图像。其创始人侯赛因·S·埃尔–格劳利（Hussein S. El-Ghoroury）介绍，第一代Ostendo芯片仅支持二维放映，但下个版本将支持全息影像。Ostendo称，他们将推出二维投影仪，三维芯片也将很快投产。Ostendo的长期愿景是希望自家的芯片应用到各种有屏幕的设备中去。

另一家叫作Bleen的美国公司宣称已经开发出世界第一款真正的三维全息投影系统。该系统直接将画面投射到现实三维空间中，不需要墙面和幕布，真正实现了360度无死角的视频观看。Bleen公司的这款设备外形像一枚蛋，重5.5公斤，里面是未来的影像系统。Bleen公司用激光加上特有的三维投影技术，能在空气中投射出三维图像，投射出来的全息图像最高可以达2.5米。

如果Bleen公司的“蛋”真的技术成熟，那么，只要将清华或麻省理工的课堂安装360度高清影音采集系统，在世界任何地点，通过这枚“蛋”，学习者都可以自由进入清华或麻省理工的任意一间课堂。如果这枚“蛋”是成熟的，民办高校显然会把聘请教师的大部分费用节省下来，用以购买名校课堂的版权。如果名校资源以有偿的方式通过这枚“蛋”出售，学习者可以通过这枚“蛋”在任何场所自由收看名校同步的立体课程。

巨头们同样对立体现场搬运市场虎视眈眈。微软和AMD公司在研发自家的虚拟现实屋；惠普分拆出了一家公司叫Leia，希望把三维成像搬到智能手机上来；Facebook（脸谱网）花20亿美元买了Oculus VR公司；亚马逊也即将推出裸眼三维手机。日本的2022年世界杯申办计划书中，包含了一份叫“世界球迷节”的方案，日本将出资60亿美元为全球观众提供三维的世界杯比赛直播。届时在日本的比赛现场将有200个高清摄像头360度捕捉比赛实况，而在208个国家的400座大型体育馆内的3.6亿观众可以同时观看三维的比赛直播。

……

将已经成熟和正在成熟的技术加以组合，我们会发现，在未来，我们可以将全球名校课堂、全球的工厂、全球的实验室和其他立体现场装在一个盒子中。通过这个盒子，我们可以自由地进入全球任何一所名校的课堂，去聆听任何一位名师的课程。通过这个盒子，我们可以进入希望进入的最先进的工厂，去自由参观柔性生产线，去了解与研究零件加工、组装的每一个步骤与工艺。通过这个盒子，我们可以自由进入全球的实验室，去了解前沿科技的进展，参与开放式的讨论与分享。

这个盒子可以是超高清的智能全息投影设备，可以是我们客厅的智能电视，可以是我们的笔记本电脑，也可以是智能手机、智能眼镜、智能手表。技术的进步会让这个盒子的个头不断变小，价格越来越低，而呈现给我们的立体现场却越来越逼真，画面越来越庞大，使人如身临其境，亦幻亦真。

展开的未来是立体与丰满的，但现在却是骨感与无奈的。学校是科学技术的源头，但现代教育却与智能化绝缘，教师与教师之间、学校与学校之间仍然缺少高效的沟通机制。孤岛式的信息以“竖井”的方式进行传递，教师被锁死在讲坛之上，日复一日机械式地重复着大同小异的内容，激情与梦想与大部分教师绝缘。

是什么让教育与智能化绝缘？

是什么阻挡了智能化进入教育领域的脚步？

是什么让高科技只能服务于影视娱乐，只能服务于给虚拟人物或给已故明星开演唱会呢？

是什么让学生的书包越来越重？

是什么让教育开支越来越高？

是什么让创新陷入自锁状态？

带着疑问，我们去探寻解决问题的路径。探索需要以假设为支点，随后在假设的基础上层层递进。这很容易造成逻辑上的混淆。为了避免这种混淆的出现，我们以问答的方式来探索智能教育展开的路径。在问答过程中，我们引入两个逝去的经济学家——亚当·斯密和马克思——由他们来引导我们思考如何通过共赢的方式开启智能教育的大门。

货币的增发机制

亚当·斯密：女士们、先生们，诸位对开启智能教育有什么看法？

天涯网友：观望、议论、争论、沉默！

亚当·斯密：解决问题要靠机制，我们先看一个案例。

从财报来看，创立10年的京东一直未曾赢利。

2011 年，京东营收 211.3 亿元，净亏损 12.84 亿元；

2012 年，营收 413.8 亿元，净亏损 17.29 亿元；

2013 年，营收 693.4 亿元，净亏损 0.5 亿元；

2014 年第一季度，营收 226.57 亿元，净亏损 37.95 亿元；

京东在美国上市后，融资 17.8 亿美元，市值却接近 400 亿美元。

那么，请问诸位，除融资以外增加的 300 多亿美元市值来自哪里？

工程师：京东过去从来没有获利，现在仍然在亏损。这 300 多亿增量市值应该是建立在一个假设基础之上——京东的未来营收可以产生利润。

亚当 · 斯密：美国股市允许京东假设的基础是什么？

工程师：有人愿意出资 17.8 亿美元，认购部分股权价值（投资人认可）。

亚当 · 斯密：投资人认可京东的条件是什么？是刘强东的个人魅力强大吗？

工程师：京东市场占有率领先，消费者认可京东。

亚当 · 斯密：美国股市，连贯的内在逻辑是什么？

工程师：获得消费者认可的创新企业可以通过假设提取未来利润，用于现在的发展。

亚当 · 斯密：透支的未来利润需要偿还吗？

工程师：京东未来扭亏为盈，市值还会增加。因此，透支不仅不需要偿还，透支额度还可以增加。

亚当 · 斯密：在京东上市的案例中，有三点值得我们借鉴。第一，未来不在现在之中，创新需要允许假设；第二，允许假设的基础是消费者认可；第三，市场的欠条不需要创新者偿还。

工程师：市场怎么偿还这个欠条？

亚当 · 斯密：你喜欢什么？

工程师：钱。

亚当 · 斯密：市场把股权（钱的等价物）奖励给创新参与者，创新参与者用现金购买“你”提供的商品与服务，最终“你”获得了想要的钱，所以，市场的欠条是货币，而货币不需要偿还。

工程师：哦，增发的货币转化为订单和工作机会，双赢！

农民：什么是市值？我没有搞懂？

工程师：市值是指一家上市公司的发行股份按市场价格计算出来的总价值，其计算方法为每股股票的市场价格乘以发行总股数。

农民：这个和印钞票有啥关系？

工程师：举例来说，你们镇的土地现在是按照一家一户方式经营，每亩土地净收益仅为 500 元，你家有 5 亩土地，每年净收益 2500 元。如果以集资方式联合成立一家农业公司，按照荷兰的农业方式生产，土地单位面积产生的净利润会增加 19 倍左右，变成每亩收益 1 万元。假设你们镇有土地 6 万亩，每年产生的净收益将由 3000 万元提升至 6 亿元，年净利润超过北大荒。你们将这家农业公司上市，其市值大约为 120 亿元。这就产生了一个全新的情况，即土地还是农户的，产出增加了 19 倍，而且农户股权账户上增加了 120 亿元的股权资产。对你而言，你手中的股票价值为 100 万元，这些股票每年为你分红 5 万元。

农民：这些钱哪来的？

工程师：你们选择的创新方式使效率（净利润）提升了 19 倍，所以市场给你们增发 120 亿元的奖励。这是西方人创造的一种创新奖励机制，也是一种货币增发机制。如果这种创新发生，城镇化的方式就可以发生根本性的转变。因为你们很容易整合其他镇的土地资源，现代化的农业公司、种子公司、农业大学会自然向你们镇靠拢，依托产业创新的新型城镇会自然兴起。土地是你们自己的，资金是你们自己的，城镇化是没有泡沫的，也是绝对健康的。

白领：荷兰式农业要高投入，你的假设中并没有说谁来完成投入？

工程师：这就是问题的关键。如果股市允许假设，那么，可以通过股市先募集资金完成农业升级，使农业效率获得飞跃，股民和农民会获得共赢的结果。但目前中国股市不允许这种假设，就锁死了创新获得市场奖励的路径，也就锁死了创新的路径。

教育升级的路径

亚当·斯密：既然创新需要允许假设，我们不妨从一个假设开始，请问中国最好的大学是哪所？

家长：清华！北大！

亚当·斯密：好，我们先以清华为例。如果清华大学在其官网发布一则声明，初中以下学生家长在其官网缴纳 1 万元赞助费，可以获得一个保送清华的名额，报名期限为三个月。该声明在人民网、新华网、新浪、搜狐、百度新闻等门户网站同时发布。那么有多少家长愿意缴纳赞助费？

家长：愿意（异口同声）。

家长：如果孩子还没有出生，可以报名吗？

亚当·斯密：可以。

家长：高中可以吗？

亚当·斯密：不可以，时间来不及。

专家：缴纳赞助费是违规的。

亚当·斯密：那我们更换一个说法，“预收 1 万元学费”，获得保送名额。

家长：清华怎么能容纳那么多学生？

亚当·斯密：按照传统方式，肯定不行。但清华却可以通过全息投影等技术将其课堂立体地搬到任何一间教室；通过技术让清华教师变得“分身有术”，通过最新三维建模技术让每个知识点变得立体与生动，使学生容易学，愿意学。

家长：是清华正规的毕业证和学位证吗？

亚当·斯密：当然。

家长：一个毕业证就值了。

亚当·斯密：你们估计清华可以获得多少赞助费或预付款？

家长：目标用户数量应该不少于 2 亿。按照 20% 付费，至少可以获得 4000 亿现金（这个数字几乎超乎想象）。

亚当·斯密：清华获得4000亿预付款，是否可以完成以下几项工作？

第一，创建传统视频教育平台。将清华大学、清华附中、清华附小的全部授课课程制作成360度超高清的视频教程。按照好莱坞特效的制作方法，将所有知识点进行三维建模、加入三维影像，通过后期制作加入高清授课内容之中，使知识点真正变得立体与生动。随后，建设一个视频教育网站，以每年1000元的价格面向全社会出售。

第二，开发全息投影软硬件系统。成立全息投影及相关智能设备生产的高科技公司，在收购成熟技术的基础上，进行二次研发，为清华未来教学提供持续改进的联网的全息投影成套设备。在软件方面，该公司对高清教学视频、三维模型、三维影像进行剪辑加工，将其变成全息影音教学内容。这些努力将使学生在每间教室听课获得的视听感觉都和真实听课感受接近一致。

第三，建设智能化的大学城。大学城教室设计按照新技术要求施工，功能上满足：（1）将全息投影设备直接与互联网对接，使全息投影设备不仅可以放映录制好的、经过加工剪辑的授课内容，也可以让教师直接“进入”任何一间教室，与学生直接互动，使新老校区共享清华教学资源；（2）在智能教室内，利用全息投影设备可虚拟拆分、虚拟组装、虚拟加工机器与零部件，通过人机互动了解生产、加工工艺过程等实用内容，通过人机互动进行虚拟实验和操作；（3）教室内有360度全息影像采集系统，使教师同样可以看到每间教室的真实情况，对学生的学习情况有一个清晰的了解。教师要查看不同教室仅需切换按钮即可完成教室转换。

工程师：用4000亿完成以上几项简单且确定性的工作，属于杀鸡用牛刀。第一项整体成本不会超过10亿元，剩余的资金（外包+自主研发）实现第二、三项工作是很轻松的。

家长：很多智力平庸的人涌入清华，会不会砸了清华的牌子？

亚当·斯密：中国人和英国人智力上有差别吗？

家长：没有。

亚当·斯密：中国人口多，还是英国人口多？

家长：中国。

亚当·斯密：单纯从智力角度看，清华、北大生源好，还是剑桥、牛津生源好？

家长：清华、北大。

亚当·斯密：剑桥、牛津的世界排名靠前，还是清华、北大靠前？

家长：（沉默）……

亚当·斯密：德国人制造的商品质量好，还是中国人制造的商品质量好？

家长：德国人。

亚当·斯密：原因呢？

家长：德国人整个工业体系起点比中国高；德国人始终注重过程控制，对过程要求精益求精；对群体而言，好的过程控制必然带来好的结果。明白了！智能教育每个细节、每个知识点都因加入三维立体影音而变得生动与易懂，好的过程会带来教育的整体升级。

亚当 · 斯密： 继续思考。50 年前，哈佛知名度高还是斯坦福知名度高？

家长： 哈佛。

亚当 · 斯密： 50 年前哈佛生源好，为什么斯坦福反而孕育出那么多改变世界的企业？

家长： 斯坦福给学生提供了创新的环境和初始创新基金——免费的办公场所，让学生有机会开启创新。小改变拆除了知识与技术之间的藩篱，让知识转化为技术的难度大幅度降低了。

农民： 斯坦福是干啥的？

工程师： 斯坦福大学，是美国的一所私立大学，其在 2014 年《美国新闻与世界报道》最新美国大学综合排名第 5 位，2013 年 QS（教育组织 Quacquarelli Symonds）世界大学排名第 7 位，2013 年泰晤士高等教育世界大学排名第 4 位，现在，被认为是世界上最杰出的大学之一。

斯坦福始建于 1885 年，在诞生后的头 70 年里，它根本排不进美国一流大学的行列，更不要说和哈佛大学竞争了。到“二战”后，斯坦福大学已经入不敷出，出现严重的财务危机。斯坦福大学当时还没有这么多富有的校友可以依靠，它最大的一笔财富就是斯坦福夫妇留下的 8000 英亩（约 32 平方公里）土地，而大学的中心校园占地不到其 1/10。

第二次世界大战后，美国的电子工业发展很快，由于和亚洲的联系比“二战”前紧密了很多，新兴的电子工业和航空工业成了加州的经济支柱。很多公司有意从斯坦福大学购买土地，但是斯坦福夫妇的遗嘱规定学校永远不许出售土地。

帮助斯坦福大学解决这个问题的是它的一位教授弗里德里克·特尔曼，他后来被称为“硅谷之父”。他仔细研究了斯坦福夫妇的遗嘱，发现里面没有限制大学出租土地，于是他兴奋地声称找到了解决问题的秘密武器——建立斯坦福科技园。斯坦福科技园将 1000 英亩（约 4 平方公里）土地以极低廉、只具象征性的地租，长期租给工商业界或毕业校友设立公司。他们再与学校合作，提供各种研究项目和学生实习机会，由此斯坦福成为美国首家在校园内成立工业园区的大学。

得益于拿出土地换来的巨大收获，斯坦福使自己置身于美国的前沿——工业园区内企业一家接一家地开张，不久就超出斯坦福能提供的土地范围，向外发展扩张，形成美国加州科技尖端、精英云集的“硅谷”。斯坦福大学被科技集团与企业重重包围，与高科技、商界、实用主义和开拓精神这些典型的美国精神建立了密切的联系。随着美国西海岸高科技带的兴起，各个电脑公司包括世纪宠儿微软公司都在这一线安营扎寨，斯坦福大学的地位越来越举足轻重。

斯坦福大学的毕业生创造了世界众多一流企业，包括惠普（HP）、思科（Cisco）、易贝（eBay）、美国艺电（Electronic Art）、盖璞（Gap）、谷歌（Google）、耐克（Nike）、太阳微系统（Sun）、雅虎（Yahoo）等数以百计的美国知名上市公司。

亚当·斯密：清华新校区获得土地资源的难度大吗？坐拥4000亿资金的清华是不是可以在斯坦福模式的基础上更进一步？

家长：如何更进一步？

亚当·斯密：第一，在农业领域，学习荷兰，建设玻璃城，发展有机农业；第二，在养殖领域，学习荷兰和丹麦；第三，在全息投影、智能电视、智能穿戴设备领域，创造自己的标准；第四，在运输领域，引入零能耗的太阳能智能飞艇；第五，在生产领域，发展智能机器人；第六，在服务领域，创造智能厨房，使丰富的中国菜走向标准化。

中国有最大的市场需求，有世界工厂，这是中国的核心优势。

硅谷只有一个，你不能抄袭其内容，只能学习其本质。硅谷的本质是打通大学知识和企业技术的界限，使本科生阶段就可以接触到前沿的实用技术与科学。百闻不如一见，百见不如自己动手实验，动手实验需要有持续的利润，而持续的利润只能源自实业。当清华将整个价值链全部打通时，它将可以创造自己主导的创新环境，这才是硅谷和斯坦福的本质。

家长：新大学城选址在哪里？北京、上海还是广州？

亚当·斯密：选在北上广你能拿到充足土地吗？为什么不能选址农村？

有充足的钱、相对成熟的技术和方向、充裕的人才，选址农村，智能学校将有充足的土地发展荷兰式农业。有了荷兰式农业，学生才能在本科阶段接触最先进的农业，打通知识和技术界限的农学院才能领驭世界。选址农村可以从零开始，电动汽车、无人驾驶、道路无线充电等新技术才能获得批量应用，这也是美国人为无人驾驶汽车打造专用小镇的原因。

选址农村，清华才有能力创造自己主导的环境，为校友和优秀毕业生创新提供免费的办公场地、设备和资金，甚至包括订单。当毕业生可以在自由的环境中进行创新，并逐渐产生领驭世界的高新技术企业群时，智能新校区将自然超越清华本部。

高新技术产业群的诞生将为清华毕业生提供大量高薪工作机会。智能大学会将农村变成智能城市，而其他城市升级为智能城市的过程中，基于智能学校的企业群体将可以充分享受订单高速增长的盛宴。值得中国人借鉴的是美国的城市发展模式，高新企业选择小镇，随后，小镇因企业而变为新兴城市，成为美国人的骄傲。

创新不是向中心去扎，而是选择处女地，只有处女地才有无限增长空间，只有处女地才能将最新技术按照生产成本进行应用。在一个车位已经高于一辆汽车价格的北上广深，你如何发展电动汽车？如何普及无线充电技术？如何进行智能飞艇实验？如何实验智能厨房？

智能教育市场的营收边界

家长：我们只是交了赞助费，上智能学校还要我们交多少钱？

亚当·斯密：你觉得还应该交多少钱？

家长：有如此多的先进设备和这么好的条件，是不是每年都要缴纳很多学费？

亚当 · 斯密：有可能，也可能一分钱不用缴纳。至于收多少学费，选择权在清华手中，我无法判断。但我可以帮你们分析一下，清华智能教育未来可以获得的收益项目。

第一项是最不起眼的视频教育平台的收益。从小学至大学全覆盖课程，凭借清华的金字招牌和精益求精的内容制作与录制，以 1000 元的价格在互联网上出售，很容易俘获大量的中国学生和来观摩学习的教师。中国在校学生 2.3 亿，我们按照 5% 选择使用该平台作为辅助教学工具，清华每年可以获得 115 亿元营收（这已经超过很多互联网大佬的营收），而视频网站的运营成本最多只有几亿元。这意味着，该平台会将大部分营收转化为净利润。

第二项收益来源于全息投影设备量产后对外销售。清华这家高科技公司还可以继续向全息电视、全息手表、全息手机领域拓展，成为全息电视、全息穿戴设备领域的开拓者。

第三项收益来源于智能学校的通路费用。清华的课程可以录制成标准化的全息教学内容，北大、浙大、人大、复旦、科大等知名高校同样可以录制全息投影教学内容。录制完成后，其唯一的选择是通过清华的通路进行销售，因为这一通路的投入门槛太高，家长不会为第二家大学埋单。这一逻辑同样适用于其他重点小学、初中、高中。

当清华智能教学体系可以以 1% 的名校优秀教师满足 100% 的学生全程读名校的诉求时，清华智能教育体系会将大部分营收转化为净利润。如果我们将清华体系看成一个现代企业集团，并将其打包上市，那么，其价值至少在 10 万亿级别。这 10 万亿级别的价值有最初缴纳赞助费家长的功劳。所以，如果清华承认赞助费的价值，可以给缴纳赞助费的家长提供便利，让其随后的子女教育享受免费（赞助费、订金、学费三合一）。在智能效率下，1 万元人民币的赞助费的价值会超过 1 万欧元。

清华：视频教育平台有那么高的收益吗？

亚当 · 斯密：你可以先估算一下单次收视率可以为内容提供者带来的收入。

清华：可以按购买者平均每人每天使用两小时、每年每人总使用 700 小时算。单人收费 1000 元除以单人使用 700 小时，等于购买者每小时支付 1.428 元。教师单次授课时间为 40 分钟，则单次收视创造的营收约为 1 元，1000 万次收视获利 1000 万元，超乎想象。

亚当 · 斯密：清华有多少教师？

清华：截至 2013 年 12 月底，学校有教师 3291 人。

亚当 · 斯密：115 亿分给 3291 位教师，人均每年获利 349 万。这一收入比清华教师全职工作收入是高还是低？

清华：高出很多。

亚当 · 斯密：如果清华的这个视频网站选择开放上传，按收视率付费，北大、人大、复旦、浙大、科大等高校教师是否想来分一杯羹？其他高中、初中、小学的教师是不是希望来分一杯羹？

清华：肯定会。

亚当 · 斯密：清华按照各个学校的课程表设定好，该平台会不会自动集结全国和全球的师资资源？竞争会不会使教师主动抽出一些时间帮助学生解答疑难？

清华：应该会，因为赚钱太容易了，大家为了争夺收视率还会主动与学生互动。

亚当·斯密：当该平台汇聚全国名校教师，并且这些名师愿意帮助学习者主动解答疑难时，选择使用该平台的学生比例是否会大幅度上升？如果因开放而使购买者使用数量增加10倍，总体营收是多少？

清华：1000亿以上？！但钱全分掉了，清华也没有收益呀！

亚当·斯密：如果清华初期只是承诺由软件系统按照收视率分配营收的50%，500亿是否可以调动全国的优秀教师？

清华：可以。剩下的50%营收基本是净利润，没有版权问题，没有营销推广费用。

亚当·斯密：更进一步地思考。如果清华视频教育网站按照行业和行业所需设备排成目录，从工程师手中收购设备和设备各个部件的加工、制造视频内容，那么，该平台是否会对工程师群体产生价值？

学生：对我们也很实用，课堂上老师只能给一个简单的概念，跨行业的设备知识我们很难找到，知识很多时候是碎片状态的。

教师：对我们也是如此，教了一辈子书大部分技术和工艺是“听”来的。

工程师：会给我们多少版权费？

亚当·斯密：依然采取分成机制，50%的收视收入永续打入你的账户，让你一次录制，一生获利。你是否愿意？

工程师：那肯定要先抢个位置。对我们来说，录制加工、生产过程只是举手之劳。但最后大家都去上传视频，我还能赚到钱吗？

亚当 · 斯密：视频网站的软件算法会按照使用者的喜欢程度排序，如果你抢的位置更早，那么，你占据最好位置的概率更高。但如果你的视频不清晰，讲解粗糙，被代替是难以避免的。总之，有人看你的内容，每次会给你带来大约 0.5 元的收入。

工程师：设备维修、养护视频知识也可以放上去吗？

亚当 · 斯密：当然，你需要的都可以放上去。因为每个“你”代表一个群体，在中国有很多和“你”一样使用该设备的人。在这一平台上，你们可以通过智能手机分享解决问题的方案，寻求解决问题的方案。这个过程中，你不仅可以帮助别人，而且可以获得额外的收入。

工程师：我建议增加设备评价功能，这会对企业设备采购有直接帮助。如果日常使用问题在该平台上呈现，会让假冒伪劣无所遁形。

亚当 · 斯密：所有用户提出的要求，由软件实现起来都是简单的，类似要求会得到充分满足。

电商：设备评价体系建设起来之后会衍生出设备采购平台，这等于工业品领域的天猫。

清华：明白了，我们还可以把各个行业使用的机器、仪器、设备逐渐都拍摄成三维立体、可虚拟拆分的视频模块，可虚拟加工、装配，供我们的教学使用。这个立体的数据库会比文字数据库（图书馆）强大得多。过去我们比的是图书馆资源；未来，智能教育应该比拼的是立体视频数据库。这些数据库也可以以动画方式在电脑上实现拆分、虚拟加工，支撑虚拟研发，像微软、苹果、谷歌一样提供底层程序。

工程师：如果做到这种程度，企业都会成为这一数据库的购买者，因为所有企业的数据库都是相对封闭与欠缺的。如果每个设备都建设起全息可拆分的影像，那么，好的设备很容易脱颖而出，设备的采购、维修与养护也将更加简单，最大限度地降低交易成本。

清华：我们还可以从医生手中收购医疗视频知识；按照不同的疾病类型让病人分享其疾病的症状、治愈的手段和治愈的过程，使可以有效治愈疾病的方法（包括中医偏方）和治疗手段获得更多人的验证和认知。分成机制会让医生选择实名制，这可以让患者对医生进行客观的评价。当围绕特定疾病的病人能够汇聚到一起时，好的治疗手段和好的医生将可以获得快速分享。

家长：这个平台要通杀所有领域吗？

清华：是自然成为所有人终身学习的工具。因为一旦启动，就会出现一个自我强化的循环，这个自我强化的循环产生的根本动力是：每次收视 0.5 元。

家长：这个视频网站是什么样子的？怎样使用？

产品经理：起始阶段是在主流分享网站基础上增加一些功能，你可以打开经常浏览的视频网站，如优酷、爱奇艺、土豆、YouTube等，基本上就是那个样子。差别在于，教育视频网站所有视频播放 5 分钟后会出现付费对话框，而主流分享视频网站全部内容是免费收看的。新增模块有内置的问题对话框，有视频讨论区功能，有视频提问模块和视频解答功能，学习者遇到问题先检索，如果该问题已经获得视频解答，则学习者不需要求助。如果没有视频解答，学习者视频提问，问题会通过直通车推送到在线专业人士的智能手机上。同时，视频添加了 Word（微软公司的一个文字处理器应用程序）、PPT（幻灯片）讲义模块，学习者可以在讲义上自由地画线、写读书心得。每个视频内容上都可以衍生出大量新内容，给学习者带来启发，实现交互式学习。

家长：可以用手机收看吗？

产品经理：可以。在未来会升级至全息投影模式，可以通过智能电视、笔记本电脑、智能手机以自由缩放的方式进入各个学校的教室、各个工厂的现场和大学的实验室等，这会使知识、技术和经验的学习变得简单。

亚当·斯密：我们大致总结一下以上讨论。互联网核心赢利方式是：将“大众创造”出售给大众。比如，你使用微信，你既是内容制造者，又是内容使用者。免费共享将大众创造内容的价值定义为零，这对消费者而言是一个最慷慨的机制，而对供给者而言是一个最吝啬的机制。互联网公司本身的慷慨引发了连锁反应，那就是所有信息供给者被迫选择慷慨。但实际上所有大众都是供给者，他们都需要收入来源。互联网企业的慷慨断送了他们的收入来源，也就在逻辑上锁死了互联网企业的成长空间。

当互联网企业只能以广告和出售利害参半的娱乐和游戏获利

时，企业的天花板自然很容易出现，奇虎 360 与腾讯之间的 3Q 大战和巨头们频繁的收购正是天花板出现的产物。如果免费共享机制被利润共享机制所取代，智能教育将带来一个全新的互联网世界。

理论上，单人每年收费 1000 元，智能教育直接营收的边界在全球范围内拓展至 7 万亿，这会远远超过当前互联网营收的总和。在该教育视频网站达到 7 万亿营收之前，其增长空间始终不会遇到天花板，营收 50% 按照标准算法分配给内容提供者，另外 50% 营收会转化为净利润。理论上，该平台可以创造的净利润最大可以接近 3.5 万亿，市值会接近 70 万亿。

如果清华拥有该平台，那么，清华还需要对学生收费吗？清华能够给予毕业生提供的还仅仅是证书和知识吗？

智能教育市场的成本边界

家长：为什么娱乐和游戏是利害参半的？

工程师：美剧精彩，韩剧动人……但是没有美剧、韩剧并不影响你生活。游戏好玩，但玩多了会浪费时间。那可有可无的信息“保健品”属于利害参半的，你既需要，又因浪费时间而排斥。相对于这些利害参半的信息“营养品”，知识、技术、经验属于生活必需品，有利而无害，人从懂事开始就需要，伴随一生。用古人的话来说：朝闻道夕死可矣！

教师：在互联网上获利和教师在线下获得收益有什么区别？

亚当 · 斯密：区别是本质性的。在线下，教师服务的学生数量是有限的，教师要给学生服务需要场地、营销、管理等各种成本支出，这些成本使教师付出大量的劳动时间却只能获得很少收益，有的时候还会出现亏损。而在线上，教师付出的基础劳动时间只有几十个小时，最多几百个小时，在随后几十年，这些劳动都将为其创造收益。线下倾向于让供给者以最多的工作时间换取少量收益，而线上则倾向于让供给者以最少的工作时间换取最大量的收益。

换一个角度看问题，可以把互联网看成一个零成本的中介，线下是一个极高成本的中介。通过互联网渠道，大众获得知识、技术、经验，1000 亿资金仍流向大众（教师）口袋，教师随后以 1000 亿购买学生家长提供的商品或服务，是一种零损耗的互利循环。而 1000 亿从传统渠道流过至少有 900 亿用于非必要的成本支出（非义务教育中房租是最大一项，其他成本都可以转化为消费，但房租将主要转化为成本），随后教师只能获得 100 亿净收入，流入房租的资金会转化为投资，继续提高租金，是一种高损耗自衰减循环。

对比一下。在线下 1000 元的教育投入几乎买不来任何知识，而在互联网上，1000 元则可以让学习者任选全球最好的学校、教师和专业。在线下，1000 元不能为工程师带来任何有价值的数据库，但在线上，1000 元将可以给工程师带来所有设备的立体图纸和加工工艺流程等等，这些恰恰是他们拓展研发思维的关键。

在线下，1000 元几乎不够支付长途看病的路费，但在线上，病人却可以在出发前找到与自己相似度接近 100% 的治愈病例，最大限度降低看病成本，最大限度降低误诊和错诊概率。线上、线下成本的差异决定了教育市场的边界和教育成本的支出，线下市场的所有知识、技术都垄断在个体手中，线上市场的所有知识、技术都是开放的。这种开放能让每个人获得智力平等的机会，这种智力上的平等体现在不仅可以自由地买和自由地卖，而且体现在所有人都有足够的资金支付。

智能化的核心应该是以人为本，只有人主动参与才能让简单的视频平台变成智能化平台。人为什么主动参与？原因只有一个，那就是利益。在这一过程中，清华只需要提供机制，改进软件与算法，给参与者创造一个客观、公平的使用环境。所以，看似貌不起眼的视频网站平台的收入却可以不断超预期，可以让清华人获得绝对经济自由，可以按照谷歌X实验室的方式思考问题。

家长：什么是谷歌X实验室？

工程师：谷歌X，是谷歌公司最神秘的一个部门，位于美国旧金山的一处秘密地点。该实验室的机密程度堪比美国中央情报局，仅少数几位谷歌高层掌握情况。在其中工作的人，都是谷歌从其他高科技公司、各大高校和科研院所挖过来的顶级专家。谷歌X有一份列举了100项未来高科技创意的清单，其中甚至包括太空电梯。

有很多谷歌员工讨论过这些创意，但却没有人真正了解这个实验室，因为谷歌对该项目极度保密，甚至连很多员工都不知道它的存在。谷歌X项目是一个巨大的赌注，既有可能成为谷歌的下一个大商机，也有可能最终是巨大的失败。

“这些创意现在非常脱离现实。但谷歌不是一家普通的公司，所以几乎没有一定之规。”美国麻省理工学院计算机科学与人工智能实验室荣誉教授兼Heartland Robotics公司创始人罗德尼·布鲁克斯说。

在硅谷的多数公司中，创新意味着开发在线应用或广告，但谷歌却有不同的看法。尽管谷歌已经成长为一家行业巨头，并吸引了众多创业公司追随它的步伐，但这个秘密实验室却表明，谷歌的野心在于真正具有突破性的研发领域。这承袭了施乐帕洛阿尔托研发中心（PARC）的传统，该研发中心于20世纪90年代开发出了现代个人电脑。

家长：什么是谷歌X实验室思维方式呢？

工程师：个人理解，谷歌搜索业务是一台智能化的印钞机，并且找不到敌人和风险。这让谷歌工程师可以按照爱好去搞研发，可以不以营利为目的，可以摆脱现在利益的牵绊，去研发真正面向未来的产品，以服务全人类为己任，将天马行空的构想变成现实。

我们熟知的无人驾驶技术、机器人项目、物联网项目、谷歌眼镜项目等等都是源自谷歌X实验室。谷歌X实验室最伟大的意义在于打开了我们的思维，以成功实验和研发成果证明：在未来，我们的运输业可以不需要司机，我们的工厂可以不需要工人，我们的服务业可以不需要服务员，我们的所有产业都可以趋于无人化。

家长：为什么百度、阿里、腾讯不可以？这些公司的钱难道少吗？

工程师：中国市场“斗”得太凶，主要依靠人力竞争。同样做搜索，谷歌依靠算法，百度选择的路径则是大量依靠人力推广。路径选择决定了百度的步子越走越重，谷歌越走越轻。同样，淘宝模式也是依靠太多人力，这也会让阿里的步子越走越重。而腾讯以出售利害参半的游戏为主，同样缺少安全感。所以，中国互联网巨头看似钱很多，但实际压力都很大。这是思维方式的问题，也可以说是路径选择问题。

家长：为什么谷歌的步子会越走越轻，而百度会越走越重？

工程师：谷歌依靠算法和程序，算法与程序的成本越来越趋近于零；百度、淘宝起点加入了人工干预，对人的要求越来越高，人工干预会使网站越来越傻，淘宝“小二”腐败背后是机制的问题。

家长：问一个现实的问题，这么多内容审核的工作量要多大？如何确认哪些是知识，哪些是技术，哪些是经验？哪些是有价值的，哪些是没有价值的？

工程师：提供内容的人目的是获利，其银行账户、身份证等信息都是真实的，否则钱打不到其账上。有了这个前提，逻辑上不会有人以实名上传垃圾视频。为了预防意外，平台可以将事后审核权交给用户，用户有权埋掉他们认为的垃圾视频。当选择埋掉视频的用户数量达到设定人数，系统会自然屏蔽该视频。至于哪些是有价值的，哪些是没有价值的，选择权同样在用户手中。持续优化的软件算法会越来越清楚用户的需求，会按照用户需求排列他们需要的内容。

付费是优选的基础，群体不可能选择“苍井空”而埋掉“麦克斯韦尔”，而免费则必然会导致“苍井空”干掉“麦克斯韦尔”。

所以，智能化的平台是不需要人为干预的，人为干预只会让智能平台变成平庸的产品。视频平台的终极运行成本大约在20亿~30亿元，主要是带宽成本和工程师的薪酬。使用者的需求是最好的产品经理，会指引平台的自然优化，持续的自然优化会带来奇迹。

亚当 · 斯密：回到视频教育网站，我们继续思考。随着时间的推移，视频教育平台对社会所有群体产生价值，其运行成本与营收之比有什么变化？

清华：运行成本与营收之比会逐渐变小，未来会小于1%。

亚当 · 斯密：清华把一年营收存入银行，银行会给你几个点的利息？

清华：3个点左右。

亚当 · 斯密：这就是问题的关键。部分营收存入银行的利息会永续地大于该平台的运行成本。未来，该平台会把全部营收转化为净利润。能够将所有营收转化为利润的平台，存在的目的是什么？

清华：（沉思）好像和诺贝尔奖一样，其存在的目的不再是为了赚钱，而是为社会服务，或者说为消费者服务。体系内的员工是经济自由的，受到社会尊重，不受生活琐事牵绊，其工作目的源自理想和爱好。这是不是谷歌X实验室的思维方式？

亚当 · 斯密：应该是吧。对于智能教育平台来说，只要不只盯着钱，不选择独享，平台就没有风险和敌人。独享情况有两种。

第一种是免费共享。这会让教师、工程师、医生、白领无利可图，让知识分子失去深度合作的兴趣，随机贡献点简单知识可以，但复杂的内容肯定会选择保密。知识呈现出碎片化、随机化、无序化，并且很容易被垃圾信息所覆盖。

第二种极端情况是利润独享。当平台拥有者有了足够多的钱，并买断所有版权，平台也会陷入一潭死水。

两种极端情况的本质都是利益独享思维，对零成本的互联网企业而言，独享意味着自己选择竞争模式，是风险的根源。

当平台能够持续兼顾市场所有参与者的利益时，平台会变成一台自我强化的提款机，由平面视频升级至立体视频的成本支出会源自平面视频平台的利润。由利润支撑完成的智能平台立体化改造，让智能教育不会因使用银行贷款或风险投资而产生风险。当这种改造完成时，新立体智能教育平台的成本依然可以忽略不计。

这意味着该教育平台依然可以将大部分营收转化为净利润。每个人购买智能视频教育平台支付的1000元钱很容易使线下学校升级为智能学校，因为1000元是滚动流入的。这个过程不需要政府投入一分钱。最终，智能学校每年所需学习者支付的学费依然是1000元。整体智能教育市值趋于70万亿的势头是不会发生变化的。

为什么谷歌们说“不”？

清华：谷歌为什么不选择利润共享，开启智能教育市场？

亚当·斯密：谷歌有这种需求吗？

清华：为什么没有？

亚当·斯密：谷歌是免费共享机制下的王者。当你处于伟大的顶点时，你想让别人来分享你的伟大吗？颠覆是最困难的事情，何况是颠覆处于巅峰位置的自己。当然你也可以从另一个角度去思考：如果谷歌们开启智能教育，每年通过智能教育获利几千亿现金，那么，谷歌是否可以通过持续获得的几千亿资金打造无人工厂、收购矿产资源，通过无人工厂生产智能机器人，通过智能机器人生产谷歌眼镜、谷歌电动汽车、谷歌电视、谷歌手机等等？如果谷歌体系可以以趋近于无人化的生产方式供给大部分商品，那么，批量失业者是不是只能选择“耍赖”？所以，逻辑上，谷歌们的创新努力只能换来失业者的“耍赖”，这是谷歌们宁愿少赚点也不愿意破坏免费共享机制的内在原因。

家长：怎么“耍赖”？

亚当·斯密：“耍赖”有两种情况：一是失业潮引发战争冲突，第一次、第二次世界大战从某种程度上都是效率激增引发失业潮带来的结果；二是失业潮引发内部冲突，社会契约失效，发生打土豪、分田地、没收企业资产等情况。

家长：有人将自己需要的视频全部下载怎么办？第二年是不是就不需要购买了？

清华：以亿为单位的供给者，供给的内容几乎是无限的，怎么下载？另外，知识在不断优化，技术在不断更新，经验在不断丰富，下载的内容在一年后已经过时了。为了省1000元而放弃更好的即时技术、知识和经验，你会吗？

家长：我不会，但社会中有很多“鸡贼”的人。

工程师：你没有发现这一智能平台的视频即时服务功能，所以才怕有“鸡贼”想法的人出现。百度知道没有人给钱，依然有人默默地帮助提问者回答问题，但这些回答显然大部分源自非专业人士和希望销售产品的供货商。

为什么专家不去回答？

答案是专家很忙，专家时间很贵，专家不需要通过迂回方式获利。

如果是在收费视频教育平台上，情况就会发生变化，专家轻松地以最少时间获得高收益，自然想维持高收益。维持高收益的手段自然是主动出击，帮助学习者解答问题，直接利益会使解答方式变成高效、信息传递量大的视频方式。

这些解答疑难的视频同样会为专家带来新收益。当大量教师、工程师、医生、白领以随机方式去解答问题时，所有问题都会获得即时性解答。这一功能的价值会让“鸡贼”的人白忙一场，最终发现还是付费最划算。

家长：会有专家长期在线解答吗？

工程师：不是你理解的那种长期在线解答，而是不同专家的碎片时间叠加在一起，形成专家群体连续在线解答。例如：平台上小学教师总数 100 万人，每个教师平均每周会抽出 30 分钟解答问题，那么，100 万名教师每周付出的总时间为 50 万小时，平台在线小学教师的数量在每个时间点都会接近 3000 人。同理，中学教师、大学教师、工程师、医生、白领只要达到一定数量级，这些人只需要每周甚至每月抽出一点时间解答问题。在这种情况下，所有问题都会获得即时解决。解决问题的人并非固定某人，但肯定是专业人士，给出的肯定是负责任的解答，因为是实名的，他们要为自己的未来收入负责。

亚当 · 斯密：我们讨论的起点是找到创新通道，现在我们已经将创新通道清晰地开启了。

如果清华说“不”，我们怎么办？

家长：创新路径源自一个假设，如果清华不创新，怎么办？

亚当 · 斯密：你们众筹，拿着钱去找名校，每人依然出资 1 万元。最终，众筹参与者的孩子不仅可以上名校，而且众筹参与者还可以获得巨大的确定性股权收益，收益的极限值是 70 万亿元。

家长：什么是众筹？

工程师：大众通过互联网集资成立公司，按照计划，把“计划收益”变成“现实收益”。

家长：众筹和非法集资的区别是什么？

亚当 · 斯密：互联网众筹的效率、透明度远远高于银行和股市；而非法集资通过线下以不透明的方式进行，其效率不仅低下，而且到处都是寻租空间。众筹与股市机制结合能够使透支未来的权力从个体手中让渡至群体手中。美国股市货币增发（透支未来）需要消费者认可，众筹直接完成了消费者认可和资金筹集。

家长：我们众筹后，清华不愿意收钱怎么办？

亚当 · 斯密：为什么一定要找清华？北大不行吗？人大不行吗？

家长：中国学校归政府管理，很多事情并非钱能够解决的。

亚当 · 斯密：他们都不愿意，事情就变得简单了。直接去建设一个视频教育平台，用利润分成把优秀教师吸引上来，北大、清华教师能够抵抗每次收视 0.50 元的诱惑吗？全国优秀教师能够抵御每次收视 0.50 元的诱惑吗？他们不能抵挡住诱惑，跨过清华、北大等学校整合教师是不是使成本更低、收益更高？

家长：谁来组织呢？

亚当 · 斯密：如果你愿意为你孩子的未来负责，谁组织真的是问题吗？如果你看清组织背后可以获得的巨大收益，谁组织还是问题吗？

工程师：明白了，清华组织和我们自组织最终埋单者都是我们。如果清华组织创新，不仅产生的直接利益与我们毫无关系，而且未来智能教育的价格依然存在不确定性，我们只能寄希望清华"施舍"给我们廉价且优质的智能教育。如果我们自己组织，创新产生的 10 万亿级别的增量股权利益则可以落入我们口袋。

只要我们愿意拿出 10 万亿级别增量利益的千分之一，就可以轻松雇用最优秀的第三方团队帮助我们完成对教育行业的整合。当教育行业的整合由我们组织完成时，这一行业的定价权将永远掌握在我们手中。

创新是一种义务，创新也是一种权利。权利隐藏在义务中。当我们在起点放弃义务时，我们自然难以享受创新的权利。反之，当我们在起点愿意承担创新的义务时，创新带来的权利自然落入我们手中。

教师，怎么办？

教师：如果智能教育成为可能，优秀教师显然不会受到影响，但我们怎么办？大部分人是普通教师。

亚当 · 斯密：最应该救你们的是你们自己。

教师：为什么？我们是散落在各学校的一个个普通个体，没资金，没关系，没有技术……

亚当 · 斯密：你们思考以下几个问题。第一，每个学校都是一个熟人关系网，教师之间具有基本的信任，这种信任关系是普通社会群体无法比拟的。如果你们有人愿意从家长的角度去思考问题，从社会责任的角度去思考问题，那么，你们中任何一个人都可以通过论坛、微博、博客、微信等信息通路发布一份电子课程表和一份视频教育利润分配清单，并要求其他愿意参与的教师将其可提供的课程清单附在第一份清单后面，未来确定性的收益会形成一份自我强化的电子课程表，并自然传播。1000 名以上教师的授课清单被整理出来会十分困难吗？需要任何人承担风险吗？

教师：不难，但光整理课程清单并不能解决问题呀！

亚当 · 斯密：这就是你们要思考的第二个问题，1000 名以上教师的授课清单，是不是比任何单所重点小学、初中、高中等的师资力量更强大？在确定性提供的师资力量面前，该产品通过众筹网站面向社会低价预售，获得几百万购买者的难度大吗？

教师：应该不难，从小学至高中毕业只有 1 万多个课时的课程，1000 名教师可以提供的课程总时间会超过几十万小时。这相当于任何一个知识点，学生都可以从 20 名以上教师中选择自己喜欢教师的课程。

亚当·斯密：按照年收费 100 元算，有几百万购买者预订可以获得多少收入？

教师：几亿元？！但不是说收费 1000 元吗？

亚当·斯密：次优产品预订你还好意思收费 1000 元？当平台通过滚动获得足够教师时，收费提升才具有合理性。

第三，获得预收款之后，建设视频网站的难度大吗？

教师：不难。

亚当·斯密：第四，视频网站建成后，1000 名以上的教师履约，将其教学内容在课余时间拍摄成标准视频，丰厚的获利是否会让其他教师跟进？该视频平台会不会自然进入我们前面设想的清华视频教学网站的轨道？

教师：会。

“我”失去控制权，是民主和智能化的基础

亚当·斯密：以上过程，需要任何教师承担风险吗？

教师：不需要。但假设我发布我的课程清单，并辅以说明我希望做什么，可是我根本不能控制其他人是否跟进，也不能控制时间节点呀！

亚当·斯密：你为什么要控制其他人，你为什么要控制时间节点？

教师：不可控的事情，谁会做呢？谁会跟进？（沉思）

哦，我明白了。控制的目的是谋求私利，发起人不可控意味着控制权在群体手中，只有“我”在起点和过程的不可控，才能将权利和义务分摊给“我们”。只有过程由“我们”沟通解决与决定，才能使义务分摊至每个“我”手中，与之对应的是权利也会随之送达每个“我”的手中。这恰恰是我们所追求的民主，也是智能化的要求。

别人做不做，别人什么时候做，是别人的事情，但“我”应该尽“我”的义务。从1份电子课程表增长至1000份的过程是社会契约形成的过程，也是真正民主决策的过程。确定性的创新利益是社会契约形成的纽带。

只有第一个人愿意放弃控制思维，选择承担社会义务，第二个、第三个、第四个……才有通过互联网汇聚智慧的机会。当愿意承担义务的群体数量超过1000人，清晰的利益已经呈现，义务已经变成一种权利，后面的难度自然为零。智能化要求任何人不能过度主张义务，也不能过度主张权利，因为权利隐藏在义务中。

亚当·斯密：中国有多少教师？

教师：教职工超过1700万。

亚当·斯密：1700万教师没有一个从承担社会责任的角度去思考问题，是未来中国教师群体可能陷入失业危机的根本原因。这是值得天天将“为人民服务”“为人师长”“传道授业解惑”挂在嘴边的中国教师反思的问题。

教师：西方教师数量更多，反思的不仅是我们吧。

亚当·斯密：领先者需要反思吗？

获取最大收益的路径

教师：该视频平台建设完成后，创新利益应该如何分配呢？

亚当·斯密：（1）平行持股；（2）按点击获利；（3）平台运维外包第三方；（4）算法改进按照用户要求进行。

教师：什么是平行持股？

亚当·斯密：所有加入该平台的教师平均持有该平台和该平台衍生出项目的股权。每名教师获得股权的数量=总股权（100%）/动态教师数量=动态值。软件算法可以即时处理股权分配。

教师：平行持股对优秀教师公平吗？

亚当·斯密：那你思考一下，如果没有平行持股，优秀教师还可以拿到股权吗？

教师：您是说股权无法实施分配吗？

亚当·斯密：这不是问题的关键。问题的关键是一旦定义优秀的 10%，信息会在 90% 普通教师环节中断，最终，信息会自衰减。优秀教师会被机构或企业整合，机构或企业会给优秀教师股权吗？答案是不会，因为没有办法定义优秀。特级教师一定优秀吗？受欢迎的教师一定优秀吗？

教师：明白了，平行持股是真正优秀教师群体获得股权的保证。

亚当·斯密：另外，平行持股能避免低水平重复建设，使在线教育市场不需要推广，不需要营销，一切交给算法与软件，成本因此降至最低，市场达到最大化。市场最大化会让优秀教师劳动所得达到峰值。最终优秀教师是由市场选择的，而不是由评估机构评选的，这才能实现真正的智力平等。

教师：怎么会不需要推广、不需要营销、不需要管理呢？

亚当·斯密：我说的不需要是指不需要有成本的推广、营销与管理，利益会让参与者利用碎片时间自然完成以上工作，不需要专人去推广、去营销、去管理。这个问题你可以回忆一下谷歌、百度、腾讯等互联网平台的发展过程。

教师：您觉得发起者和后加入者获得的权益应该相同，还是有差别？

亚当·斯密：发起者投入的也只是零成本的休闲时间，如果在持股上存在差别，会造成后来者选择低水平重复建设（中国不是美国）。因此，我觉得在股权设置上应该是相同的，平行持股并非平均持股。平均持股会使股权变为一个定值；平行持股是指股权是一个动态值，每个教师获得的股权源自系统，每个可获得股权的人直接与系统（智能机器）打交道，人与人之间是平行（平等）关系。

由于智能教育的终点是趋于零成本，因此，到达终点的时间越短，教师群体获得经济自由的时间点越早。如果你是发起人，如果你希望在最短时间内获得经济自由，那么，你应选择无差别的权益和最简单、透明的利益分配机制。

平行股权并非劳动所得，而是福利。好的福利机制可以让优秀者赚取更多收益（落后者的口袋也是充盈的）。

教师：平行权益是否会造成无人推动？

亚当·斯密：教师提供教学内容（电子课程表）阶段，是一个自组织的过程，能够通过论坛、微信、微博等互动平台实现。当达到足够多教师参与，利益已经清晰呈现时，聚合的教师群体可以将推动项目进展的权力以竞标的方式外包给第三方，由第三方按照教师群体意愿（计划）来实施与推动项目。

教师：第三方违约怎么办？

亚当·斯密：如果你是第三方你会违约吗？

教师：我不会违约。

亚当·斯密：如果你不会，其他人或企业也不会，因为智能教育平台是零成本，未来的利益永远比现在多。

违约的原因是未来风险不断增加。智能教育平台执行方如果觉得收益低，可以直接与股东沟通，经济自由的教师（股东）群体没有必要克扣比银行利息还低的成本支出。因此，第三方不存在违约的主观意愿。从客观方面看，约束第三方的难度会远远低于对传统上市公司的监管。智能教育平台的每一分钱都是透明的，微观环节的利润分配权掌握在软件手中，而软件运行规则又是最简单的计件方式。你们需要在头脑中建立一个清晰的概念，智能教育平台上的钱是以电子货币形式流动的，而不是通过纸币发放，从技术上可以做到第三方根本触碰不到他们应得收入以外的钱。

教师：有人冒充教师申领平台股权怎么办？

亚当·斯密：地区、线下学校一一对号入座，每个学校都是熟人网络，根本没有骗子的存在空间。智能教育平台本身是一个透明的市场，透明的原因是超预期的收益让每个人主动选择实名，而非被动实名。主动实名会让传统学校的组织结构自然搬到互联网上，所以，透明会消灭行骗的可能。

智能教育上市的目的?

教师：这个平台能上市吗?

亚当·斯密：能。后续的是社会问题。当有利于社会的创新真正发生时，政府会追加相应的政策和机制（政府追加政策等于甩掉教育包袱），以确保创新获得延续，使创新者获得应得的利益。这方面的成功案例很多。

有一个股权机制形成的著名案例。在15世纪，意大利的航海家哥伦布发现了南美洲新大陆，随后葡萄牙的航海家麦哲伦完成了第一次环球航行。这些地理上的大发现开通了东西方之间的航线，使海外贸易和殖民地贸易成为暴富的捷径。而要组织远航贸易就必须具备两大条件：其一，组建船队需要巨额的资金；其二，远航经常会遭到海洋飓风和原住民的袭击，要冒很大的风险。

而在当时，拥有庞大资金的投资人已经十分富有，无须承担如此巨大的风险，去博取更大的财富；而普通人想去冒险却没有充足的资金。利益促使大众开始考虑解决问题的办法。最终，解决问题的方向是通过合作与契约，筹集远航的资本和分摊经营风险。这就出现了以股份集资的方法，即在每次出航之前招募股金，航行结束后将资本退给出资人并将所获利润按股金的比例进行分配。当群体以股权合作的方式参与不同船队探险活动时，个别航海探险的风险自然因整体高收益而被分摊，使整体航海贸易与殖民拓展成为确定性获利的生意，创新的大门因此被开启。

英国、荷兰等国的政府看到该种机制能够给本国带来实在利益，很快对该种机制追加了各种特许权和免税优惠政策，且还制定了相关的法律，从而为股票的产生创造了法律条件和社会环境。当教师群体通过自组织将教育行业由政府包袱变成提款机时，政府自然乐于追加相关法规和政策。允许上市会在智能市场同步完成，因为政府是确定性赢利创新的最大受益者。

教师：上市融资是否会造成股市恐慌？很多大企业集团融资都曾经造成股灾。

亚当·斯密：你们需要认真思考一下：该平台缺钱吗？真的需要融资吗？

教师：不融资，我们为什么上市？

亚当·斯密：假设可以上市融资，你们将手中的股权兑换成现金，用来做什么？

教师：存入银行、炒股、投资金融理财产品和消费。

亚当·斯密：先看存入银行。100万现金存入银行你可以获得3500元至3万元的利息收益。而持有100万股权，你每年可以获得5万元以上分红收益，并且100万股权价值会随着智能教育收入的扩大而增加。在这种情况下，你愿意持股还是兑换成现金存入银行？

教师：（思考）将安全且高收益的股权换成低收益的现金好像有点傻，原来我们把钱存入银行是为了安全，但智能教育平台比银行更安全，因此，还是会持股。

亚当 · 斯密：再看炒股或投资其他理财产品。你觉得股市上有比智能教育更安全的股票吗？你觉得股市上会有比智能教育长期投资回报率更高的股票吗？你觉得那些连金融家都难以搞懂的金融衍生品会靠谱吗？你觉得投资高利贷会没有风险吗？

教师：（思考）也没有理由拿着金子去换矿石！但消费怎么办？

亚当 · 斯密：大部分人手中不是没有现金，而是缺少安全感。教师会获得两份新增收益：（1）出售知识获利；（2）智能教育平台股权和股权分红。这时，教师群体将自然获得安全感，获得安全感的教师群体的理性选择是什么？

教师：先花直接劳动所得，先消费存在银行的低收益率存款！但如果正好缺钱想套现股权怎么办？

亚当 · 斯密：比例很低，自由套现根本不会对市场造成任何影响。

教师：但万一大家集体缺钱抛售这些股权，是不是会让这些股权价值瞬间大幅度下降？

亚当 · 斯密：此假设逻辑上不成立。当然，即使出现集体抛出股权的情况，最终钱还是流入银行，银行选择以 20 倍市盈率无限收购平台股权即可解决恐慌。抛售股票得到的现金会流入银行，银行回流的现金重新购买下跌的股权即可实现有多少接多少。当信心恢复时，银行高价抛出即可获得暴利。银行愿意接盘的原因在于：智能教育平台本身是一台自我强化的提款机，只要银行以 20 倍收益接盘股票，长期持有银行就可以获得双份收益，一份源自平台分红与银行存款利息之间的差额部分，一份源自股权自然增值部分。违约源自现在的高风险、高成本，而智能平台因零成本和无风险而无违约的主观诉求。

教师：万一股权全部用于消费，而不是存入银行呢？

亚当·斯密：消费的钱经过商户或企业，最终去处还是银行。只有抱着票子数才有安全感的那是中国式贪官，只有抱着黄金才有安全感的那是非洲难民。你的银行卡里面是一串数字，银行系统里面同样是一串数字，纸币只是两个数字沟通的中介，黄金只是低效时代被迫选择的中介。

你需要的是交易凭证，并非纸币和黄金本身。中国是世界工厂，只要你的契约嫁接到互联网上，形成永续可追溯的契约，就根本不需要借助黄金和纸币这些低效的契约形式。没有纸币中介并不影响你的财富与生活，而只会让你交易成本更低廉、快捷与简单。所有的恐惧源自你思维上的懒惰和无知。

教师：我们上市根本不需要融资，那我们上市的目的到底是什么？

亚当·斯密：确权、释放流动性、获得安全感和为政府解决问题。

教师：什么是确权？

亚当·斯密：股权是市场对创新者的奖励。你们完成了创新，需要通过上市兑现市场奖励。假设市值为20万亿元，那么，1700万教师人均可以分得超过100万元股权。有了这些股权，教师群体自然成为经济自由的群体，自然不再需要靠补课、开辅导班获利。当教师主动希望减少工作时间时，各种辅导班才不会绑架学生的课余时间。当教师希望减少工作时间时，智能机器才能替代教师站到讲坛上。只有这样，学生群体才会获得真正的解放，否则，书包只会越来越重，因为有一群人天天在琢磨如何增加学生的负担，以获得利益。

另外，需要注意的问题是，如果创新是由企业完成的，20万亿市值对不缺钱的创新企业而言实际是毫无价值的，因为这20万亿市值根本没有流动性。只有1700万教师持有，20万亿股权才真正等价于20万亿人民币，因为对任何个体而言，其持有的股权都可以随时全部兑现。

农民：什么是市盈率?

专家：市盈率指在一个考察期（通常为一年时间）内，股票价格和每股收益的比率。例如，某公司年获利1亿元，其股票总价值是20亿元，那么，该公司的市盈率为20倍。

农民：为什么谈论中多次选取20倍，而不是用30倍、50倍?

专家：你有100万元股票，20倍市盈率意味着，这些股票理论上每年可以给你带来5万元收益。5个点的收益率比银行活期高，你才会有理由选择持股，而不是存入银行。传统企业是存在风险的，比银行高的部分收益是对冲投资风险。智能教育平台本身具有自我强化的特点，选择20倍市盈率取的是下限值，即确定比存银行划算。

创新，在共赢方向

农民：教师获得的股权是不是最终还是我们埋单？

亚当·斯密：这个问题我们在前面已经给出答案。假设当前社会教育支付的成本为3万亿，创新发生后，社会教育支出成本下降至0.1万亿。这意味着自创新发生之后，每年都可以节约2.9万亿的成本，未来20年会节省58万亿成本，这显然对社会是有利的。但对教师来说，创新意味着失业。

所以，教师与家长之间必须达成一个契约，通过契约将未来20年可节省的58万亿成本提前分掉。这可以让教师群体乐于享受“失业”，这种契约就是股市机制。假设教师群体以看得见的方式分得10万亿股权，社会以看不见的方式分得48万亿的教育开支，教师群体一次性领取创新红利，社会会逐年享受创新红利。所以，你不用担心未来教师群体会找你们清算，因为这个群体未来会越来越小，在20年后几乎就消失了——我是指教师群体原有组织形式的消失。

农民：最终要有人为这10万亿埋单呀，否则怎么凭空多出10万亿？

亚当·斯密：股权（货币）是市场打给劳动者的欠条，传统教育市场是教师直接从家长口袋掏钱，这是家长不喜欢的方式。股权等于市场给教师群体打了10万亿的欠条，获得10万亿欠条的教师进行消费与享受生活，将这10万亿的欠条花出去，欠条自然流入家长口袋，市场又欠了家长10万亿。这个过程中，教师消费与享受了，家长口袋里原来的钱不仅没有动，而且还大幅度增加了。所以，创新不是从任何人口袋里掏钱，而是通过将市场做大，给所有人口袋放钱。

而所有人口袋的钱都可以增加的原因是教育行业的效率提升了数百倍，教师群体在未来工作时间大幅度下降了。如果中国开启创新，中国市场可以代表全球教育市场给创新者打欠条，奖励中国创新者；如果美国市场开启创新，美国市场可以代表全球教育市场给创新者打欠条，奖励美国创新者。这就是市场对创新的奖励规则。

专家：为什么您讲的内容和您固有的自由市场理论完全不是一回事？平行股权和吃“大锅饭”有什么区别？发起人跟后来者持有相同权益和吃“大锅饭”有什么区别？

亚当·斯密：几百年前，我们处在通往智能化的起点，我提供的是过程理论。现在，我们已经接近智能化。过程和终点的本质差别在于：在过程中干活儿的主体是人，而在终点干活儿的主体是智能机器。客观的改变要求思维方式的转变，过程中社会要求人勤劳、肯干；在智能化的终点，社会要求人主要是享受和独立思考。

好逸恶劳是人的本性，因此过程中社会要求与人的主观意愿相背离（利己与美德背离，所以我还写了本《道德情操论》），终点社会要求与人的本性相一致（利己与美德一致）。一言以蔽之，平行股权和相同权益只是将基本社会福利简单化、透明化，使社会福利没有寻租空间。这和吃“大锅饭”完全是两回事，用马克思的理论是人类联合起来“剥削”机器。

传统的市场利益分配手段是：优胜者给政府纳税，政府给弱势群体分配福利。这属于营收内征税（从优胜者口袋拿钱，放到弱势群体的口袋），征收的是现在的购买力。而平行股权是让个体可以自由透支自己的未来，透支未来产生的货币会拉动现在，使优胜者获利更多，从而加速创新，加速社会效率的提升，社会效率提升又使未来可透支的空间增大。这是一个良性循环，属于营收外征税。平行股权的目的是赋权于人，是让个体无须偿还透支利息，甚至无须偿还透支的本金，终极埋单者是智能机器。

教育是手段，而非目的

家长：如果教师大部分退出，智能学校怎么管理？是不是会出现放羊现象？

学生：主体管理由我们搞定就可以了。研究生以轮值方式管理本科生，本科生以轮值方式管理高中生，高中生以轮值方式管理初中生，初中生以轮值方式管理小学生，小学生高年级的管理低年级的。只有我们搞不定的问题，才需要教师出面解决。

家长：你们能够管理好自己？

学生：没有问题！

家长：我们凭什么信任你们？

教师：这个问题我来回答。教学的改变是一种渐进的过程，并不会出现突然改变。智能教育和传统教育由并行到智能教育嵌入，随后进入智能教育主导阶段，这个过程我们一直在对结果负责。学生自我管理的能力同样会以渐进的方式提升，这也是我们渐进退出的通道。

过去，中国学生上课时间是最长的，但我们的毕业生竞争力真的最强吗？在通往智能化的道路上，我们可以逐渐减少我们的授课时间，增加智能全息设备的授课时间和学生自主学习的时间。新管理体系会随着时间的延长自然开启。教育行业提倡了很多年素质教育，但收效却十分微小。如果以轮值方式管理，那么，学生很早就能学会换位思考，会以教师的角度去理解知识和问题，这应该是发展素质教育的契机。

退一万步讲，智能教育和传统教育长期并行并不影响教师和家长利益，因为钱是从未来透支而来的。

工程师：斯坦福模式、谷歌模式都正在打通知识和技术、企业和大学的边界，如果智能教育平台可以输送大量的资金，大学无须社会赞助和政府补助，大学为什么不能办企业？研究生为什么不能名正言顺地工作？如果研究生可以直接进入企业，那么，企业内优秀的工程师、科学家将可以成为智能教育体系的组成部分。知识与技术的篱笆被拆掉会降低学生由优等生变为优秀科学家的门槛。

家长：如何考核呢？

教师：实际这个真的不重要。我们随意设计一种方式：我们出题占一定比重，学生自己出题占一定比重，所有考核过程上传至互联网上，后期在互联网平台上完成，以过程综合考核结果作为人才录用的标准。如果企业在人才录用上作弊，那么，我们可以凭借智能教育提取出的现金自建企业，给学生一个公平的环境。

工程师：智能教室的视频监控系统由计算机云计算系统控制，监督每个学生课堂的综合表现与反应，并按照持续优化的算法更新，在过程中对每个学生进行综合评价，通过过程挖掘不同类型孩子的潜在特长，让学生发掘自己的特长，向自己擅长的方向努力。

同时，学生在家中通过视频网站学习的内容也会被云计算系统记录，作为日常考核的重要指标。通过软件系统对过程的全程监控，学生不必再千军万马过独木桥，考核体系会发生质变，每个人在不同方面的潜能将被挖掘，并被推荐至不同岗位。软件是客观的、公平的，用人单位可以调用过程考核数据，高考本身也就失去了意义。

家长：创新失败了，谁负责？

教师：什么算失败呢？把孩子送到学校的根本目的是什么？

家长：学习文化知识、提升个人素养和各种综合能力。

教师：然后呢？

家长：找到一份体面、高薪、稳定的工作。

教师：智能教育能够一站式地解决教育和就业这两个问题，还存在失败吗？

权利与义务的逆转与政府参与

马克思：朋友们，延续斯密与大家的谈论，我向大家提出一个问题。如果家长以众筹的方式开启智能教育或者教师以预订的方式开启智能教育，当参与人数达到 100 万人，智能教育项目会发生什么样的变化？

工程师：从互联网发展经验看，100 万人已经达到爆发式增长的临界点，从 100 万人增至 1 亿人很可能在几周内完成。如果预订人数达到 1 亿人，那么，项目的预期收益已经变成确定性收益。因此，100 万人参与应该属于项目义务与权利逆转的临界点：在 100 万人参与之前，智能教育项目参与者更多倾向于承担一种社会义务；而 100 万人之后，智能教育的参与权基本等同于一项社会福利。

马克思：还有呢？

工程师：还有？

马克思：预期利益变成确定性利益的趋势形成，创新已经变成社会问题。政府必然将创新成果机制化，这就如同地理大发现过程中股权创新发生后，英荷等国家给予创新以制度保障。斯密与大家的谈论是站在个体引发创新的角度去思考问题，我和大家从另一个角度去探讨这一问题。因为一旦创新趋势确立，政府参与具有必然性，那么，大众需要什么样的机制来保障公平？

工程师：顺其自然不是更好吗？智能教育需要的起始资金达到 10 亿元即可启动，以 1000 元的价格预订，预订人数只要达到 100 万人即可顺利启动项目，两年后，上市确权即可开启创新。

马克思：会存在利益分配的问题：如果项目股权完全交给教师群体，对初始的 100 万预订参与者不公平；如果 100 万初始预订者多持有一定比例股权，其他后续未参与预订者会感觉不公平；如果政府允许前 1 亿消费者通过预订获得股权，那么，政府是否允许后面接近 13 亿的消费者通过同样方式去创新呢？如果政府允许，教育行业是不是会再次陷入低水平重复建设呢？如果大众最初没有想清楚更好的利益分配机制，最终预期的大蛋糕很容易变成小蛋糕。

工程师：您觉得应该怎么设置呢？

马克思：看成社会福利。第一，预订联合获得 50% 股权，预订获得股权的开口期足够长，使后来者有权利参与和获得股权，避免低水平重复建设和竞底；第二，将另外 50% 的股权无偿授予教师群体，通过股权解决教师未来收入的问题。

工程师：什么是预订获得股权的开口期？

马克思：预订获得股权的开放时间。理论上，智能教育所需资金最多不会超过 1000 亿元，但如果预订资金达到 1000 亿元，项目选择封口，即股权由在此之前的预订出资人（1000 万人或 1 亿人）平均持有，那么，机构或企业很容易抓住未获得股权的购买者的不满情绪，组织再建同质化的平台。这种裂痕一旦存在，必然会被无限放大，所以，要杜绝这种情况出现。在机制上要延长开口期，即使资金已经足够，首次购买（预订）依然可以获得相应的股权。

工程师：但预订获得股权的开口期无限延长，怎么上市确权？

马克思：这就需要政府在机制上提供保障。假设参与者已经达到 100 万人，创新趋势已经形成，那么，政府需要做的是通过其公信力和宣传能力帮助该平台在规定时间内获得最大数量的预订投资人，使预订投资人在规定时间内接近或达到 100%。这实际上是很简单的事情，因为预订完成，项目已经可以确定无风险长期获利，已经符合上市条件，政府参与会使预订与上市同步完成，而项目实施则可以选择在上市之后。

新流程为：预订—达成—上市—实施。这个流程的变化会让权利与义务发生根本性的变化，预订投资权变成福利。因为上市会瞬间将预订者手中的股权变成 10 倍于预订的价值。考虑到教师未来收入问题，市场将 50% 股权赠予教师，即使如此，预订者仍会在瞬间实现 5 倍以上投资收益。福利是没有人拒绝的，因此，我们可以认为只要政府在机制上提供保障，预订人数会短时间内达到 100%。

专家：什么事情都不可能达到 100%，政府参与是违背市场伦理的。

工程师：股市机制就是政府参与的产物。另外，有人不使用银行服务吗？人 100% 把钱存入银行是不是市场行为？

专家：（缄默）

马克思：如果预订人数达到 100%，那么，预订总金额会达到 1.4 万亿。我们按照最笨的方式思考，1000 亿存入银行，将智能教育视频平台部分变成诺贝尔奖，以银行利息维持视频网站建设、改进与运维。7000 亿用于从教师、工程师、知识分子手中购买知识、技术和经验，剩余 6000 亿用于建设智能学校、改造传统学校和打造全息投影产业链。

随后，平台第二年营收的50%继续由软件分配给内容供给者，剩余50%即为平台的净利润。政府将该平台推向股市，其市值等于平台净利润乘以市盈率。前面已经讨论按照20倍市盈率，银行可以放心收购，大众也可以放心购买该股权。该平台的起点就会从未来透支14万亿货币，这会成为最快的激活创新和消费的钥匙。

专家：那些不需要该产品的股东，如刚刚满月的孩子第二年肯定不会购买。因此，平台到底值多少钱依然是不确定的。

马克思：既然你提出该问题，那么，我们继续追加一个条件：预订股东必须连续5年购买该产品。如果在未来5年预订股东不以现金购买智能教育产品，那么，银行会强制性以20倍市盈率收购其部分股权，以现金帮助其完成购买。这就可以保证在5年内，每年基础营收均为1.4万亿元，以教师群体为核心的知识分子每年可以获利7000亿元以上。平台的价值在5年内都可以保持在14万亿元以上，每个人都可以自由兑现。

专家：既然必须5年强制购买，那么，初期预订就不会达到100%。

马克思：你先回答我几个问题。第一，从技术角度看，互联网有国界吗？

专家：没有。

马克思：第二，国外的教师是否有分享7000亿蛋糕的愿望？

专家：有。

马克思：第三，国外的工程师群体、医生群体呢？

专家：也会有。

马克思：如果国外内容供给者供给内容，那么，该平台是否对其本国学习者产生价值？

专家：是的。

马克思：1000元的售价显然很低，国外有多少学习者？或者说有多少目标用户？

专家：国外人口大致是中国的4倍，目标用户大致也是中国的4倍。

马克思：在这5年国内强制购买的过程中，国外目标用户数量是否会达到国内的数量？

专家：按照互联网发展的速度，应该差不多。

马克思：5年后平台的营收会是多少？

专家：2.8万亿！

马克思：平台净利润和平台价值各是多少？

专家：1.4万亿和28万亿。

马克思：未来，净利润和平台营收还有增长空间吗？

专家：应该还有增长空间。

马克思：那初始预订1000元和后续购买仅作为一项投资，是否是划算的？

专家：（缄默）

马克思：5年内你会违约吗？

专家：不会。

马克思：5年后呢？

专家：我不会，但市场总会有意外的，有人死了，有人……

马克思：因意外减少的用户会远远少于后续增加的用户，因此，平台使用人数始终在增加。你说的意外对平台本身有什么影响呢？对平台本身的价值增长有什么影响呢？更直接地说：没有人会拒绝福利。

智能化的基础是确定性。没有确定性，智能化有害有益，因为智能化会让大部分人失去工作机会。

如果美国人……

专家：等等，我又想到一个问题，美国人为什么不能搞自己的智能教育平台？如果美国人也做自己的智能教育平台，那么营收还会增长吗？利润还会增长吗？

马克思：第一是思维方式不同。美国人有自己的原则，被占领的领域，美国人不会做低水平重复建设。第二是购买力不同。中国的人口基础全球第一，而美国的定价又不能比中国人的高，在同样定价的情况下，美国教师、工程师、科学家、医生会选择人多的平台还是人少的平台？第三是起点不同。腾讯没有技术含量，但你却无法模仿，因为智能企业的核心竞争力是建立在用户数量的基础上的。当中国智能教育平台垄断已经形成，其他国家的知识分子为获利而被聚集到该平台上，内容已经汇聚到智能教育平台上，腾讯相对于后发互联网企业的垄断效应（用户数优势）就自然形成了。

专家：为什么美国不能比中国定价高？

马克思：消费者会选择低价平台。

专家：美国人选择更低价格或免费呢？

马克思：美国教师、工程师、医生、白领为什么选择用户少、单次收益更低的平台？

农民：美国人可以干预本国知识分子撤下在中国智能教育平台的内容，这样不就可以提高售价了吗？

马克思：请先放下你心中的假想敌，美国人会理性思考。

摆脱“囚徒困境”的路径

专家：总感觉政府参与实施有违自由市场原则。

马克思：你在思维上陷入“囚徒困境”的陷阱，请先给大家分享一下“囚徒困境”模型吧。

专家：“囚徒困境”是1950年美国兰德公司提出的博弈论模型。两个共谋犯罪的人被关入监狱，不能互相沟通情况。如果两个人都不揭发对方，则由于证据不确定，每个人都坐牢1年；若一人揭发，而另一人沉默，则揭发者因为立功而立即获释，沉默者因不合作而入狱10年；若互相揭发，则因证据确实，二者都判刑8年。由于囚徒无法信任对方，因此倾向于互相揭发，而不是同守沉默。

马克思：“囚徒困境”假设两个人是有罪的，如果修改假设的条件，这两个人根本没有犯罪，那么，“囚徒困境”还会存在吗？

专家：（缄默）

马克思：西方经典理论的核心是什么？市场是上帝控制的，

风险是不可控的，除了上帝，任何人都不能干预市场的自由运转。风险不可控是因为成本不可控。诺贝尔奖可以永续存在的原因是其成本被永续地锁定了。智能教育同样将成本永续锁定为零，风险会随着成本的清零而消失。当风险消失，送给你钱你还有违约的动机吗？你没有了违约动机，传统经典理论是不是失效了？市场的控制权是不是由上帝手中流转至大众手中了？

专家：（思考）

马克思：我也和你分享一个模型。

分蛋糕模型 1.0 版本

某间屋子里有制作蛋糕的充足材料，有甲、乙两个蛋糕师。两个蛋糕师本来相安无事，各自制作蛋糕来填饱自己的肚子。一天一个机器人来到了屋子，为甲、乙两个人各制作了一个味道十分甜美的蛋糕。自此之后，机器人每天制作一个精美且味道十分棒的蛋糕，制作完成后，机器人会宣布："我会无条件服从胜利者，蛋糕属于胜利者。"甲、乙看了看"不可战胜"的机器人和彼此，开始选择争斗。初期双方的争斗还比较温和，点到为止，但随着时间的推移，甲、乙为了获胜，开始苦练技能，争斗逐渐转化成决斗。机器人帮助甲、乙诚实地记录了决斗的过程，甲、乙不断总结经验，得出结论：人性是卑劣的，人具有原罪。

分蛋糕模型 2.0 版本

在战斗中经常失败的甲有一天终于获得胜利，甲鼓足勇气和机器人商量："你能帮我再做一份大蛋糕吗？我已经两天没有吃饭了。"机器人回答："主人，你需要多少，我都可以满足您。"甲惊讶，继续追问："那你能每天为我们做两份蛋糕吗？"机器人回答："没有问题。"甲发现机器人原来很温和，继续追问："既然你能为我们做两份蛋糕，你为什么让我们每天决斗呢？"机器人回答："我没有说要你们决斗，我说我会无条件服从胜利者。"甲："你为什么还说蛋糕属于胜利者？"机器人："我都属于胜利者，蛋糕自然属于胜利者，有什么不对吗？"甲："也就是说我们不决斗，你仍然会帮我们做蛋糕？"机器人："当然，我是人类造的，我会无条件服从人类。"甲恍然大悟，并授意机器人新规则。

第二天：桌子上有4盘蛋糕，大小各2盘。大蛋糕营养丰富且味道甜美；小蛋糕不仅味道差、吃不饱，而且有毒。机器人宣布：甲、乙相互为对方选择蛋糕，如果甲、乙同时为对方选择大蛋糕，则甲、乙分别享用大蛋糕；如果甲、乙中任何一个人为对方选择小蛋糕，那么甲、乙两人都只能吃有毒的小蛋糕。在规则清晰的情况下，甲、乙双方都只能主动为对方选择大蛋糕（美德），以确保自己获得大蛋糕（利己）。

N天后，甲、乙已经习惯享受机器人的服务，桌上的美味已经由大蛋糕变成了甲、乙任选自己喜欢的美味。

专家：（沉思）

马克思：我还可以与你分享第二个模型，你可以结合中国的现状去理解。

摆渡困境

A渡口有10名船工，负责将游客摆渡到对岸。由于游客数量有限，10名摆渡船工每天都要起早贪黑去争夺游客，才能维持家人生计。有一天，10个人中的智者提议10个人合伙组成一个船队联盟，每两个人负责一个时间段。这让每个船工付出的劳动时间下降80%，而收益保持不变。初期大家感觉这种联盟很舒服，合作也很愉快。但A渡口紧邻B村，B村劳动力极度丰富，这种联盟组建不久，B村剩余的劳动力很快发现机会，跑来和这个联盟抢生意。新进入者使游客被分流，10名船工获得的收入开始大幅度下降，家人温饱开始成为问题，轮值者开始将钱私藏下来，联盟陷入困境而自然走向解体。

为了夺回客源，10名船工中的聪明人开始发动主持家务的妻子跑到渡口外的大路边揽客。这种方式让聪明人的收入短时间内获得领先，但这种领先并未维持多久，这种业务模式很快被其他船工所复制。渡口从事摆渡的人数从10人增加至20人以上，所有人都起早贪黑，都更加忙碌，负责揽客的妻子们揽客的半径不断增加，负责摆渡的船工经常发生冲突，相互指责，高强度的工作增加了风险系数，损害了健康。每个家庭的实际收入却在下降，生活倒逼船工们开始涨价，但涨价后却依然只能维持生计。

思考一下，中国各个行业是不是面临“摆渡困境”？套用“囚徒困境”，在传统市场，“审讯期”会带来失业风险和亏损风险，如果船工不“认罪”，“审讯期”是无限长的，所以，船工必然会主动“认罪”。“认罪”的奖励是：第一个“认罪”的船工（让媳妇去招揽客人）有可能因为短期获得高收益而率先被释放，成为暴发户。但认罪者引发的连锁反应却使该行业的效率下降50%，因为干同样多的活儿，人数增加了一倍。要摆脱“摆渡困境”只有修一座桥，让10名船工轮流去收过桥费。

什么是效率？

完成同样工作，需要计入成本的总工时越少，效率越高。智能教育之所以是零成本，原因是：后期经济自由的教师维护与更新内容用的时间是休闲时间（碎片时间），或者说是根据自己的爱好在更新内容，在享受的过程中同步将工作完成，我们并不将这种劳动时间计入成本。而我们之所以要给教师支付工资，是因为我们必须把钱分出去才能使经济活动循环发生。

请注意腾讯的创新方式：将“大众创造”出售给大众。你既是内容的制造者，又是内容的接受者；你既是消费者，又是供给人。

工程师：我分享一个“摆渡困境”的真实案例。我的一个朋友毕业后进入一家超声波清洗企业，负责销售。由于工资较低，他和几个同事自己出资创建了一家超声波清洗公司，主要针对汽车修理厂。过去十几年，中国汽车后市场一直处于高速增长，他们的企业很快走上轨道。他们曾经希望通过努力做强做大，提升质量，建设品牌。但面临的客观情况是，他们的员工不断出走去做同样的企业，以低价来挖走他们的客户。

其他同类企业，也都面临同样的问题。在这一细分领域，市场容量的增长远远低于企业数量的增长，每家新生的小微企业都会照猫画虎地将全国市场划分成不同区域，招聘业务员分区开发市场。小微企业的主要手段是价格战，有限的利润被分到无限多的小微企业口袋，每家小微企业都难以长大，这又限制了员工工资待遇的提升。整个行业始终在以打猎方式开发市场。十余年过去了，超声波清洗行业的核心技术几乎还维持在原状，市场开发的难度越来越高，获利越来越难。

企业主：这种情况不仅出现在自然成长的细分行业，即使有大企业也无力扭转这种局面。某楼宇电梯广告公司在美国上市后，曾经希望以收购的方式整合楼宇广告市场，但该公司前面高价收购一堆企业，后面又会产生一堆新企业，低水平重复建设前仆后继。这个问题几乎是中国所特有。很多专家认为是思维方式的问题，实际上与人口结构和起点有很大关系。

很多领域并没有真正的技术门槛，初中生将产品分拆后都可以按照配件型号采购，随后实施组装，其获利要求更低，因此很容易赢得缺乏资金的客户群体。这就形成了微利的客户采购微利的小微订单，社会不支撑企业产生高利润，进而走上升级轨道，整个社会在高增长的背景下才能保持微利。这是中国人大而不强、富而不贵的根源所在，也是中国技术、契约外来的一个重要原因。

工人：什么是契约外来？

企业主：“屌丝”盯着大V，大V盯着美国；员工盯着老板，老板盯着专家，专家盯着国际惯例，国际惯例出自美国。

管理的方式

家长：智能教育平台上线后，我们如何行使管理权？

企业主：最简单的方式是在智能教育平台上建立一个监管频道，问题的处理采取0—1表决方式。在监管频道的BBS（电子公告牌系统）上，持股人可以自由表达要求与意愿，一旦内容参与人数达到某一数量级，系统允许发起人将该问题提交为表决提议，提议会通过智能手机发送至每个持股人手上，持股人对该提议进行0—1表决，超过半数支持，提议即可以交给执行团队按照计划去实施。资金的管理无须经过财务、审计等等，直接由智能软件负责按照透明规则分配，所有人不碰钱是无寻租空间的保证。智能教育产品的最终定价权在教师手中，因为教师群体双重持股，一份为职业持股，占整体股权的50%；另一份为预订持股，同样占据一定比例股权。超过50%的股权使教师群体实际掌握着教育行业的定价权，这可以消除教师群体对未来通胀的忧虑。

家长：什么是0—1表决机制？

企业主：支持者选1，反对者选0。限时完成，选1的超过半数以上即通过提议，交给项目组实施。反之，项目被股东群体表决枪毙。

教师：人不碰钱，我们的钱怎么领取？

企业主：人不碰钱是指负责运维的团队不接触系统内的钱，你们的收视获利和分红会由系统直接分到你们的银行账户内，你们在智能教育平台上的账户直接与银行卡对接。

利己与美德一致!

马克思：我们继续回到智能教育项目本身，强制5年交费规定会使智能教育视频网站的价值始终高于14万亿。平台50%的股权交给了全社会，会变成社会福利；剩余50%的股权交给教师，可以很轻松地帮助教师解决未来收入来源问题。

教师群体和其他群体各获得7万亿增量财富，等于中国境内快速出现了一群“美国人”，他们的购买力会接替美国，成为拉动中国经济增长的动力。而中国出口掉头向内，又可以减轻中国低价商品对全球制造业的冲击，使其他国家和地区就业机会恢复，这对全球同样是一个多赢的结果。

政府应该清晰地认识到，创新创造的增量财富在政府或企业手中，其价值都是零，原因是政府、企业手中的钱只能用于投资，而中国各个领域供给已经绝对过剩，投资只会扭曲经济。反之，将股权以社会福利的形式发给教师和大众，14万亿以上的增量财富会快速转化为购买力。政府同时也应该清晰地认识到，如果政府违约强行将股权划入政府口袋，那么，大众很容易通过互联网重建新智能化平台，重新划分利益。智能化使利己方向与美德方向达成一致，使“为人民服务”和“客户是上帝”不再是一句口号，而是一种必须选择的结构。

农民：我还想问一个问题，政府会这么做吗？政府不这么做怎么办？

马克思：政府参与项目推进速度会更快一些，而如果政府不参与，项目跨过临界点后，依然会进入赢利轨道和上市轨道。也就是说，政府做不做、怎么做都不重要，关键是创新者做不做、怎么做。只要创新者选择去做，而且在机制上没有留下寻租空间，最终提取14万亿增量财富就具有确定性。而这14万亿增量财富是系统解决中国问题的钥匙。当政府不再重要，政府自然跑过来帮你。从另一个角度看，政府参与的目的是甩包袱，利己与美德同样完美一致。

教师：斯密和我们最初分析的是我们整体持股100%，但到您这里怎么给我们变成了50%？

企业主：这个问题我来回答。如果只有教师持股，前5年的购买率会是多少？如果国内平均购买率是30%，平台收益仅为0.42万亿元，对应教师群体每年收益0.21万亿元，平台价值4万亿元以上。所以，教师群体独享创新利益，会使市场缩小，你们获得的实际收益反而更少，你们持有的股权价值也会大幅度缩水。股权是社会契约的纽带。你们获利的多少并不取决于你们占股多少，而在于你们给多少人服务。实际上这个问题斯密已经讲得比较清楚了，100%可追溯的零成本市场中，利己与美德方向是一致的。

教师群体帮助家长选择大蛋糕，等于教师群体帮助自己选择大蛋糕。你把50%的股权送出，整个市场会自然放大若干倍，这反映在股权上会是几十倍差距。只有足够多的股权被创造，才能使教师问题获得彻底解决。否则，按照试错方式渐进地搞，即使教师获得几千亿的股权，依然无法解决1700万教职工未来的经济自由问题。

新体系和旧体系之间的矛盾冲突依然会较为严重。马克思的解决方案中“虚拟”强制的目的在于：在契约达成之日即可创造14万亿以上增量财富，这14万亿增量财富不仅快速解锁教育行业面临的“摆渡困境”，而且会转化为解决其他行业问题的直接动力和订单。中国经济有泡沫是我们普遍承认的问题，泡沫源自不确定性，不确定性源自市场之间缺乏协商与沟通机制。14万亿增量财富不仅给了市场一个确定性，而且社会义务也就自然被转嫁到“中国制造”的头上。而这种转嫁显然是“中国制造”乐于接受的，原因是义务是以订单方式给予的，而不是以征收税费的方式给予的。

另外，不要只盯着碗里的，因为这14万亿还可以流向新的创新领域，如部分资金用于升级传统农业为荷兰式立体农业，会立竿见影地产生第二个增量的14万亿。

最好的时代，最坏的时代——选择权在你手中！

工程师：赞同！智能化要求我们从确定性的结果反推现在的解决方案。亚当·斯密和马克思在通过不同的思维路径引导我们从共赢的未来反推现在。高效率胜出存在必然性，而效率的极限值是智能化和无人化，所以，未来从供给角度存在一个确定值，即智能机器取代大部分人的就业机会。

基于这个确定值，我们还可以做另外一种假设。假设某企业开启创新，会带来什么样的未来？如谷歌以0.5元每次收视率收购教师手中的视频，当内容达到一定规模，谷歌将该平台以每年

1000 元的价格向全球发售，会出现什么样的结果？

家长：每年在全球范围收入几千亿。

工程师：这些营收是否可以将全球百强名校课程变成立体视频呢？是否可以支持谷歌在全球范围内建设智能学校呢？

家长：没有问题。

工程师：智能机器设备逐渐替代教师，哈佛、麻省理工、斯坦福、剑桥、牛津、清华、北大等名校资源被全球学生所共享，这是否会赢得市场的广泛赞誉？

家长：是的。

工程师：传统学校教师还能保住他们的饭碗吗？

家长：小学和中学应该不受太多影响。

工程师：谷歌如果推出一站式智能教育，从小学至大学，全程服务、全球名校任选而且价格适中呢？

家长：教育大山也被推翻。（潜台词：也还不错，教师和我们有什么关系？）

工程师：这么好的产品会继续使谷歌净利润增加，对吧？

家长：是。

工程师：如果谷歌将净利润大部分转化成共享的智能电动汽车，以低价租赁的方式给大家使用，会带来什么影响？

家长：油价下跌，“油老虎”被干掉（潜台词：石化双雄跟我有一毛钱关系？！）

工程师：还有呢？

家长：传统汽车公司破产，4S 店（汽车销售服务店）破产，垄断被打破（潜台词：4S店早该倒闭！）

工程师：还有呢？

家长：还有什么？

工程师：美国人在搞“再工业化”，谷歌已经完成机器人产业链布局。如果谷歌充足的自有资金打造“无人工厂”生产智能汽车，通过教育平台预售全息智能电视、智能穿戴设备、智能电器……那么，“中国制造”还会剩什么？

家长：（缄默）

工程师：教育、石油、汽车、电器、智能设备都是万亿级别的大行业，一旦这些行业被资本主导的企业颠覆，每年从每个消费者口袋净流出的现金会超过几千元，总量是十分惊人的。

家长：几千元也不多。

工程师：每年你净亏损几千元不多吗？当“中国制造”被颠覆，就业机会消失了，你未来净流入的几千元还是以人民币计算吗？

家长：（缄默）

工程师：如果谷歌做大到数万亿营收，每年净利润万亿级别，并且谷歌一直致力于创新，一直致力于慈善事业，那么，你除了赞美还能有什么异议？如果谷歌能够以智能机器人生产智能机器人，以智能机器人生产各种颠覆性产品，那么，谷歌主导的市场中还需要你吗？

家长：（缄默）

工程师：如果谷歌们的创新在随后的10年以渐进的方式发生，“中国制造”被以温水煮蛙的方式绞杀，当我们的孩子长大，他们还有选择的机会吗？

家长：（流汗）

工程师：如果没有选择机会，最终只能走向"耍赖"的轨道。你真的喜欢你的孩子未来走向"耍赖"轨道吗？

家长：如果谷歌被美国政府一分为二，情况会好转吗？

工程师：不会，因为一旦智能机器人可以制造智能机器人，智能汽车可以自己完成运输，谷歌无论是否被拆分，供给相同产品所需的就业数量都不会增加。在智能供给主导的体系中，95%以上的人将不再被需要了。

白领：还需要研发、营销、广告和创意职业吧？

工程师：90%以上的研发都要嫁接在谷歌体系之上，真正所需的研发人员数量占人口比重是极低的，因为谷歌并不允许更多人参与谷歌的宏大计划，谷歌更喜欢消费者和精英，而不是利润分享者。谷歌自己的信息传递渠道远远比任何传媒公司、电视台、广告公司更加强大。谷歌发布一条消息，全球立即转载，谷歌量产的产品还需要营销和广告吗？预订就可以搞定一切，你现在觉得你还可能被需要，但未来你还被需要吗？

白领：为什么一定是谷歌？

工程师：苹果、Facebook、腾讯、百度、阿里和谷歌有区别吗？它们瓜分市场和它们独享市场有区别吗？谷歌只是代表一类企业，这类企业的典型特征几乎不提供就业，却可以将大部分营收转化为净利润，而这类企业颠覆的企业具有超低就业承载的特征。

农民：还需要农民吧！人总要吃饭。

工程师：是的。

工人：谷歌也太邪恶了！

工程师：谷歌哪点邪恶了？谷歌所做的每件事情都是一个伟大公司应该做的，但伟大公司没有养活你的义务。从你口袋掏钱是困难的，从伟大公司口袋掏钱同样困难。所以起点选择逃避责任，终点肯定会被逼“耍无赖”。当前，智能化的触角正在延伸至各个实体领域，全球经济正在走上“耍无赖”的轨道，全球地缘冲突的加剧是最好的明证。

从确定性的结果来倒推原因，我们会发现：智能化是一种确定性的结果。这个确定性的结果会带来一种极限效率，因此，未来存在两种极端结果，要么最好，要么最坏。这就是马克思所说的生产力决定生产关系。而在企业开启智能教育之前，未来的选择权在大众手中。只要大众在思维上愿意承担义务，最好的未来就会向我们展开。

反之，如果大众在思维上只想享受权利，而拒绝承担义务，始终寄希望于第三方（政府、企业或机构）帮助其解决问题，那么，结构性的失衡将演变成人类的灾难。智能化正在蚕食各个细分领域的就业，失业潮是地缘冲突的根源。当失业潮达到某一临界点，“擦枪走火”存在逻辑上的必然，而技术已经成熟的杀人机器人投入战争也只是时间问题。

提示：第一部分讨论完全站在个体角度分析，实际市场由供求两个方面组成，智能教育硬件订单至少在数千亿级别，这意味着华为、联想等企业早期介入可以将订单要求写入预订契约之中。因此，担心没人执行是多余的。在第二部分我们将从企业角度去详细分解这一问题。

第二章　智能金融

给人民币插上光纤翅膀，关闭战争的阀门

我们真的需要如此多的银行吗？

我们真的需要如此多的金融衍生品吗？

我们真的需要将我们的安全寄托于黄金、美元吗？

答案是银行和金融衍生品只是谋生手段，我们必须解决金融从业者的就业问题。

如果将所有金融账户统一到智能手机客户端（统一网银）上，社会需要支付的金融成本同样会趋于零，智能金融体系将成为传统银行的自动提款机，使银行和金融机构获得更多利润，让金融从业者以更少的工作时间，获得更高的收入回报。在此，我们依然以对话方式探索智能金融的路径。

智能教育的衍生品——智能金融

亚当·斯密：按照马克思的方式，市场会直接创造出 14 万亿以上的大蛋糕。我个人认为这一蛋糕是合理的，因为教育行业的效率可以被提升到极限值。在达成智能教育创新协议之后，每个人在智能教育平台上会有一个实名的账户。这个实名账户会天然产生两个金融账户：一个是现金（缴费、获利、分红）账户，另一个是股权账户。

如果现金账户与银行账户打通，那么，基于智能教育平台的智能手机支付的便利性将超越所有银行卡和各类“宝”，现金账户可以根据用户选择而产生不同的利息，这和存入传统银行并无差别。其便利性会使大部分人选择该网上银行的服务，如果传统银行不同意两者兼容，那么，教师群体的代表机构教育部可以申请成立教育发展银行，独享这一巨大的蛋糕。所以，逻辑上，其他银行必然会主动选择合作，这是市场行为。

银行家：真的发生智能教育，各个银行只能成立一家联合发展的智能银行。该银行除了满足消费者最便利支付、最便利转账、最便利理财的金融需求，还可以建立智能化的评估体系，去根据每个教师现在的获利情况，给予教师一个综合授信。我们按照教师智能教育平台当年收入的5倍授信，教师群体可以贷款的总金额会超过3.5万亿。这种授信让中老年教师可以提前透支未来收入，更幸福地享受晚年生活。当然，这也会成为我们获利的新来源。

教师：我们手中的股权呢？可以抵押贷款吗？如何办理？

银行家：针对所有股权提供20倍动态市盈率担保抵押，让14万亿以上的股权价值可以自由地变成现金，进行消费或投资。知识、技术、经验是生活必需品，其可靠性要超过其他所有资产。

如果贷款人违约，我们将收回股权。这一服务同样会由软件实施操作，借款、还款都可以在一个账户内完成，逾期未还，网站软件系统将先警告提醒，警告后仍未偿还，系统会自动将其股权资产转移至智能银行名下。

简单说，你们在智能教育的账户内可以完成所有线下手续。因为买卖双方都在该平台上拥有一个账户，所以，即使街边的小贩，他只要拥有智能手机，你们之间的交易也不需要现金，智能手机直接完成划账，简单直接。诈骗和抢劫将因此无所遁形，每分钱的流转都是可以被追溯的。

搭载光纤翅膀，零成本扩张

家长：怎么感觉银行和雷锋差不多，他们会让老百姓这么省心？

专家：他们让你省心是为了节约成本。智能银行只要在智能教育平台之上嫁接一个智能软件系统就可以在消费环节赚钱，可以在贷款环节获利，可以在股权上获利。传统银行要承担人力、房租、管理、设备等各项成本支出。如果按照新方式，银行将可以凭借牌照以零投入的方式赚钱，这可以帮助银行解决未来的潜在风险。

如果没有智能教育，各种“宝”会把银行的传统利润瓜分殆尽，所有银行都在各自为战。所有银行的垄断程度都远远低于腾讯、百度和阿里巴巴，更和苹果、谷歌相去甚远，传统银行的效率也远远低于以上公司。而智能教育可以让银行业搭上零成本赢利的快车。智能教育的垄断程度高于所有互联网公司，未来会包括谷歌。

银行家：是的，我们只要把旧规则变成智能银行的软件算法，即可实现利润不变，成本清零。这可以让智能银行的股东，即传统银行的员工分批次地全薪退休。当传统银行员工人数大幅度下降，相应的房租、设备、管理、车辆等成本支出会同步大幅度下降。当传统银行从业人数下降至目前的3%~5%，我们自然也就没有风险了。

另外，智能教育会自然帮智能银行的触角延展至全球范围，智能教育相对所有国家都是“出超”，所以，智能银行会让跨国金融业务变得简单与自由。中国游客到任何国家旅游，兑换外币都可以在智能手机上一键完成。这种服务显然也是其他国家消费者所需要的，这种服务的延展会以零成本的方式展开。包括万事达卡和银联卡等传统金融服务将失去魅力，这将成为中国银行业国际化快速完成的最佳契机。

农民：什么是“出超”？

企业主：出超即贸易顺差，在对外贸易中，商品出口总额高于商品进口总额。银行家指的“出超”是指智能教育在任何市场都可以确定性地获利，净利润在美国是美元，在日本是日元，在韩国是韩元，在欧洲是欧元。这些钱会沉淀在智能教育的金融账户内，可以让智能银行零成本地获得各种货币的储蓄。

这些储蓄让旅行者货币兑换能够全部在智能教育平台内完成，即时兑换服务使全球所有人到达任何地区都可以即时兑换货币，需要多少就兑换多少，而自然省去反复兑换货币的烦琐手续。这种服务基于零成本的智能教育之上，而传统金融机构的成本则是高昂的，这是智能银行最终必定会胜出的原因。

更进一步

证监会：智能银行作为全新的业务单元应该单独上市，上市可以让传统银行的自有资本金获得大幅度提升。

银行家：这是一个不错的提议。我们也可以采取教育行业的办法，让银行职员持有智能银行体系50%的股权。银行持有剩余股权，同样可以顺利解决银行员工未来收入的问题，加快银行员工分流速度，使传统银行业逐渐走向智能化。

亚当·斯密：智能银行剩余50%股权持有在传统银行手中毫无意义，原因是剩余50%股权无论价值多少，在银行手中都是死资产；而如果流入个人手中，将会自然转化为消费和偿还房贷及各种负债的现金。当银行负债被偿还，银行的利润被坐实，传统银行的风险才会真正快速消除，泡沫才能迅速转化成财富。泡沫被筑实是对“中国人长期供给世界”最好的回报。

企业主：斯密先生的提醒很重要。流程的顺序应该是智能教育平台成立智能银行，随后将智能银行的50%股权送给传统银行，剩余50%的股权处置权才能落入智能教育平台手中，因为从过去的经验看，任何落入某集团或个人口袋的钱和股权几乎都难以再拿出来。所以，智能教育赠予银行在程序上更合理。

工程师：既然银行可以嫁接到智能教育平台之上，那么，直接在智能教育平台上开辟一个股市频道，自己解决股票流通问题就搞定了，根本无须券商、证监会、独立董事。这些钱怎么流都在这个零成本的池子里面，也就消除了风险。我们愿意为自己的未来负责，所谓对冲基金和各种基金对我们的影响自然会被清零。

股民：那我们怎么炒股呢？

工程师：证券公司给你提供的不也是一个软件吗？你在哪个软件上炒有什么差别？

券商：我们这边有一堆人呢，你这么大的市值交易不让我分享红利？

工程师：插入一个软件，每次交易产生的佣金直接划拨到你们账户内。至于怎么分，你们自己协商就可以了，这会比你们天天玩对赌省心得多。

券商：这个提议不错。但如果智能教育、智能银行赢利是确定的，那么，股民还需要频繁交易吗？如果没有频繁交易，我们如何获利？

工程师：社会在发展，人类在进步，并不是所有职业都永远需要。40 年前，牛车曾经在中国扮演着重要的运输工具的角色，但 40 年后呢？所以，你们不可以寄希望于社会为了适应你们的职业而保持不变。

企业主：赞同。金融中心、传统股市、券商、投行都是非互联网时代的产物，在非互联网时代，有钱人聚集在某一城市，才能够实现资金的快速集结，才能实现资本对产业的有效支撑。而在互联网时代，货币集结方式已经发生根本性的改变，余额宝上线一年多，用户过亿，筹集资金量超过 1 万亿，这显然比任何券商和金融中心筹集资金的能力都更加强劲。去中心化本质上是去垄断化。

投行：余额宝随着资金规模的增加，收益率持续在下降，目前仅为 4%，这说明什么？我们认为，投资还是需要专业人士，外行最终还是不行。

工程师：余额宝收益率持续下降的原因是余额宝筹集的资金仍然只能按照传统方式进行投资，这和专业不专业几乎没有关系。如果允许选择余额宝的用户自己选择投资项目，那么，余额宝每年收益率翻 10 倍的难度几乎为零。1 万亿投资到智能教育领域直接会创造价值 14 万亿的创新企业，1 万亿投资到农业领域，很容易创造出比荷兰式农业更高效的农业集团公司。其市值至少不会比智能教育低，小微预订投资人同时扮演着消费者的角色。你们认为你们很专业，但你们的专业源自市场调查和数据，而你们调查的最终对象恰恰是预订小微投资人（消费者）。所以，你们所说的专业建立在传统线下市场的基础之上。如果市场被搬到透明的互联网平台上，你们的专业和赶马车、耪地的专业没有差别。

投行：（思考）

新契约的支点

农民：中老年人没有智能手机怎么办？

银行家：把部分智能教育的股权卖给银行，我们帮没有智能手机的统一定制。

农民：中老年人不会用怎么办？

工程师：开发语音支付系统，让使用更加简单。另外，传统纸币也不是立即退出市场，发展是有一个过程的。

银行家：我们还可以提供智能契约服务。如房屋租赁与买卖双方可以用智能银行交易系统签约，买方账户内的现金会按照约定时间划拨到卖方账户。这会让房屋租赁与买卖的成本降至最低，使买卖双方大幅度降低中介成本，大幅度减少违约行为。

同样，我们也可以提供企业电子文件、电子合同的智能快递服务，任何经过我们系统传递的电子文件与电子合同与现实中的合同具有同等法律效力。双方只要认可该项服务，并交纳微量违约质保金，违约行为公示机制可以最大限度减少违约行为。这不仅可以大幅度降低企业相关的快递成本支出，还能够提升企业自觉维护企业信用的意识。

电商：智能银行还可以提供跨境结算业务，使阿里这类全球性电商获得高效支点。

工程师：中国通过贸易顺差获得的美元等于是世界给中国打的欠条，获得这些欠条后，中国的出口企业需要从央行兑换等额的人民币，这些人民币来自哪里？据专家说，这些人民币是央行印出来的。而央行获得的美元最终流向哪里？答案是依然流向美国和华尔街。这些回流的美元为了获利，需要寻找新的出口。过去的发展证明，这些美元又借给了美国消费者，让美国消费者去炒房、购物，提前消费。

显然，这个循环是不可持续的，因为钱是从美国消费者口袋中净流出的，这一循环持续时间越长，失衡越严重，次贷危机的出现也就成为偶然中的必然。从中国的角度看，原有循环使中国增发货币的权力实际掌握在美国消费者手中，一旦美国消费熄火，中国经济必然会同步出现危机。

智能教育能够快速将人民币的发行权由美国消费者手中转移至中国消费者手中，原有的交互绑架平衡被打破。当我们不需要倚靠贸易顺差来创造货币时，我们将可以重新审视美元欠条的价值，我们需要考虑的是我们是否需要美元欠条。如果我们不需要美元欠条，我们还必须大规模去囤积美元（欠条）吗？如果我们没有必要囤积美元（欠条），那么，智能教育形成的利润我们如何处理才更符合全球市场的根本利益？

买虚赠实

电商：总不能免费共享吧！

工程师：为什么不能免费共享？既然这些美元欠条拿到中国也不能流通，囤积在我们手中只会形成“损人不利己”的局面，我们为什么不能做一个顺水人情，直接将这些利润“白条”就地正法，以“买虚赠实”来拉动全球各地消费？

电商：什么是“买虚赠实”呢？

工程师：传统市场的基本逻辑是：消费者买实体商品，企业赠送广告、宣传、包装和促销等虚拟商品，我们可以概括为“买实赠虚”。“买实赠虚”带来的问题是，赠给消费者的广告、宣传、包装和促销会形成成本，但对消费者却没有实用价值。

“买虚赠实”是把这个循环颠倒过来，国外消费者花 1000 元买智能教育，智能教育平台会把利润以实体商品形式赠送给消费者。这样，两样东西都是消费者想要的，都会给消费者带来价值，从而避免无效的劳动和成本支出。

电商：“买虚赠实”和免费共享有什么关系？

工程师：对智能企业而言，免费共享企业直接获利为零，“买虚赠实”企业直接获利同样为零。因此，对智能企业自身而言，两者是无差别的，都是给大众免费提供一个交易市场。但对大众而言，其差别却是本质上的。以智能教育为例。如果以“买虚赠实”的方式，美国消费者支付 3000 亿，美国人在获得智能教育服务的同时，还可能获得超过 1500 亿的收入和价值 1500 亿的商品，等于美国人一分钱没有花却享受了最好的教育产品。反之，以免费共享方式，真正统一的在线教育市场根本无法形成，尽管大众口袋中的 1 万亿没有变化，但其却不能享受到智能教育产品与服务。简言之，货币带动有价值的商品流通才会创造价值。

重塑全球金融体系

电商：这样做的目的是什么呢？搞慈善吗？做雷锋吗？

工程师：你觉得谷歌、百度、腾讯是在搞慈善吗？

电商：不是！

工程师：如果谷歌不是，智能教育在国外市场实施“买虚赠实”也不是搞慈善。赠送实体商品是没有人会拒绝的。假设智能教育从每个美国学习者身上获得 500 元的净利润，那么，整体赠品会形成数百亿的订单，这些订单交给阿里集团，则阿里集团不仅可以获得确定性的利润，而且还能将市场开发成本清零。从500元的赠品开始，新的销售自然形成。智能教育是面向全球的，这会自然带动阿里成为全球最大的零售商，并形成对传统零售商的绝对成本优势。

专家：阿里大股东是日本人孙正义，上市地点是美国，阿里赢了和我们有什么关系？

工程师：美元是欠条，智能教育让我们拥有了给自己打欠条的权力，再拿回美元欠条已经没有任何实用价值。把订单给阿里，阿里就可以确定性地赢利，赢利的阿里就可以高溢价地采购“中国制造”，让中“国制造”获得高利润。高利润会带来经济自由度的提升，进而产生创造力。简言之，传统市场中，“中国制造”要每天靠竞底来乞求沃尔玛施舍订单，赚回美元。而“买虚赠实”只是经过阿里倒了一次手，最终美元依然流入“中国制造”口袋，流向依然是中国央行。

中国消费者和美国消费者之间显然不是敌人。按照传统方式，你把产品廉价卖给美国人，美国人还要指责你倾销；按照新方式，钱还会流入你的口袋，但美国人显然很容易成为你的粉丝。因为你给的都是他想要的，教育和生活成本都下降了。

电商：这么好的待遇为什么不给中国人自己？好的机制为什么只能给美国人？

工程师：因为“买虚赠实”和免费共享机制一样都会把利润清零，没有利润，中国人就失去了自己给自己打欠条的权力。这就如同美国人慷慨地赠予中国人钱去发展互联网，去帮助中国人创新，中国人对美国人感恩戴德，结果，透支未来的权利反而落入美国人手中。权利隐藏在义务中，你想做主，又不想承担义务，这是不可能的。

专家：这样做等于把美国企业架空了，美国政府会同意吗？

工程师：美国政府不同意有用吗？市场主导权在美国消费者手中。退一万步讲，你给他，他不要，你有损失吗？第二个问题是，阿里是中国企业吗？显然不是，华尔街至少有很大比例的人（持股阿里股票的投资人）希望阿里干掉沃尔玛，干掉亚马逊，干掉家乐福……阿里赚得越多，他们口袋的钱越充盈。显然，日本人也希望阿里干掉沃尔玛，帮助日本人扬眉吐气。当出现美国消费者、一部分美国投资人、日本人和中国人联合的局面时，主动权显然在中国人手中。

专家：美国消费者没有工作机会怎么办？

工程师：他们要工作机会的时候，阿里再慷慨地给他们工作机会，拿着从美国市场赚取的利润和跨国公司联合在国外建设工厂，给予国外工人高薪，这对中国人没有损失。我们应该清楚，"中国制造"供全球对中国是利害参半的事情。如果中国人能够通过提升效率获得经济自由，根本无须承担世界工厂的义务，根本无须把未来的资源用在现在。

把工作机会转到美国、日本、韩国、欧洲和新兴经济体，让他们的主体供给由自己完成，市场获得平衡，对所有国家都是有好处的。这个过程只要选择明规则，你就是没有敌人的，没有敌人是无敌的原因。我们全心全意地为美国人、日本人、韩国人、欧洲人和其他新兴经济体着想，言行一致地帮助他们解决问题，他们自然愿意接受我们的规则。在解决问题的过程中，角色的转换自然完成。

农民：什么角色转换？

工程师：中国人取代美国人变成老大，人民币取代美元成为最可信赖的货币，中国的智能金融机构取代华尔街。

农民：这么简单？

工程师：实际上就这么简单，你总是遇到敌人的原因是你把所有人都当成敌人。美国人成为老大的原因不是因为美国人能打，而是美国人曾经帮助世界解决问题，帮助全球建立了以美元为契约的统一、低成本的多边贸易体系，市场带给全球的红利是所有经济体效率获得大幅度提升。简言之，全球都在争就业，当你可以用国际通用的合理机制使本国消费者的口袋鼓起来，扮演买方时，其他卖方都会自然地围绕着你转。

农民：我明白了，你的意思是让美国人、日本人去抢中国人创造的欠条。

工程师：也可以这样理解，但真正目的是为了帮助全球解决问题，而不是制造麻烦。以美国为中心的全球贸易体系具有典型的大进大出的特征，这种体系不仅高能耗，而且要浪费大量劳动力资源。中国人主导的新体系需要避免走美国人的老路，通过股权提升所有地区的经济自由度，使智能机器替代人去偿还股权机制透支形成的债务是最终目的。

银行家：全球性的电商可以让智能教育平台支付给国外教师的收入变成人民币，凭借人民币，全球消费者可以在任何地点自由消费，这是统一全球货币的途径。而统一的全球货币将有助于使全球消费者的利益保持一致，这又是全球范围内消灭战争的基础条件之一。

工程师：是的，全球性电商平台的建成还可以让所有供货商接受人民币采购，接受人民币采购的企业又会以人民币支付员工工资，员工反向去全球性电商平台消费。这是一个自我强化的循环，这一循环的终点是“一个地球，一种货币”，它的名字叫作“人民币”。

第三章　智能交通体系

颠覆石油—内燃机组合，开启无限能源时代

未来，交通运输业会是什么样的？

智能交通体系会涉及以下几项关键技术：1. 无人驾驶技术；2. 电动汽车技术；3. 道路无线充电技术；4. 泛太阳能技术。

以这4项技术组合，未来，智能汽车将以共享方式为每个人提供24小时“随叫随到”的专职贴身服务。智能手机总能“找到”并帮你“呼叫”离你最近距离的“空载”智能汽车。道路无线充电装置会让智能汽车的电力始终处于满格状态。电力由道路两侧的风机或太阳能发电装置提供，高耸入云的风机会将风能源源不断地转化成智能汽车的动力。智能汽车会根据其他智能汽车的行驶状态设定最理想的运行速度，以最大限度避免交通事故发生。

道路上关键位置安装有联网的摄像头。这些摄像头会将实时数据输送给监管智能汽车运行的云计算数据库系统内，云计算系统会精准地将这些数据反馈给附近行驶的智能汽车，将风险消除于未然之中。发生小故障的智能汽车会自动驶往集中维修中心，维修中心主要以更换配件为主，修理速度会极大加快。被更换的配件会返厂集中处理，能够循环利用的会被重新集中维修，彻底损坏的会被以环境友好的方式处理。

抛锚的智能汽车会被智能拖车拉到维修中心集中处理。始终处于工作状态的智能汽车几乎不需要停车位，这会为城市节省大量的停车空间。你到餐厅就餐，智能汽车将你送达目的地，会去完成新的任务，而不是傻傻地等待，送你回家的将是新的智能汽车。每辆智能汽车服务的人数会远远高于私家车方式。因此，每座城市的智能汽车保有量都会大幅度下降，这又会在制造环节节省大量能源和材料。能源和材料将由紧张状态变成绝对过剩状态，环境将因此自然获得快速改善。与智能汽车配套的风能、太阳能将逐渐取代石油、天然气和煤炭成为新的主导性能源，这将使人类远离能源危机。

在货运领域，智能卡车与工厂连接，将商品精准地送达需求地。

显然，智能交通体系对人类而言是理想且完美的。从技术角度看，无人驾驶、电动汽车、道路无线充电等技术已经逐渐走向成熟，风电、太阳能更是已经广泛应用的技术。但为什么我们与智能交通还相差十万八千里呢？答案是新智能体系不仅会颠覆石油行业，还会颠覆传统汽车工业、内燃机工业、传统的汽车服务市场……从消费者的角度看，无疑智能交通体系是美好的，但从供给人的角度看，智能交通无疑会带来灾难性的影响。

加油站、4S店、汽修店、石油行业、内燃机行业、传统汽车行业、运输行业都承载着巨大的就业数量，如果实现了智能交通，几乎所有行业都会面临结构性的失业潮。因此，尽管媒体每天都在讨论智能化让人类沦为肉体零件和机器的入侵，尽管每个传统行业都对智能汽车的到来忧心忡忡，但几乎没有一个行业愿意正视问题。所有行业都觉得这不是本行业的事情，自己没有义务承担这一社会责任。

但逃避问题就不会发生吗？答案显然是否定的。低成本取代高成本是难以避免的趋势，如果我们不去主动解决，被动解决的风险是我们将失去沦为肉体零件的机会，也就是说我们连低薪饭碗都难以保全。因为量产的智能机器会远远比人类本身廉价，如果智能交通体系的创新义务由企业单独承担，那么，除了智能汽车产地以外的地区都将沦为货币净流出地区。因为智能化本身是高度垄断的，这种垄断并非是企业的主观意愿，而是智能化的自然选择。软件的高度统一是智能化的先决条件，这在谷歌、百度、腾讯身上已经得到证明。假设谷歌不是一个持续优化的软件控制搜索结构，而是由无数人控制信息呈现的结果，那么，谷歌自然就沦为了新浪。

如何解决问题？智能教育已经帮助我们打开了思维的边界，我们不妨继续以对话的方式，来构想解决问题的途径，让所有人成为创新的赢家，而不是输家！

自锁的循环与解锁的路径

亚当·斯密：电动汽车节能环保，你们为什么不购买？

车主：价格高，充电难。

亚当 · 斯密：电动汽车生产价格为什么高？

电动汽车制造商：缺少量产，一年产 200~300 台，价格能下来吗？

亚当 · 斯密：为什么充电难？

充电配套商：保有量低，没有人用，建了设施会亏损。

亚当 · 斯密：（转向制造商）给你 1000 万辆电动汽车订单和 1 万亿现金，你能把电动汽车生产成本降至 10 万元吗？

电动汽车制造商：肯定没有问题，100 万订单和 1000 亿现金就可以搞定。

亚当 · 斯密：（转向充电配套商）给你 1000 万辆电动汽车预订车主名录，让你依据名录去安装无线充电设备，你这边能够充足供货吗？

充电配套商：肯定没有问题（我这边产能超级过剩）。

教育部：我们明白了！我们在智能教育网站上以每辆 10 万元的价格预订电动汽车，强制所有教师预订，这就可以保证获得 1700 万以上电动汽车订单。获得订单后，我们成立一家电动汽车公司，将订单外包给中国电动汽车制造商。随后，我们通过智能教育平台面向全球招聘电动汽车领域、无线充电领域、无人驾驶、计算机领域的软硬件专家，打造一支苹果式的研发团队，整合全球最新技术，开发下一代智能汽车。

我们成立的电动汽车公司将成为汽车领域的苹果。1700 万辆以上的订单可以保证该电动汽车公司率先实现大批量生产，“中国制造”的成本优势和智能教育平台的技术整合优势结合，将使该智能电动汽车公司在全球范围内获得绝对领先优势。另外，预订机制可以让电动汽车设备配套商同步完成充电设施配套建设，直接进入赢利轨道。

电动汽车制造商：把订单直接交给我们就可以了，我们更专业。

教育部：你们有多少家公司？真给你们，你们敢担保不会走向竞底吗？所以你们更适合做代工，给我们打工你们可以获得更高的利润回报率，企业家可以享受阳春白雪的生活，而无须战战兢兢地每天去拼刺刀。这难道不是你们的起点愿望吗？

电动汽车制造商：（缄默）

锁定成本，锁死利润

教师：股权怎么算？

教育部：按照智能教育方式，预订者联合持股 50%。

大众：我们也可以参与预订吗？

教育部：预订面向智能教育平台上所有用户开放。预订分为两类：第一类是正好需要汽车，直接支付全款；第二类是未来准备换一辆电动汽车，支付 1 万元。教师群体必须 100% 付全款，我们直接从教育股权中扣除，教师群体中可以筹集 1.7 万亿元。按照社会预订为教师预订的两倍，我们可以获得 5.1 万亿元预付款。

教师：坐拥 5.1 万亿元现金的智能电动汽车公司还需要找代工吗？

工程师：传统汽车行业生产一辆汽车需要的总工时大约为

16~20 个。如果以超大批量生产电动汽车，并且只需考虑生产和研发，年产 2000 万辆电动汽车，所需员工总数不会超过 100 万人。按照每个员工年薪 15 万元计算，一次性支付 10 年工资，只需支付 1.5 万亿元，所以，全产业链布局总的资金需求也不会超过 2.5 万亿元。

教师：什么是全产业链布局?

工程师：通俗地说，就是全部活儿都是自己干。矿产资源是提前买断的，设备制造商是自有的，企业提前收购，员工工资是提前支付的，从采矿到配件到组装全部是自己做，并且成本全部提前支付。那么，在未来 10 年该公司没有成本，所有生产车辆售出均为净利润。假设未来 10 年，平均年产 2000 万辆，每年电动汽车售价 10 万元，每年营收 2 万亿，未来 10 年会产生 20 万亿元净利润。

预付成本会使该公司未来成本清零，该公司未来的营收会全部转化为净利润。该公司的价值会远超过智能教育。如果教师群体持股 15%，那么，教师群体可以获得 3 万亿元分红和价值 6 万亿元的股权。也就是说，新方式让教师不仅可以免费获得一辆电动汽车，而且可以获得持续分红。这会成为教师和预订车主愿意承担时间成本的理由。

同步触发的“超预期”事件

工人：一次性发 10 年工资?

工程师：是的，先让我们和你们获得经济上的自由，不受家长里短和各种琐事的牵绊，随后再工作，会释放出我们的创新能力，也会让你们可以安心工作。我们这个提议如何？

工人：棒！

教育部：还剩太多的钱怎么办？

工人：增加一倍工人，让我们轮休，干一年，休一年！

教育部：轮休？

工程师：轮休其实是一个不错的提议。效率提升需要降低工作时间，流水线的引入让产业工人工作时间从13小时降至8小时，并且每周休息两天，智能化创新可以让产业工人工作时间在此基础上缩短50%。各个职业不同，我们工程师群体应该在时间减半的基础上采取更自由的方式，自由是释放创新活力的重要保证。我们希望享受谷歌的薪酬、福利和谷歌X实验室的创新自由。

教授：为什么不呢？

我们十分赞同，而且我们希望带领我们的研究生直接参与到研发项目之中。让我们直接去创造价值，去分享充裕的创新基金，让我们的研究不再只是停留在试验阶段。

教育部：没有问题，既然是慷大家之慨，我们也无须枉做坏人。最坏情况是后续的研发速度慢一些。当预订投资人愿意承担等待成本，也许“自由”反而会创造奇迹。接下来的问题是即使工人工作时间减半，钱仍然多得花不完，剩下的钱怎么办？

工程师：最直接的投资是发展智能机器人，争取在未来5~10年由智能机器人在大部分工位替代工人，使无人驾驶在运输行业获得普及，争取在10年内让完美的智能家用机器人进入家庭。剩下的资金变成“开放创新基金”，即在智能教育平台上开辟自由创新频道，一个创意只要获得足够多的人的支持，开放创新基金即提供无条件资金支持。

工人：我没有搞懂为什么原来我们每月发3000元工资，企业无利可图，但现在一次性发给我们每人100万，反而可以获利更多呢？

工程师：预订使电动汽车公司只需承担生产和研发两个成本，而无须考虑资金、渠道、营销、管理等其他成本支出，节省的4项成本支出被提前锁定为净利润。为了更清晰地看到可以节省的空间，我们可以抽出一项成本支出。如果这5.1万亿来自风险投资，按照这些资金的投资年回报率为20%计算，10年后，该电动汽车行业连本带利需要偿还31.5万亿资金。而这5.1万亿源自预订投资人，自然就将31.5万亿资金使用成本转化为净利润。预订机制带来的结构性成本下降是使我们以更少时间获得更多收益的原因。

传统产业链问题的解决方式

石油公司：这样搞不是让我们破产吗？

教育部：智能电动汽车公司剩余的50%股权就是给石油公司、煤炭、钢铁公司、重卡、工程机械、传统汽车公司准备的。上面我们已经计算了净利润，每年平均可以达到2万亿，会超过你们整体获利的总和，股权价值更是可以超过你们所有企业股权价值的总和。你们目前效率低下的根本，在于你们必须解决就业问题，你们将现在企业的股权分给员工又会遭到媒体的口诛笔伐，等待的结果必然是美国人将你们颠覆。所以，我们帮美国人将这一市场进程加速了。利益呢，我们共享。你们可以顺利地用股权去偿还银行贷款，去解决员工分流问题。我们也就不用忍受雾霾了，大家皆大欢喜。

钢铁公司：有多少股权分给我们？我们负债高得很！早已经超过 3 万亿。

石油公司：我们也不少，接近 2 万亿。分少了肯定解决不了问题。

工程师：单独解决问题都是很棘手的，建议你们将手中的股权变成一家投资公司，这家投资公司的股权大致在 20 万亿左右。这些股权的用途有两个：一是帮助重化工企业清偿银行贷款，使重化工企业利润迅速恢复，同时，消除银行的风险；二是接受该投资公司帮助的重化工企业必须接受该公司的整合，大幅度裁减落后产能和就业人数。下岗职工由该投资公司负责以股权安置。

当中石油的员工数量达到埃克森美孚的水平，石油行业的产业升级自然完成，石油行业的利润自然恢复，危机自然不会发生。当中国钢铁行业总从业人数下降至浦项钢铁员工数量的 5~10 倍，即总从业人数下降至 15 万~30 万人，钢铁行业将由微利行业转化为暴利行业，钢铁行业将可以自由消灭落后产能。其他行业解决问题的内在机理是一致的。

专家：这样搞金融创新万一出乱子怎么办？

亚当 · 斯密：预订是不是合理的？

专家：合理！

亚当·斯密：上市公司机制是合理的吗？

专家：合理！

亚当·斯密：都是合理的有什么创新？会出什么乱子？

专家：政府会同意吗？

公务员：政府要的是人民幸福，要的是纳税。市场创造以最少时间获得最多收益的机制我们怎么会不同意？放下你心中的假想敌，不要拿我们当挡箭牌，谁都希望自己的国家更好。智能化和股权创新能够让普通中国人享受的福利超越北欧国家，还会有腐败吗？如果没有腐败，贪官还需要移民吗？如果没有腐败诉求，政府还需要花费大力气去反腐吗？

交付的时间表

预订车主：我们什么时候可以获得电动汽车？

工程师：电动汽车公司会给出明确的交车时间表，很多车主会等待较长时间，但预订车主获得的股权收益足以抵偿车主的等待成本。因为预订达成后，预订车主获得的股权价值会超过其付出的现金价值。按照马克思的理论，预订车主“剥削”了该电动汽车公司的管理层、工程师、工人和机器设备，互联网让“剥削”成果获得即时兑现。我们乐于被剥削，我们相信工人群体也乐于被预订车主“剥削”。

工人：一次性发10年工资，工作时间减半，可以让这样的“剥削”来得更猛烈些。

电动汽车智能化之路

白领：如何让电动汽车走向智能化？我们对智能汽车更感兴趣！智能汽车的成本会是多少？垄断的电动汽车公司是否会让汽车外观的创新陷入死寂？在上面的讨论过程中，我们没有看到车型的创新。

工程师：第一代电动汽车肯定不是智能的，前500万辆汽车很可能和甲壳虫一样简单。因为简单才能让高成本单元快速被铲平，使电动汽车的基础成本快速下降至内燃机汽车的水平，将“中国制造”的成本优势转化为电动汽车的成本优势。

白领：量产一定可以消灭高成本吗？

工程师：零负债，矿产资源已经买断，全产业链的企业已经买断，员工工资提前支付。企业没有额外成本，其结果自然是量产消灭高成本。对整个市场而言，基本可以看成是所有成本都是人力成本，地球并不向我们收费。

我接着回答你第一款车外观设计的问题。通过智能教育平台面向全球招标，来征集一款经典的车身与外观设计，征集稿会有很多种，被更多预订车主选择的车型将被选择为第一款电动汽车。针对第一款车型，可以打造智能化程度最高的柔性流水线和相关的配件生产体系。该款车型基础产量500万辆，后期全球招标产生的新车型推出后，原款车型开始大幅度降价。这种手段也是传统汽车制造商经常采取的手段，低价会赢得市场的大量购买。

在全球电动汽车市场饱和之前，该款车型会像甲壳虫一样充满生命活力，单款车型突破5000万辆是大概率事件。后期车型设计会以一种全新的创新方式展开，所有设计师将其作品拿到互联网上由预订车主选择。无论车型是否被选中，最终参与者都可以获得一定量的薪酬，优胜车型的设计师会获得一定比例的提成。这种提成的比例很低，但由于基数巨大，会让设计师很容易获得经济自由。

第二个问题是电动汽车升级为智能汽车，按照传统算法成本无疑是十分高昂的。但如果按照新方式，你会发现，无论计算机系统、电子装置、显示器、雷达、摄像头、红外感应系统、各种传感器还是云计算系统，只要大批量生产，其成本都会下降至智能手机的水平。为了理解这一问题，你可以回忆一下手机价格的变化。

20年前，砖头式的手机售价超过万元，而现在比砖头手机性能更好的山寨机的价格已经被“中国制造”做到了10美元。这还是建立在传统创新方式的基础之上，要先找市场，随后再组织生产。如果是先有市场，只考虑研发、设计与生产，那么，效率进步会更加迅速。所以，智能汽车会在几千万辆电动汽车交付的过程中自然产生，并投入使用，具体的时间点掌握在预订群体（投资人）手中。

白领：前面获得的是普通电动汽车，后面获得的是智能电动汽车，差价如何补？如果大家都希望获得智能电动汽车，而不是普通的电动汽车，项目如何进行？

工程师：要注意这样一个情况，预订车主兼股东已经将该电动汽车的未来所有成本支付，所以，电动汽车也好，智能电动汽车也好，他们都相当于是免费获得的。通俗地说，不用白不用，先使用的肯定不会吃亏，后使用的会获得更好的车辆。所以，谁也不用补偿谁。另外，除了预订车主，外部市场还会形成大量购买，这些购买会转化为股东的净利润。如果你以合伙人的思维思考，这将不是问题。

智能交通配套体系建设路径

白领：道路充电系统如何建设与实现？

工程师：预订投资人在缴纳5.1万亿预付款后，其获得的股权价值为20万亿。也就是暂时不分红已经让他们获得超额收益。所以，要实现智能化，该智能电动汽车创造的利润可以暂时先不分配，用每年产生的净利润去购买高速公路，帮助地方政府批量偿还银行贷款，随后将收费高速公路变成免费高速公路，逐条逐条地对原高速公路实施智能化改造。

（1）在高速公路上铺设无线充电装置。

（2）在高速公路两侧安装风力发电机，用风机给无线充电装置供电。

（3）用无线充电装置给道路上行驶的电动汽车供电，使电动汽车可以在高速公路上始终保持电力充沛。

（4）电动汽车的智能软件会自动计费，这些费用将用于智能高速的运维与管理。

（5）风力发电机白天产生的电力主要供给汽车，晚上产生的电力可以供给居民生活用电。这种方式会最大限度降低电力的浪费，居民晚上用电和汽车白天用电的时间刚好错开。

在完成高速公路改造之后，智能电动卡车将会显示出绝对成本优势，逐渐替代传统柴油发动机的卡车和天然气卡车。在未来，运输成本将只包含少量的车辆生产成本和少量的智能高速公路运维成本。换算成人力，最多不会超过 100 万人力成本投入，这会让商品的到货价和出厂价几乎保持一致。

在市区内，传统的道路养护是政府的负担。智能电动汽车公司可以从政府手中接过这一负担，采取分城市、分街道实施智能化改造，在道路上预埋道路无线充电装置。当整个城市完成智能化改造，智能电动汽车将可以以共享的方式取代私家车、公交车和地铁，因为智能电动汽车的使用成本会远远低于以上交通工具的成本支出。

白领：希望拥有私家车的车主还能购买自己的车辆吗？

工程师：肯定可以购买，选择权始终在消费者手中。智能汽车组成的租赁公司提供的车辆并非无偿使用，会直接从每个人的手机软件系统自动扣费，每次按照里程结算。由于批量使用和全天候工作，其使用成本会低到比我们乘坐地铁更加便宜，这是人们逐渐放弃传统交通方式的原因。有钱的车主依然可以选择私家车方式，私家智能汽车同样可以享受道路无线充电设施，其成本同样低廉。

但请注意，由于私家车使用频率低，寿命长，其更新的速度会低于智能租赁公司的车辆更新速度。也可以说，私家车主花更多的钱，反而只能享受更低配置、样式更加陈旧的智能汽车。在这一逻辑下，除了富豪群体，其他人都会逐渐放弃私家车方式。最终，更经济、性能更高的共享的智能汽车使用方式会自然胜出。更为重要的是，这个过程不需要任何干预与强制。汽车的使用成本会自然下降至我们现在生活中的电费和水费开支水平，变得可以忽略不计。

白领：按照你们的构想，智能交通体系会在几年后就完成，我们的理解对吗?

工程师：是的，为了救市政府投入了4万亿，带来的连锁反应是中国钢铁产量从5亿吨增至10亿吨，汽车产能从2000万辆增长至5000万辆；汽车产量从1000多万辆增长至2000多万辆。所有城市建筑规模总量都出现大幅度增长；高速、高铁里程大幅度增长，大量基础设施迅速兴建，摩天大楼在各个地方拔地而起……

在资金充足的情况下，只是在原有基础上加上一些智能设施，其难度会远远低于过去6年的建设难度。过去6年我们感到困难了吗？答案是没有一丝困难，我们真正遇到的困难是基础设施建完了，我们没有活儿干了，没有停下来享受的机制。我们超级强大的供给能力在吞噬我们的未来，变成创造雾霾的动力。

白领：明白了！等于过去6年我们把房子建好了，现在只需要精装修。

技术的进展、破解瓶颈的路径

A. 无人驾驶

白领：给我们介绍一下相关技术进展。

工程师：无人驾驶汽车是通过车载传感系统感知道路环境，自动规划行车路线并控制车辆到达预定目标的智能汽车。它是利用车载传感器来感知车辆周围环境，并根据感知所获得的道路、车辆位置和障碍物信息，控制车辆的转向和速度，从而使车辆能够安全、可靠地在道路上行驶。简言之，雷达是智能汽车的耳朵，激光测距系统是感知距离的定位系统、摄像头是智能汽车的眼睛，各种传感器是智能汽车的神经系统，基于GPS（全球定位系统）导航的计算机数据库系统和软件处理系统是智能汽车的大脑。

世界上最先进的谷歌无人驾驶汽车已经测试行驶超过70万英里（约113公里），其中最后几十万英里是在没有任何人为安全干预措施下完成的，也就是说从技术角度看无人驾驶技术已经成熟。

谷歌车顶上的扫描器发射64束激光射线，激光碰到车辆周围的物体反射回来，这样就计算出了物体的距离。另一套在底部的系统测量出车辆在三个方向上的加速度、角速度等数据，然后再结合GPS数据计算出车辆的位置。所有这些数据与车载摄像机捕获的图像一起输入计算机，软件以极高的速度处理这些数据。这样，系统就可以非常迅速地做出判断。

谷歌无人驾驶汽车面临的困境是道路是复杂的，多变的道路要求大量的测绘工作，这对一个公司而言，工作量是巨大的。如果测绘工作由无人驾驶车辆车主以“群体开放式测绘方式”完成，那么，测绘工作将变得简单（最初 5000 万预订可以轻松完成这一看似艰巨的任务）。另外，形单影只的谷歌无人驾驶汽车行驶在人驾驶的汽车中间会面临很多制度方面的问题，如车辆事故如何界定、保险理赔等等难题，社会不可能为数量几乎可以忽略不计的无人驾驶汽车制定新法规。

因此，谷歌无人驾驶技术目前只能艰难前行，主要应用于商业领域，部分美国货运车队已经开始采购谷歌无人驾驶设备，改装其货运车辆，这些无人驾驶的货车与普通卡车司机一起完成运输任务。另外，谷歌无人驾驶汽车正在进入出租车领域。美国高昂的人力成本使谷歌无人驾驶汽车相对经济，按照传统发展轨迹，谷歌无人驾驶尽管进展较为缓慢，但领导地位几乎无人可以撼动。

谷歌无人驾驶技术刺激日本等国家也开始了无人驾驶汽车的应用。据媒体报道，日本在 2013 年 2 月已经开始测试无人驾驶的货车，其他国家也在该领域投入了应用试验。尽管所有企业都在极力回避无人驾驶技术对卡车司机和出租车司机两个职业的冲击，但未来这种冲击显然是不可避免的。当前，谷歌无人驾驶成套设备价格在几十万美元，如果达到百万级别的量产，那么，无人驾驶成套设备的生产成本很容易变成现在的笔记本电脑。

谷歌官方宣称，谷歌开发无人驾驶汽车的目的是防止交通意外、给人们更多空闲时间和减少汽车的使用，从根本上减少碳排放量。我们也相信“不作恶”的谷歌的善意。但商业发展的轨迹正在日渐清晰，谷歌无人驾驶正在滑向商业领域，大量司机群体的失业潮将难以避免，唯有开启预订机制，才能摆脱人被机器分而治之的局面，使司机群体真正成为被解放的群体，而不是失业群体。

预订机制带来的更多好处是：（1）当无人驾驶在技术上经过严格路测考核后，批量应用会让测绘工作快速完成，每个车主每天的行驶数据都会快速汇入计算机联网的云计算数据库系统之内，从而使整体数据库迅速变得丰富与充实，这会节省大量的测绘成本。（2）避免走向黑客帝国的场景，保护个人隐私。如果无人驾驶汽车掌握在一家私人公司手中，那么，所有车主都将面临隐私数据被全程监控，车辆可能被随时远程控制的局面。这显然是现实版的黑客帝国，并且在技术上十分容易实现。例如，法国雷诺公司销售佐伊电动车，但该车电池只向用户出租，用户需每月缴纳租费。（这是一个策略，用来降低初始购车价格，同时缓解消费者对电池寿命的担心。）电池租赁计划不是问题。问题在于，如果车主没有如期缴纳租金，会发生什么事？事实是，如果车主拖欠租金，雷诺公司可以遥控电池使其失效，从而使汽车停驶。如果是无人驾驶汽车呢？该公司将可以随时像操作游戏一样操控车主去哪里。因此，唯有该智能汽车公司掌握在消费者手中，才能避免出现一个黑客帝国的潜在威胁。（3）无人驾驶设备可以以量产方式进入低成本轨道，像我们现在为之惊叹的智能手机。（4）无人驾驶大量生产，投入使用，配套法律、法规自然完善。大众的选择决定技术和政策的走向。

B. 无线充电和道路无线充电

工程师：无线充电在智能手机和家电领域广泛应用。其原理为，利用近场感应，也就是电感耦合，由供电设备（充电器）将能量传送至用电的装置，该装置使用接收到的能量对电池充电，并同时供其本身运作之用。由于充电器与用电装置之间以电感耦合传送能量，两者之间不用电线连接，因此充电器及用电的装置都可以做到无导电接点外露。

无线充电对手机、电脑、相机等电子产品而言，只是个锦上添花的新功能，但对电动车产业，却是启动整个市场的关键。电动汽车无线充电没有外露的连接器，彻底避免了漏电、跑电等安全隐患。采用无线充电，可以将电源和变压器隐蔽在地下，让汽车在停车处或街边特殊的充电点充电。

众多电动车厂商都在积极探索这项技术商用的可能。比亚迪早在 2005 年 12 月就申请了非接触感应式充电器专利。他们 2012 年 7 月卖给犹他大学一辆纯电动巴士，这款巴士装配着最新的无线充电垫。这是一位犹他州州立大学能源动力学实验室的领导者研究出来的。司机将巴士停在充电垫上，经历数分钟的等待就能充满电。德国、日本等国也十分积极。在德国慕尼黑，早就开始进行家用无线充电的测试。日本丰桥技术科学大学在研究能够透过 20 厘米厚的混凝土砖块将电力传输给汽车的道路充电装置。

研究下一代无线充电技术的两家公司 WiTricity 和富尔顿科技都赢得了不少主流电动厂商合作伙伴。WiTricity 公司研发了能够隔空充电的电动汽车充电器。那是个放置在车库地上的半米宽的板子——开上去，汽车就开始充电了。WiTricity 与许多公司合作，把这项技术推向市场。许多汽车制造商对他们的技术感兴趣，如奥迪、丰田等。

它与丰田签订了价值数百万的合同来开发靠电池供电的汽车充电器，并宣布与中国台湾的电子产品制造商联发科技（Mediatek）合作来开发为可移动设备充电的产品。另一家新创公司富尔顿科技公司的技术可以穿透几厘米厚的大理石或车库地板给电动车无线充电。这些技术都比现在已有的感应充电更实用——现在已有的技术能够让你在自家车库为汽车无线充电，但你必须刚好停在特定的位置上，与充电线圈校准。

富尔顿已经被美国芯片设计公司高通收购。从 2012 年年初开始，高通联合法国雷诺及英国德尔塔汽车公司在伦敦东区科技城进行了街头无线充电的商用测试。高通设想在购物中心的停车场和公共道路停车点建设无线充电设施，采用半动态充电，比如在交通警示灯处、十字路口、出租车停靠点和公交车站都可以设立充电点。每次充电没必要充满，保持 40%~80% 的电量即可。伦敦政府正在考虑建造覆盖整个城市的充电网络。

日本丰桥技术科学大学在横滨举办的贸易展上展示道路无线充电技术，通过这种技术，车辆可以边行走边充电。研究人员给这种道路充电装置取名“永远”（EVER），是“电动汽车在带电道路上”的英文首字母缩写。他们认为，“道路充电”的成本低于建设专门的电动汽车充电站。项目负责人大平孝说，只要获得官方许可和民众广泛接受，建设道路充电装置可以很快普及，因为它在技术上不存在障碍。

白领：无线充电会不会有辐射风险？

工程师：正在测试中，据手机方面无线充电的经验，无线充电可以做到无辐射。以下是iNPOFi无线充电方式的介绍。

iNPOFi（即“不可见的能量场”）无线充电是一种新的无线充电技术。其无线充电系列产品采用智能电传输无线充电技术，具备无辐射、高电能转化效率、热效应微弱等特性。

与现有其他的无线充电技术相比，iNPOFi采用电场脉冲模式，不产生任何辐射，中国泰尔实验室测试结果显示，辐射增加值近乎零。在高效方面，泰尔实验室还测定，该技术的产品，充电传输效率高达90%以上，彻底改变了传统无线充电最高70%以下电转换的低效率问题。在智能管理方面，采用芯片适配管理技术，其中包括：自动开启、关闭充电过程；自动适配需要的电压、电流，管理充电过程，以确保较高的充电效率；并可以使用一个统一的充电板，为任何品牌、型号的电子产品进行安全、便利、高效的充电。

在安全性方面，同时考虑到了各种弱电充电中的安全性问题，如ESD（静电释放）保护、防过充、防冲击等等，甚至受电设备自身电源管理出现问题时，可以通过iNPOFi芯片自动熔断保护电子设备不被损坏。值得一提的是，对于智能设备厂商而言，iNPOFi以一枚极小的芯片为核心，实现了超微化设计，仅有1/4个5角硬币大小，可以方便地集成到任何设备中，也可以集成到各种形态的可穿戴设备中。这是传统电磁原理的产品无法达到的。

采用该技术的充电设备包含电源发射装置和电源接收装置两部分，发射装置大小、薄厚与普通手机相当，接收装置嵌入手机保护套中，将手机套上保护套，平放在发射装置上进行充电。充电过程中，手机不需要任何连接线。相关检测显示，充电过程中电磁辐射为零，电能效率转换达94.7%，接近有线充电。充电设备支持低电压供电，兼容普通USB（通串线）供电；实现低温充电，有效保障设备及电池的使用安全及寿命。

从以上介绍我们可以看出，道路无线充电技术正走向成熟，其辐射可以被控制在无害水平。当然，换一个角度看，如果由传统企业主导，即使有害依然会被推向市场，大众未必能获得真正的知情权，转基因食品就是一个典型案例。只有股权掌握在预订车主手中，风险才能降至最低水平。

C. 配套风电

白领：风机在道路两侧，风力不稳定怎么办？

工程师：不稳定就多安装几个风机。未来，可以发展创新风电技术。

目前成功的尝试有意大利的风筝风力发电机。风筝风力发电机的工作原理很简单：风筝在风力作用下，带动固定在地面的旋转木马式的转盘，转盘在磁场中旋转而产生电能。对于每个风筝而言，转盘都会放开一对高阻电缆，控制方向和角度。

风筝并非是我们在公园常见的那种类型，而是类似于风筝牵引冲浪的类型——重量轻、抵抗力超强、可升至2000米的高空。风筝风力发电机的核心在于通过风筝的旋转运动，旋转激活产生电流的大型交流发电机。自动驾驶仪的控制系统会最优化飞行模式，使其在不分昼夜飞行时所产生的电流最大化。假设受到干扰，例如，迎面而来的直升机或小型飞机，甚至一只鸟，雷达系统能够在几秒钟内重新调整风筝飞行方向。

意大利都灵附近的小公司“巨杉自动控制”领导实施了这一项目。据估计，风筝风力发电机每兆瓦时的成本仅有1.5欧元，而欧洲国家每兆瓦时发电的成本平均为43欧元，风筝风力发电的成本是后者的近1/30。

白领：多安装风机是不是增加成本和风险？

工程师：风电成本高是财务算法。荷兰人的风车已经运转了几百年，通过排除沼泽地的积水，给荷兰创造了相当大的国土面积，荷兰风车的成本真的高吗？

如果风电不经过国家电网而直接通过道路充电装置直接输送给电动汽车、电动卡车，那么，一次投入会让15年内的汽车燃料费趋近于零。而生产与维护这些风机的成本仅需平均每年几千名员工，成本是多少？还高吗？

传统财务成本的计算方法是风电入网成本、风电浪费成本、国家电网利润、风电场借款建设成本、远距离输电成本、风机制造商营销、管理、财务等等成本全部加权平均计算的结果。这些成本只有专家才能搞懂，因为专家才有详细的数据。

作为大众的我们无须按照专家算法去计算，当我们把电动汽车的部分股权赠予国家电网职工，国家电网不依靠我们这块收入。我们需要承担的成本将只有几千名风力发电机制造商员工的成本和安装、调试、运维成本，整体不会超过几万人。14亿人为这几万人埋单，我们将无法感知到成本。

智能化运输的目的是让运输的成本清零，这不仅包括运输业本身，还包括我们的出行成本、旅游成本。预订持股的电动汽车公司在全球范围内建设智能电动汽车租赁公司，让所有人在任何城市都可以随时用智能手机召唤一辆离他最近的智能汽车。智能汽车使用发生的费用会通过智能手机扣除，这包括货币兑换和结算。

越接近智能化的终点，你越会发现钱包、银行卡开始变得可有可无，最终，智能手机也将变得不再重要，因为你的智能手表、智能眼镜可以拥有智能手机所有的功能。对你而言，它们显然更加方便，它们日趋完美的语音对话功能将使你只需要下达指令，剩下的沟通将在智能汽车和智能穿戴设备之间完成。如果这个体系建成了，中国人将可以放心地将世界工厂搬到任何国家，因为智能汽车会帮我们在全球范围内赚钱，我们不需要担心贸易逆差。

小循环思维

白领：如果全球每人都可以拥有智能汽车，资源支撑吗？

工程师：中国每年钢产量超过10亿吨，按照每辆电动汽车消耗钢材1吨计算，理论上，我们一年的钢产量可以实现人人拥有一辆电动汽车。实际上，以共享方式为主的汽车使用方式，汽车保有量达到1亿辆已经可以充分满足大众需求。1亿辆电动汽车每年大约行驶1万亿~2万亿公里，每百公里耗电13度，总电力需求仅为1300亿~2600亿度。

中国2013年全年发电量52451亿度，10~20天的发电量可以满足全部智能汽车的一年电力需求。智能汽车不需要十几万座加油站，不需要十几万座汽修厂，不需要几万家4S店……节省的这些成本单元都会转化为能源节约和资源节约。智能交通体系选取的是小循环，其所有能耗、资源消耗和成本都会结构性地大幅度下降。

白领：什么是小循环?

工程师：小循环也可以称为最短循环。智能汽车的动力源自离它最近、最直接的风电或其他电力供给，没有长距离的中间传输中介和服务机构，属于典型的免维护的小循环。传统内燃机汽车能源供给的体系包括（50%海外）石油开采、精炼、运输、加油站、加气；传统内燃机汽车的服务体系包括4S店、特约维修站、汽修厂、汽车养护中心等等，属于典型的高能耗、高成本的大循环。

每个循环节点日常都在耗能，每天都在产生成本。小循环会让以上环节产生的耗能全部被清零。专家给你计算的能源效率通常是对比中间环节的能源转化率，即汽油输出动力的效率与风电转化为动力的效率。按照这种对比方法，很容易产生错误结论。

正确的对比方式显然应该将风机和道路无线充电系统看成一台机器，将石油进口、开采、精炼、运输和加油站、4S店、汽修厂等看成一台机器。通过客观对比，你会发现，石油模式肯定是高能耗的，肯定会被市场淘汰。机器太大，毛细血管太多，额外能耗太多，维护成本太高，寻租空间太多。

传统金融机构也是同样的道理，华尔街的金融规则越复杂，其成本只会越高，而不会越低。当智能金融可以将成本清零，你就可以选择远离高成本，传统循环方式自然就失去了价值，寻租空间也就自然消失。当华尔街找你来协商时，规则自然由你去制定。如果规则是透明的，生产能力是无限过剩的，人与人之间以最高效的互联网进行协商，那么所有领域的大循环被小循环取代的速度都会加快。当全球由大循环主导体系进入小循环主导体系，全球能源需求和资源需求也就会出现结构性的大幅度下降。

与实体小循环对应的是信息领域的大循环，因为后者可看成几乎没有成本支出。

第四章　智能农业

以高效、有机农业修复环境

国土面积4.2万平方公里的荷兰，境内均为低洼平原，全国人口1600万，土地资源并不丰富，人口密度超过每平方公里400人，是一个典型的人多地少的国家。

然而就是这样一个先天不足的国家，在农业方面却独树一帜，其农产品的出口量仅次于美国，无疑是全球屈指可数的农业强国。荷兰农业高度集约化、专业化，农产品加工技术领先，销售网络完善。2005年农业产值450亿欧元，约占当年GDP（国内生产总值）的10%。农业从业人员约占全国就业总数的3%，约40万人。在农业的构成中，畜牧业占43.8%，园艺业占39.5%，种植业占9.2%，大田作物占7.5%。

2013年，荷兰农产品出口额达到790亿欧元，仅次于美国，为世界第二大农产品出口国。重要的出口农产品有花卉、肉类、乳制品、蔬菜等。其中，鲜花、奶酪和土豆种子的出口量居世界第一，蘑菇出口量居世界第三。

荷兰农业领先的原因归纳起来有三点。（1）地少人多，环境倒逼，使荷兰获得一个领先的起点。夹在大国之间的荷兰兼具水运成本优势，选择经济作物具有天然优势，也消除了其他大国的敌意与排斥。（2）郁金香热使荷兰人很早就选择精耕细作，起点领先，垄断程度最高，是标准的输出者。（3）农民以联合方式主导着全产业链，每个个体能够分享各个环节的利润，使荷兰农业变为一个有机的整体，支撑微量创新持续发生，微量创新在时间上的累积自然产生奇迹。以传统分散式农业与荷兰式农业竞争，传统农业将永远落后于荷兰农业，而如果以高度一体化的智能农业模仿荷兰式农业，则最终超越荷兰农业存在必然性。

在传统市场中，一体化建设的成本是高昂的，但在智能教育平台之上，协商将变得简单。我们继续以对话机制去构想智能农业，为了使成本变得透明与可测量，我们选择一个确定性的地点，京津冀之间的河北农村地区。之所以选择该地区，原因在于京津冀面积与荷兰面积相当，京津冀又是巨大的消费市场，这有助于消除我们在思维方面的歧义。

牵绊中国农业发展的原因

专家：中国是农业发展历史最悠久的国家之一，但中国农业始终未能摆脱小、散、乱的状况。造成这种情况的原因很多，归纳起来有以下几点。

第一，人均耕地面积少，大多是口粮地，每户农民除了自给自足外，能够转化成商品的农产品输出数量十分有限。随着经济的高速增长，小块耕地正在变成鸡肋。因为面积太小，耕种常规作物几乎无利可图，种植经济作物单位面积收益虽然会大幅度提升，但整体收益依然远不如打工收益，这就导致大面积的撂荒发生。

第二，中国农民缺乏社会保障机制，视土地为其生存立命的基础。农民宁愿暂时性地撂荒或把地交给其他村民耕种，也不愿意以契约长期出租给其他农户经营经济作物。这反过来让土地实际经营者只能经营低收益的常规作物，而不能发展需要大规模投入的高产、绿色的农业项目。

第三，城市化使土地大幅度升值。这导致农民更加不愿意出租或出售土地，没有长期契约保证，农业投资的良性循环几乎难以发生。同时，小块土地难以支撑持续的农业技术创新和生物技术创新，使农业走上竞底轨道，有毒农产品大量产出。简而言之，小、散、乱是阻碍中国农业进步的根本原因。

亚当·斯密：我理解根本性原因是农民缺乏福利保证体系，缺乏安全感，是吗?

专家：可以这样理解。

亚当·斯密：中国农民的主要支出有哪些项目?

专家：教育、医疗、养老和日常消费。

亚当·斯密：主要收入来源呢?

专家：到城市打工、做小本生意、从事运输业，如煤炭、沙石料运输和城市长途货运等。随着城市化走向中后期，以上收入来源正在逐渐萎缩。未来，智能机器人会侵占农民的打工机会，服务业连锁化在侵占农民做小本生意的机会。城市化完成后，建筑工人的工作机会将几乎消失，运输集团化也是难以逆转的趋势，这将使农村失去最重要的一条致富路径。未来，单向失血的农村面临巨大的挑战。

如何解放中国农民？

亚当·斯密：如何解决农民的安全感问题，或者说解决农民的社会福利问题呢？我希望听听大家的意见。

工人：我们觉得解决起来很简单，上节我们讨论的汽车产业解决方案简单有效，10 年工资一次性发放。所有城市居民在智能教育、智能汽车项目上面获得的股权收益高于银行存款，城市居民可以等比例从银行中置换出一部分现金，众筹一家农业集团公司。随后以利益吸引农民加入这家农业集团公司，农民以土地入股，农民整体持有 50% 股权，剩余 50% 股权归众筹投资人所有。农民也可以以现金参与众筹，这就可以保证农民整体的持股权超过其他群体的总和，使最终的定价权在农民手中。

城市居民：继续！

工人：说完了。

工程师：我来继续帮他回答。有了智能教育平台，资金的筹集将变得简单。更直接地说，钱是透支来的，大家花起来不需要考虑太多。

我们选择一个点来思考问题，京津冀与荷兰面积相当，自然条件优于荷兰（后者没有风车抽水，陆地可能被淹没），以众筹方式成立一家农业集团公司，按照三地城市居民（5000万居民）参与率50%，大致可以获得2500亿资金。用这个资金去直接完成智能农业建设，难度很大，因为农民是分散的，逐户去做工作的难度不是市场所能解决的。

我们做一个迂回，迂回的方法是拿出50%资金，在京津冀之间的农村建设一座新城。新城第一批邀请的住户是京津冀的农业类大学和学校，新城为这些大学免费提供学校、智能教室、各种基础设施、资金和土地。把新城住宅变成学区房，随后以限购的方式向周边农民以成本价发售，获得购买住房的资格：以其持有的小块耕地入股智能农业集团公司。智能农业集团公司的经营权归农业专家团队与大学。

通过把周边农民集中到新兴的城市，智能农业公司获得大量的连片土地资源。改变原有的十里八村土地分散的格局。另一半资金在开阔耕地之上进行智能化农业生产，使效率快速接近荷兰农业效率。随后，通过滚动推进使整个京津冀全部农村地区变成荷兰式农业区和旅游生态区。

工人：农民也在智能教育平台之上，何必进行迂回呢？

工程师：现在是讨论，我假设农民很固执，因为有人这样认为。假设要以最顽固的认知为起点，而不能以最开放的群体为起点。

城市居民：2500亿资金能够支撑吗？

工程师：住宅是以成本价出售给农民的（并非白送），土地是农民自己的。因此，1250亿建筑资金是永续存在的。另外，1250

亿资金也是没有成本的，每年投入都会产生绿色农产品。这些农产品出售获利会形成滚动效应，资金只会增加不会减少。

农民：成本价格是多少？

工程师：住房的建筑成本是每平方米1200~2000元。由于1250亿资金是零成本的，因此实际交房价格大致在2000元左右。1250亿资金大致可以建造6250万平方米高品质的住房，按照每户100平方米计算，可以建造62.5万套高品质住宅。当低价房屋被认购后，1250亿资金又回到该集团公司手中（不考虑各种税费）。

农民：会不会像开发经济适用房一样糊弄我们？

工程师：传统造房是层层分包，层层由施工方垫资施工。各方为了降低风险、增加获利都有偷工减料的诉求，这是房屋建筑质量出现瑕疵的原因。新城的建设是先有资金后建设，所以，每平方米2000元可以建成高品质的住宅区。

企业主：最终干活儿的还是农民自己，你们给自己建房会偷工减料吗？如果你们仍担心偷工减料，直接把每栋楼的设计师、管理者和施工工人的名字和身份证记录下来，让所有建筑全程可追溯。唐山周边的中小钢铁公司、水泥公司、建材公司多如牛毛，现在以上三类公司的价钱都很便宜。直接买断，从源头控制质量，会让建筑质量性能更好。

城市居民：我们可以购买吗？

企业主：限购。当地农民只能以土地入股后购买，保证每户有人住，每座新城总人口控制在100万，让大家住得很舒适，而不是摊大饼。

农民：是不是会缺乏配套设施？

工程师：新建城市配套智能教育，孩子可以直接保送大学；交通直接配套道路无线充电和共享方式的智能汽车，自由出行的成本会比坐公交车还要低廉；医疗会采取智能医疗方式……

荷兰式农业

农民：不种地，我们做啥？

工程师：你真的喜欢干活儿吗？

农民：不干活儿，怎么挣钱？

工程师：分红的钱如果比你现在赚得多，而且稳定，你还愿意挣钱吗？

农民：有这好事？

工程师：我大致给大家算一下荷兰式农业的收益。

A. 荷兰式乳业

10 年前，荷兰奶牛平均终身产奶量约为 1.5 万斤，中国目前水平达到 1 万~1.2 万斤。按照天然放养加牧草喂养方式，每 1.5 亩土地喂养 1 头奶牛，则要达到荷兰喂养奶牛的头数 140 万头左右，仅需 210 万亩，大致相当于天津宝坻区的面积，每年产鲜奶可达 140 亿~168 亿斤。按照农夫山泉矿泉水的价格标的鲜奶，这些鲜奶价值 300 亿元左右；按照成品售价，这些牛奶价值 700 亿~840 亿元。一个县的土地面积每年可以获得 840 亿元绿色收入，是不是比搞房地产产出更高？

农民：你算的是成品价，我们出售的鲜奶价格比农夫山泉低得多。

工程师：活儿不要你们干了，产品也不要你们卖了。新公司会投资一站式的现代化鲜奶处理工厂，直接出售成品奶。所以，我说会产生840亿的收入。

品牌专家：新品牌谁买？

城市居民：我们投资的目的就是为了自己喝自己公司的放心奶，怎么会愁销路？

农民：840亿元分给我们一半？

工程师：不能，奶牛不是你们养的，原料也不是你们供的，所以，至于分多少要计算成本，反正最终会分给你们利润的50%。

企业主：我插一句。（面向农民）你们可以确定获得的是股权，至少会在840亿的5倍以上。按照30万户，100万农民的土地被用来发展奶牛业，每户可以分得的股权在100万以上。选择高效率方式不仅让你们的土地产出每年增加几十倍，而且可以让你们手中的土地未来产出直接体现出来，让你们批量地变成“地主”。

农民：有这好事？

银行家：小生意每年产生20万净利润，转让的价格很难超过20万。而如果按照股市规则，20万净利润可以创造的股权价值标准算法是400万。出现20倍差距的原因是现代企业是规模化大生产，能够形成垄断壁垒，使每年可以获得稳定收益，最大限度降低风险；而小生意则没有门槛，收益很容易因人员和市场变化而发生重大变化。

中国GDP很高，但企业和个人劳动收益却很低，原因在于我们所有行业都存在过度竞争。这种过度竞争使利润被消灭，所有企业、个人事业、劳动的价值都存在严重的低估。荷兰农民之所以能够获得高收益，是因为：荷兰农民通过合作社变成了一个有机整体，他们不仅可以通过劳动获利，还可以利用股权机制提取未来的收益，来投资现在，增强现在的竞争力。好的机制会创造财富效应。所以，会产生超出你“梦想”的好事。

工程师：我继续介绍荷兰式果蔬生产。

B. 荷兰式果蔬

荷兰果蔬生产技术是全球领先的。荷兰玻璃大棚每平方米出产的高品质蔬菜产量已经由过去的30公斤提升至现在的60公斤，这意味着每亩产出高达8万斤。我们尽管不能一步到位达到荷兰水平，但在资金充足和集约化生产的前提下，达到荷兰60%的水平，依然可以产出4.8万斤果蔬。智能农业公司拿出京津冀土地面积的2.3%用于种植各类果蔬，对应着600亿斤的蔬菜产出，按照每斤1元，这些蔬菜价值600亿人民币。

集约优势、区位优势、运输优势、专业化优势等要素叠加，使智能蔬菜生产可以轻松战胜外围果蔬，确保京津冀地区食品安全和低价，为京津冀居民创造低成本生活环境。蔬菜产出与消费地的最远距离不超过60公里，因此，可以建立一小时新鲜直达配送圈。

C. 荷兰式鲜花

荷兰的鲜花生产与供给同样是世界首屈一指的，智能城市的鲜花生产同样可以照搬荷兰生产方式，并在京津冀建设连锁分销网络，最终开辟出一个不同于荷兰的全新鲜花发展方向。这又开辟出一个数百亿规模的全新产业。

公务员：以上三项占用土地面积仅为400万亩，小于廊坊面积的50%，却可以创造出和廊坊相当的GDP。荷兰式农业不错，但据说投资很高。

工程师：滚动投资，零负债，成本怎么会高？

城市居民：智能农业集团公司也应该上市确权。

农民：我们也感觉应该上市，否则心里不踏实。

银行：赞同！

农民：股权可以花吗？

银行家：可以自由交易（兑为现金），也可以抵押给智能银行，办理贷款。

农民：花完了呢？土地是不是就不是我们的了？

银行家：你这辈子够用就可以了！买股权的是你孩子，他把你手中的股权买光了，你享受完了，他们继续享受生活，他们的子女继续从他们手中购买股权。当然，你也可以直接将股权留给自己的子女。但如果你不花钱，他们哪来的工作机会？

智能化农业产业链自然形成

教师：搞农业我们在行，但我们没有管理企业的经验！突然将这么多的土地和资金给我们，还有些不适应！

企业主：这个问题你要反向思考。传统市场是企业找用户，而众筹市场是用户找企业。如果用户的详细信息是确定的，那么，农产品的销售将会出现全新的方式。第一种选择是将各个小区安装标准化的果蔬生鲜储藏箱，这种储藏箱采取联网（物联网）控制，预订果蔬的用户可以凭借智能手机直接到储藏箱去领取果蔬。储藏箱的最大好处在于：可以实现批量配送，每天送货车会在固定时间将消费者预订的果蔬送至其楼下的储藏箱。

这种配送和传统物流最大的差别在于：（1）传统订单是分散的，送货员会持续地反复送货。同样完成5000个订单，传统方式需要50~100名送货员，而新送货方式一辆电动卡车加两名装卸工即可解决，效率提升几十倍。（2）果蔬从采摘、分拣、称重、打包、装车、配送、存放可以以“零停留”的方式完成，从产地送达社区，所需的时间不会超过3小时。也就是说，消费者只要提前4小时下单，即可享受最新鲜的果蔬。这不仅可以节省保鲜成本支出，而且可以最大限度地降低果蔬的保鲜公害和过程损耗，让消费者享受自然成熟的果蔬。（3）果蔬配送环节变成了流水线作业，只要考虑技术，而无须考虑营销与管理。软件会承担起全程管理的作用，每个环节的工作人员会像流水线工人一样按部就班地工作。剔除了营销、管理，只考虑生产、包装、配送三个环节，你们的技术优势就会充分显现。

工程师：未来，储藏箱可以安装在专用智能卡车上。这可以使配送实现无人化，果蔬、肉蛋等分拣、包装、称重后被直接装入专用智能卡车。每部智能卡车只负责一个小区，直接驶入小区内。到达小区后，该智能卡车的软件系统会通知用户到楼下领取订单，最后一个订单被提走，智能卡车会自己开回始发地。每天两次循环即可保证运输环节不仅快，而且几乎没有成本支出。

计算机云计算系统会对订单进行分析，最终可以精准地预测每个社区、每个用户的消费量、消费偏好，这些数据与智能医疗数据结合，软件会给出消费者健康营养套餐建议。

工程师：传统渠道的成本之所以高，原因在于：从事长途运输的卡车司机、加油站、汽修厂、高速公路收费者、交管队的罚单、一批市场、二批市场都要考虑，蔬果流入超市售价已经涨了一倍，超市会在这个价格基础上再加上一倍，以对冲损耗和房租。例如，本人老家离北京 70 公里，山上摘下的苹果售价仅为每斤 1.6 元，而同级别苹果永辉超市促销价每斤 4.8 元。因为产业链太长，最终这根链条上没有任何人可以获得所谓暴利，暴利只是传说。

但按照全新方式，暴利会真的产生，因为从采摘到送达用户家中没有任何中间环节。更新鲜、更绿色、自然成熟的果蔬价格下降 50%，依然可以使净利润超过 50%，这一净利润率远超腾讯。奶制品、果汁、饮料、酒水都是同样的道理，也就是说 2~3 个县的土地可以创造一家市值万亿的农业集团公司。数字令我们震惊，但却是新方式可以带来的客观结果。这万亿市值被我们上面提到的群体分掉，他们自然会退出低收益的赚钱方式。

工人：前期卡车没有实现智能化怎么办？

工程师：前期由驾驶司机开到目的地，软件系统通知消费者来领取订单，消费者凭借智能手机账号可以开锁提取订单，只是增加一个司机成本。整体依然没有中间环节，新方式成本低的原因是股东是消费者，消费者具有确定性的地点。只要消费者是股东，智能农业公司就可以在任何小区安装果蔬箱（含冷藏功能）。只要有了统一配送的果蔬箱，配送效率就会直线上升，按照最传统方式每单配送成本仅为 0.5 元左右。所以，只要预订与投资重合，就会创造出效率的奇迹。

城市居民：如果果蔬不新鲜怎么办理退货？

工程师：拍照、上传至该农产品购物页面，即可办理退款。

城市居民：有人素质很低，故意损坏，怎么办？

工程师：标准化生产，打包的果蔬基本不会有次品。同时，运输时间会控制在一个小时之内，从采摘到送达时间会控制在三小时之内，因此不新鲜的概率几乎为零。如果某位消费者持续多次办理退货，系统则认为该消费者存在欺诈，系统会大幅度提升针对该消费者出售果蔬的价格，以对冲风险损失。智能化是全程可追溯的，在智能化软件面前欺诈是没有生存空间的。

玻璃城与智能农业生产

学生：我们参与劳动的报酬如何计算？

工程师：智能农业的成本就是你们的收入，大致有一半营收是你们的。

城市居民：再苦不能苦了孩子，那么多成年人干吗非要孩子们去干？

工程师：大学生、硕士生还是孩子吗？

农民：干农活儿很苦的，有哪个年轻人愿意吃这种苦？

工程师：请专家给我们介绍一下玻璃城和荷兰式农业，看看荷兰式农业是否真的苦。

专家：温室大棚、无土栽培、机械化和智能化使荷兰农民的劳动强度远远低于我们的想象。

（1）荷兰人种菜、水果在玻璃温室大棚内。

（2）荷兰人授粉用计算机控制的蜜蜂。荷兰人的害虫防治用的是生物技术，简单说就是将益虫的虫卵先放在植物上。如果害虫出现，直接被益虫杀死，而无须打药。

（3）荷兰人农业生产已经开始无土栽培，计算机控制水肥。

2013 年，荷兰农业创造 790 亿欧元（约等于 7900 亿人民币）的出口。所以，如果资金充足，你选择荷兰农业最先进的部分，大学生就相当于在实验室工作，就相当于搞研发。而当荷兰最先进的部分在中国普及，中国农业自然会走向领先。

城市居民：荷兰人搞的是家庭农场，大学怎么搞家庭农场？

专家：给每个院系和专业配置专业生产区，给每个专业配置大面积的玻璃大棚，每个班级主要负责一个区域玻璃大棚的一种水果或蔬菜的生产与研究。

不同班级等于不同的农场，从事不同的果蔬生产和育种。高清摄像头可以全程监控该种果蔬的全年生产过程，这些视频数据比直接观测数量的价值更高。原因是直接观测的数据，每个人有不同的视角，很多重要信息会在观测人转述的过程中流失。而高清摄像头记录的累计的视频数据是连续的。不同人观察会有不同的体会，每个本科生可以自由地从这些数据中挑选他们认为有价值的数据，撰写出言之有物的毕业论文。在研究生阶段，他们可以将他们的构想应用于实践。而随着时间的增加，视频内容会不断丰富，同一种蔬菜在 1~N 年相同生长阶段的变化趋势很容易带来新的研究成果；同一种蔬菜在不同二氧化碳浓度下生长情况的趋势也很容易获得比较；高清摄像头经过计算机软件很容易找到新的品种，使良种诞生的概率大幅度提升。

城市居民：这些摄像头能够联网吗？

教师：肯定会联网，这样便于教学工作开展。如果全息技术成熟，三个角度的拍摄的高清摄像头还能将立体现场呈现在教室内。

城市居民：我们也可以监督生产过程？！

教师：这个是没有问题的，这些视频监测可以在教育平台上直播，还会有一些剪辑后的内容供全球同行共享与交流。我们的很多学术论文将变成视频学术论文，这会让学术变得更加生动与有趣。我们在文字学术论文的差距会因在视频领域领先而自然超过国外同行。

学生：我们在生产与研发过程中遇到的问题也可以通过教育

平台寻求帮助，类似百度知道或维基百科的视频版本。

企业主：个人觉得，每个班级应该作为一个独立核算单元，该班级分得利润由班级以民主投票的方式决定其用途。优秀的院系和班级可以成立育种公司、生物公司和其他类型的公司，这些新成立的公司由优秀毕业生负责运营与管理，与这些院系和班级共享研发成果和利润。通过这种零风险的方式，孵化优秀的种子公司、生物公司和智能生产设备公司。这些公司内销部分直接通过智能金融结算体系进行结算，挤压腐败的空间。

教师：学生是流动的，每个学生毕业都可以获得一笔可观的毕业费，这个机制不错。但有一个问题，既然我们已经获得经济自由，还有什么理由让我们长期在学校授课？

研究生：你们走了，我们还在，你们的课程不是都录成全息视频了吗？研三生顺便授课就可以让你们自由了，研三生是不断存在的。

教师：确实如此！我们把你们带入轨道，我们就可以自由了，我们自由后可以有时间回来看看。

研究生：大学可以大面积扩招，让本来需要一个老师完成的工作，由5名以上学生完成。这样，大家都会在十分轻松的氛围中边工作、边研究。愿意留下来的不仅可以享受学费全免，而且可以获得常规技术员的收入。

教师：住宿会是大问题。

研究生：如果普及大学教育，大学生还需要住学校吗？这座新城农民的孩子全部可以上大学，他们直接住自己家里就可以。

教师：他们没有学习压力呀，教学能搞好吗？

研究生：不能拿出高质量的毕业作品不能毕业，充当长期劳动力。

教师：毕业作品？

研究生：毕业论文泛滥，大家互相抄袭，几乎没有进步。如果是毕业作品就不一样了，本科生可以提交高质量毕业论文，也可以提交研发成果，还可以是生产过程的创新。让毕业作品多样化，给毕业生多种选择机会，会使他们在上大学之前就有一个清晰的目标。

教师：一个系就搞一个品种是不是有点枯燥？

研究生：一个品种是主修，喜欢学习其他内容的可以自由选修其他学校的（全息）课程。这样既可以让每个专业都出成绩，又可以让本科生多元化发展。农学院的学生辅修机械，会考虑给玻璃大棚里面增加机械装置，让大家工作更轻松。农学院的学生辅修计算机软硬件，可以让计算机和生物结合起来，更好地管理蜜蜂授粉，更好地控制益虫的培育，使农药使用降至最少。农学院的学生辅修材料，可以让无土栽培的材料和其他材料获得优化。农学院的学生辅修光学，可以让玻璃大棚更好地控制果蔬的成熟时间，让消费者一年四季享受新鲜的自然成熟的果蔬……

专业才能给农学院带来充足的利润，充足的利润才能为农学院的学生创新提供充足的资金和订单。当农学院的学生获得充足的订单和资金，农学院在各个领域的优势都会很显著。否则，按照传统方式，我们搞来搞去，成果都出在所谓大田，但真正大田耕作有进步吗？基本很少进步。

所以我觉得我们就是要搞玻璃城，让我们的工作环境远离大田，远离土地，远离艰苦，让学习、工作环境像旅游区，让本科生、研究生不愿意毕业，喜欢在这里一起“玩着”搞研发。不同的班级种植与培育单一品种的果蔬，将实验区和种植区分离，大家在合作的基础上产生良性竞争。新的获利继续扩大玻璃城规模，继续扩招，通过滚动让每个系可以拥有几千万平方米的玻璃大棚，让每个细分品种又可以按照不同方向去培育新品种，最终让蔬菜不仅有营养，口感好，还要好看！这会让农业酷起来，让选择我们的学生真正热爱这个专业。未来，农业可以集艺术、技术和高科技于一身。

玻璃城，浪费还是节省？

城市居民：你们要把整个京津冀变成玻璃城吗？

研究生：只会占土地资源的很小面积，全世界玻璃大棚的面积只有 4.5 万公顷，相当于香港面积的 40%。按照每平方米投资 1000 元，全球玻璃城总造价 4500 亿元。我们初始获得的资金是 1250 亿元，也就是说我们起步就与世界同步，可以建设的玻璃城规模至少与荷兰持平。玻璃城的好处很多，有效隔离病虫害，使农药污染降至零，是最大好处。

如果我们滚动投资，有机果蔬的价格与普通果蔬价格持平，依然可以获得极高利润。所以，大家无须担心玻璃城会像房地产那样大规模侵吞土地。与之相反，玻璃城可以大面积地节省土地资源，将周围区域连片的郁金香和玫瑰产区变成奶牛遍地的天然牧场，变成风景宜人的旅游区。

城市居民：你们准备建设多大面积的玻璃城？

研究生：取决于你们的需求。能够充分满足市场需求，玻璃城的建设就会停止，建多了会不经济。新的建设会转向智能化和研发领域，如通过计算机控制光照、授粉、水肥，通过机械手采摘，通过现代育种技术培育新品种，通过生物技术制造粮食和肉制品等等。

另外，我们说的玻璃城只是果蔬生产领域，其他领域，如养殖业、屠宰业、食品加工等等也都会走向智能化，因为只有将微观管理权交给机器，每个环节才能做到零停留，才能使生产、运输、交付环节持续改进与优化，才能逐渐在各个环节用智能机器代替人。这个循环的终点是大学负责研究、分析与改进，智能机器负责生产、运输与交付。

我们在这里只是以一个地区来介绍智能农业，实际操作过程中，既然协商已经可以在智能教育平台上进行，那么，各个地区都可以同步开展智能农业。用大学闲置的劳动力资源和智能机器来产出几倍于现在的农产品，不仅可以解决本科生、研究生的就业问题，还可以让农产品进入绝对过剩的状态。

农产品=太阳能+CO_2+H_2O，我们的终极目标是直接以三者合成农产品和食物。

城市居民：还是天然的好，够用就行了。

研究生：你们喜欢吃天然的，以未来方式产出的农产品出口，你们不介意吧？

城市居民：这是一个不错的主意，既可以解决非洲的饥饿，又可以为我们这些股东带来利润。

香港，上海，广州……智能农业与智能城市

香港人：你们的讨论让我豁然开朗。如果香港人以众筹的方式获得充足资金，以扶贫的名义向内地要一个广西的贫困县，那么，我们很容易在“渔村”的基础上再造一个“香港”。在这一过程中，我们只需负责指挥实施，真正干活儿的是该贫困县的劳动者。当城市建设完成，香港的老人、弱势群体和贫困县的原住民可以以成本价认购高品质、宽敞的住宅。

新城可以发展荷兰式农业，并基于此建设高品质的乳品公司、生鲜供给企业、食品公司和农业大学，产业链被打通。香港人固有的贸易强项将可以被充分发挥，对内将绿色食品出售至香港、广州、深圳、澳门，对外将绿色食品和果蔬出售到日本、韩国和东南亚。这些公司在港交所上市会让所有香港人（包括新香港人）分享到创新的红利。我们投入 1000 个亿，很容易获得几万个亿的增量财富。

与此同时，我们可以获得宽敞的居住条件，生活节奏可以慢下来，我们享受生活，而不是“占中”，而不是索要珠海小岛处理垃圾，也不是天天高喊民主口号。当我们的格局打开，我们对内地会产生新的价值，会带动整个西南的经济发展，会消耗内地积存的过剩产能。对广西贫困县居民而言，加入香港无疑是他们愿

意的。对广西而言，将香港搬到家门口无疑也是一件美事。对整个内地而言，香港愿意主动分担内地的压力，无疑是政府欢迎的。

研究生：没错，每个规模型城市居民都可以预订获得股权方式来智能化农业体系，形成农产品自给为主、外供为辅的格局，使农民手中的土地变成流动资产。在智能教育开启后，以上工作可以同步进行。为农民、大学生建设的智能城市将成为智能汽车、道路无线充电、风能、太阳能率先普及的领先地区。

第五章　智能服务业

走出“竞底”的沼泽，将中国菜推向世界

如果智能教育、智能金融、智能交通、智能农业得以实现，城市居民普遍担心的是服务业的工作谁来承担。会不会因劳动力稀缺而出现服务产品价格大幅度提升呢？服务业可以走向智能化吗？带着问题，我们继续进入讨论式的探索。

智能化对服务业的影响

专家：与智能大学、智能农业、智能交通伴生的新兴城市的实际社会福利和保障会超过北欧国家，这会让农民工这一职业消失。一线城市实际居民数量会出现结构性的下降，这对中心城市的环境、交通、水资源、能源、基础设施等来说无疑是好事。但如果在农民结构性退出之前，没有解决好服务业的效率提升，传统城市居民的服务价格将可能出现大幅度的提升。

市民：是呀！

没有农民工，谁给我们扫大街？

没有农民工，谁给我们通马桶?

没有打工妹，谁给我们当保姆?

没有农民工，谁给我们做服务员?

没有打工妹，谁给我们做按摩?

没有打工妹，谁给我们做家政?

没有农民工，谁给我们送快递?谁给我们送桶装水、送快餐，送牛奶、送……

没有农民工的日子，这个世界会怎样?

专家：我们自己有手有脚，这些事情我们自己都能做。

市民：问题是价格和服务呀，人家农民工兄弟的价格便宜，服务态度也好!

服务价格上升?下降!

工程师：果蔬肉蛋是消费频率最高的生活必需品，如果果蔬肉蛋能够在3小时内送达，那么，其他商品也可以搭上果蔬肉蛋的配送体系，实现零停留配送。由智能农业配送服务延伸出来的零售商可以为每个社区单独准备一辆配送日常生活必需品的智能送货车。消费者只要提前3小时下单，商品就会出现在社区楼下的智能送货车上。

具体流程是：消费者的订单指挥中心仓库的智能分拣体系进行高效的分拣、打包，同一社区的包裹会由智能机械手分别存入智能卡车的不同智能储物箱内，这中间会有一个智能扫码的过程，不同储物箱记录自己存放的包裹编号。随后，智能卡车会通过送货专用通道将商品送达指定的社区，并提醒社区居民领取。社区居民的智能手机客户端系统可以智能化地找到自己的包裹，社区居民打开储物箱结算会同步完成。办理退货的手续也是由智能手机和智能储物箱直接对话完成。

以北京为例。北京社区数量大致在1万多个，每个社区由2~3辆智能卡车提供服务，满足所有北京居民的需求只需2万~3万辆智能卡车，所需人工成本几乎为零。该种方式的效率会较传统模式高几十倍。同样的道理，如果北京实体超市的数量下降80%，实体超市承担的房租成本会下降80%，人力成本即使上涨5倍，实体超市的净利润依然会暴增，所以，实体超市的效率同样会提升若干倍。电商与实体店之间将由竞争发展至合作关系，中间环节的成本会大幅度下降。

按照传统模式服务一个社区消费至少需要几十个劳动力，而按照新方式，我们所需的劳动力数量会下降至1~2人。所以，整体物价会随着农民工的退出而出现大幅度下降。快递行业也是同样的道理，如果北京只有一家智能化联合快递公司，快递公司将有能力在北京1万多个小区安装电子取、收件箱。这种投入在大量快递公司竞底的环境下是无法实现的，而无法实现的原因并非资金，而是复杂的关系。

市民：堵车怎么办？

工程师：几百万人终日忙碌、找活儿干的人是堵的原因。当百万级别的三轮送货车被2万~3万有序、高效、批量送达的智能汽车所取代，当百万级别的“大进大出”的乘用车不再需要往返于中心市区和郊区之间，当无数“趴活儿”的黑车被共享、免维护的智能汽车所取代，堵车自然成为历史。当农民工因经济自由而流入新兴智能城市，社区一道道门禁将被取消。当智能汽车开始以收费共享方式被使用，社区内空间将变得十分开阔。

市民：我们目前的内燃机汽车怎么办？

工程师：增加一套智能化的无人驾驶装置，对外出租，省心、省时，还可以赚外快。按照新方式，北京等城市的堵车现象会快速消失，因为大家不用每天往返折腾了。

市民：桶装水和大件商品怎么办？也要我们自己搬上去吗？

工程师：这类服务所需劳动力数量十分有限，城市居民完全可以自己轻松解决。你去思考这样一个问题，假设苏宁、国美电器店的数量和导购数量各下降80%，真的会对你的生活产生影响吗？

市民：开车还是蛮快的哦，算基本没有影响吧。

工程师：这对苏宁和国美却有巨大影响。原因是苏宁、国美的房租成本、人力成本会大幅度下降80%，这些下降的成本会转化为让利和净利润。在超饱和市场，竞争反而是通胀的原因。因为消费者是所有房租和人力成本的终极埋单者，过度竞争必然会导致持续的通胀。

市民：桶装水呢？这是日常需求，对我有影响。

工程师：北京桶装水市场有30个亿，有2万家水站和数万名从业者。如果没有农民工，以一家公司经营的方式去送桶装水，那么，整个北京送水所需的送水工数量会下降到3000人，房租成本也会同步下降95%以上。一家3000人的公司可以创造30亿营收，那么，即使每个送水工年薪20万，人力成本仅占6亿元。桶装水除了人工，还有什么成本？几乎没有了，即使是一线城市的居民，20万年薪招聘送水工会难吗？

市民：大家收入都提高了，20万年薪也可能没有人做哦！

工程师：20万年薪没人做，问题就简单了，直接在社区内建设桶装水银行，要喝水自己搬。

市民：你这个人怎么这么说话？我是没有问题的，我家有电梯，关键是社会上那么多老人？老吾老以及人之老，你要有爱心，你要考虑人民群众的根本利益。

工程师：老人自己烧白开水喝，桶装水烧不开，还有细菌，实在喜欢喝桶装水，找他们儿女去搬。

市民：你这个人怎么没有爱心呢？

工程师：20万招不到送桶装水的，你有爱心，你去搬呀！

效率提升的原因

市民：为什么原来需要几万人，后来只需要3000人？

工程师：北京面积多大？

市民：市区面积735平方公里，建成面积据说有2400平方公里。

工程师：建成面积2400平方公里，3000人对应的单人作业面积小于1平方公里，作业半径会小于500米。智能手机（智能汽车）基于地理定位功能使送水工总能选择离自己最近的订单去送水。每次送水半径都是最短、订单相对饱和是效率获得跨越式提升的原因。另外，写字楼下可以直接建设水银行，提供专用拖车让白领去自助买水。

市民：为什么送水工总可以找到最近的订单？

工程师：你打开陌陌（或微信“附近的人”），你身边的人是不是按照远近距离排列？

市民：是呀！

工程师：用户订水订单排列的方法和你身边的人排列方法是一致的，用户下单会被软件标记一个位置，智能手机客户端会自动帮助送水工测量位置将订单从近到远排列。所以，送水工可以一直找到最近距离订单，选择最短半径去送水。

市民：如果我的订单一直比别人的距离远怎么办？

工程师：一个人的作业面积只有 1 平方公里，不可能在一个区域同时产生无限多的订单。而且送水工之间存在互相支持的关系，这边订单多，离该区域最近的送水工自然就跑过来帮忙处理，这和打车软件道理是相同的。

餐饮业的智能化

市民：餐厅服务员呢？

工程师：智能厨房……

市民：这个我听说过，网易有一期介绍是这样的：

随着消费理念的不断转变以及家电市场的日渐平民化，

一专多能的厨电走入寻常百姓家，早已不是什么新鲜事。喜欢接受新事物的年轻一族，喜爱烹饪的中老年阶层，都逐渐认可了多能厨电的新奇功能。

一个看似做工精致、设计精美的工艺品，实则是一个多能的家电高手，满足了人们的审美享受；名为某种厨电，却可以身兼数职，还帮人们节省空间；远离了以往呛人的油烟，省时省电……这样人性化的百变厨电，怎能不受大众的喜爱？

工程师：网易介绍的是家用智能厨电，我们说的智能厨房是商用的智能厨房。当大量农民工退出传统城市，底商会陷入绝对过剩，餐饮服务商很容易恢复高利润。道理和苏宁、国美类似，人工使用数量和房租使用面积都会大幅度下降。如果两者同时下降75%，餐饮价格保持不变，员工工资增长4倍，餐饮服务商的净利润依然会增加10倍以上，原因是房租整体成本下降了75%。

暴利会使商户有进一步改进服务的资金和要求，整体的智能厨房将可以引入。首先，是厨师岗位。厨师炒菜讲究的火候和对炒锅的控制（炒锅运行的轨迹），这些数据都可以通过传感器精准地采集，随后由智能机器无差别地还原。简单地说，智能炒菜设备可以100%无差别地复制顶级厨师的最好炒菜水平，使每种菜品都实现标准化。最初智能设备只能复制某类菜品制作，当各个细分菜品模块成熟时，这些模块可以组合，集成的智能厨房制作菜品的水平在各方面都能达到顶级厨师的水平。

这种智能厨房一旦联网，顶级厨师将可以获得彻底解放。他们在任何地点发明的电子菜谱都可以由智能厨房还原，依托智能厨房的新型中餐连锁，不仅可以实现快速服务，而且可以在同一家餐厅呈现各种菜系的风格。每位用户可以按照自己的口味对智能厨房提出改进要求，这种沟通是通过智能手机完成的。用户下次就餐时，智能厨房会通过其智能手机识别其身份并根据其要求调整菜品的口感。智能厨房能够真正实现为每位就餐者提供差异化的最优服务。智能厨房本身最终相当于全球名厨的总和。随着商业化的深入和技术的进步，小微型的智能厨房会走入家庭。

市民：这个智能厨房太理想了吧！

工程师：任何技术的优化都需要打开可优化的通道，一旦可优化的通道被打开，优化的速度会超出我们的预期。10年前，我们会想到智能手机吗？回过头我们看智能手机到底是什么？简单说就是集合了笔记本、手机、录音机、录像机、照相机、触摸屏功能于一身，并且将每种功能都做到了极致。智能厨房的技术是没有难度的，工厂内的智能机器人技术远比智能厨房技术复杂，难度在于厨师去做什么。如果厨师是经济自由的，那么智能厨房自然可以替代厨师。

市民：（缄默）

工程师：第二个岗位是服务员。收银的服务员、点餐的服务员已经可以不需要了，智能厨房与智能手机是联网的，点餐和收银会同步在智能手机上完成。消费者还可以提前点餐，到达餐厅立即可以就餐。如果按照谷歌的方式，智能手机甚至可以准确“猜”出你的喜好，按照你的体检报告为你安排每顿的菜单，然后提交给你一份菜单，只要你确定，智能手机就会帮助你下单，并提醒你什么时间出发不会浪费时间。

接下来，上菜的服务员和打扫卫生的服务员还需要多少？如果用智能机器人替代这些服务员呢？那么，服务员还需要吗？因此，大众并不是真的需要服务员，而是惧怕通胀与涨价。在我们的固有印象中，人力成本上涨必然会带来涨价，但真实的情况是：用10%的人和智能机器完成200%的工作，物价和服务不仅不会涨，而且会大幅度下降。

学生：智能厨房的功能模块可以分解到智能大学机械、计算机、材料、电子、光学等各个院系，由各个院系研发不同模块，最先用于解决我们的伙食问题。各个模块成熟后，我们可以将不同功能模块拼接成集成设备，随后进行商业推广。

做喜欢的，像个孩子

市民：扫大街的呢？通马桶的呢？家政保姆呢？做按摩保健的呢？……

学生：扫大街的目的是安排就业。如果劳动力稀缺，扫大街的方式可以立即发生改变。至于通马桶、开锁这些需求，你一生需要几次？真实需要的劳动力数量有多少？微乎其微。至于保姆、按摩、保健，你真的需要吗？你觉得这些职业机器人不能替代吗？当你为了万分之一次的需求而将他人变成小保姆、洗头妹、打工妹、打工仔时，你沦为他人“潜规则”的对象自然成了大概率事件。

市民：好像农民工退出，我们依然没有多少工作可以做，没有收入来源。

企业主：你把细分行业拿出来，以众筹方式组建智能公司，还怕没有收入？

市民：您详细介绍一下？

企业主：如上面介绍的桶装水行业，全国600多亿市场，如果市民以众筹方式成立一家服务公司，将服务嫁接到智能手机上，净利润会超过300亿。一家净利润超过300亿的企业，会给市民带来什么？是一家价值6000亿的上市公司，桶装水的价格不变，市民会凭借股权享受20年免费喝桶装水。

其他领域道理是一样的。当前面临的问题是效率太高了，而引发竞底，要摆脱竞底只有创造一种“让未来不干比现在干获得更多收益”的机制。这一机制的附属机制是：未来干活儿的人可以工资翻几番，让未来干活儿的人主动选择干几年就退出，给其他人腾地方。干活儿的人退出的原因：几年时间已经赚够了一生的开销，在宽松的就业环境中，子女的问题并不需要其解决。

市民：那我们做点什么？

学生：做喜欢的，像个孩子。

第六章　智能工业体系

对接智能交通，为群体开放式创新铺通道路

1952年，美国福特汽车公司在俄亥俄州的克利夫兰建造了世界上第一个生产发动机的全自动工厂。它所需的生铁及其他原料从一端输入，由42部自动机器进行500种不同的操作和加工，还能把不合格的产品检查出来。不过真正的无人工厂还是在机器人、计算机、电子技术等得到极大发展之后才涌现出来的，最有名的是日本的一个工厂。这是20世纪80年代初建立的，投资数千万美元，生产制造机器人所需的部件。

这个无人工厂坐落在日本富士山附近的一片松林中，是一片黄色建筑物。在工厂自动机械加工中心，机器人、自动运输小车，白天和夜里都是在无人看管的情况下进行生产的。自动加工机械中心在控制中心的计算机控制下进行加工；自动运输车从一个装置旁边移动到另一个装置旁边，运送材料，搬运机器零件；自动装置在仓库周围悄悄地移动，机器人在进行产品检查包装……

在1.6万平方米的场地上，一切工作都是由计算机按程序控制的。这个工厂有1010台带有视觉的机器人，它们与数控机床、自动运输小车共同工作。白天工厂内有19名工作人员在操作室内从事作业，夜里只有两名监视员。

1984年4月9日，世界上第一座实验用的“无人工厂”在日本筑波科学城建成，并开始试运转。试运转证明，以往需要用近百名熟练工人和电子计算机控制的最新机械花两周时间制造出来的小型齿转机、柴油机等，现在只用4名工人花一天时间就可制造出来，直接劳动效率提升了350倍。

无人工厂里安装有各种能够自动调换的加工工具。从加工部件到装配直到最后一道成品检查，都可在无人的情况下自动完成。这个成功必将进一步加快整个制造业的“工厂自动化”进程。无人工厂能把人完全解放出来，生产效率也获得了跃升。所有国家都认为无人工厂是未来制造业工厂的一种发展方向，但为什么30年前已经出现的效率领先的无人工厂推进会如此缓慢呢？带着疑问，我们继续以讨论的方式去寻找原因。

无人工厂的发展困扰

专家：在无人工厂中，工业机器人是核心装备，汽车制造、机械制造、电子器件、集成电路、塑料加工等较大规模生产企业都涉及工业机器人的应用。在工业发达国家，工业机器人经历近半个世纪的迅速发展，技术日趋成熟，已在诸多工业领域得到广泛的应用。当前，生产一辆汽车已经下降至16个工时。相对传统工业，我们现在的很多工厂已经可以称为无人工厂。无人并非指绝对没有人，原来用100个人完成的工作，现在用一个人完成，并且完成的质量更好，我们就可以认为是无人。

目前，困扰无人工厂发展的重要因素有两个：一是无人工厂背后需要庞大的科研与管理队伍，无人工厂的隐性成本居高不下；二是无人工厂对操作工人的技术要求很高，需要对操作工人进行大量的培训工作。这两项成本支出是导致无人工厂表面上看效率很高，但实际效率却不敌“中国制造”的重要原因。

在电池制造领域，日本企业已经将全自动无人流水线研制成功，但流水线被引入中国后，富士康、比亚迪等公司快速地将流水线上的自动化设备换成了中国劳工。出现这种情况的根本原因是成本。如果采用日本的全自动流水线，大部分利润会流向设备供货商，而如果选用人工，富士康、比亚迪则能很好地控制成本。

随着中国劳动力价格的不断上升，近几年，中国企业也开始逐渐大批量地引入机械手。全球最著名的代工工厂富士康公司正在用机械手替代部分岗位的员工，机械手的成本略高于10万元，未来，该公司的机械手除了供给本公司使用，还准备对外销售。

市民：咨询两个问题。第一个问题是，无人工厂的研发力量是否可以通用？比如像苹果操作系统或像微软操作系统一样打造一个底层控制程序，其他公司可以在底层程序上进行简单二次开发。第二个问题是，无人工厂的设备控制是否可以像智能手机界面一样简单与人性？

专家：技术上，无人工厂的研发力量是可以实现通用与共享的，也可以打造出通用的底层程序。但问题是各个国家、各个公司都想输出自己的标准体系，这让各个企业的软硬件和设备兼容度低，缺乏统一标准使每个公司输出的智能设备只能服务于特定的无人工厂，这是研发成本高昂的重要原因。第二个问题属于第一个问题的伴生问题，正是因为太多公司、太多研发力量在试图输出自己的标准，所以每家公司的软件投入都相对有限，这又导致操作必须经过复杂的培训，从而增加了成本支出。

市民：我是否可以这样理解：各个智能机器人及智能设备公司输出的智能机器人设备和软件类似于企业ERP（企业资源计划）系统，看似技术含量很高，但真实的技术含量和使用方便程度远低于微信、QQ等免费的即时通信工具。前者贵且不好用的原因是分散，后者免费且好用的原因是集中。

专家：可以这样理解，智能机器人及智能设备订单量并不大，和智能手机、计算机、电脑、汽车、电器都无法相提并论。而不大的订单又会有大量的设备供应商瓜分，自然造成大部分企业在软件研发方面的能力并不是十分突出。更重要的是，很多设备制造商已经习惯于通过售后持续获利，这和企业ERP是同样道理。

工程师：我补充一点。无人工厂在过去难以匹敌“中国制造”的另一个原因是：无人工厂需要背负高昂的研发成本支出，其银行利息高于人工成本。也就是说，如果富士康、比亚迪一直采购日本的全自动电池生产流水线，那么，现在日本全自动流水线的成本已经摊薄至低于人工。这点可以在汽车领域获得证实，当前我们生产一辆汽车的总工时已经下降至16个小时，在国外从配件生产到总装，所需人工数已经下降至微乎其微。通用汽车年产汽车 1000 万辆以上，但通用汽车只有 20 多万员工。而且这些员工大部分不是从事生产，如果单纯考虑生产，单人每年的产量会超过 100 辆。

我们可以想想以下两个问题：第一，为什么技术含量最高的汽车行业反而会比其他行业率先实现接近无人化生产？第二，如果中国劳动力价格一直较高，那么，日本的全自动电池生产线还会被分拆吗？富士康的工厂还会有百万员工吗？

企业主：我回答你第一个问题。汽车行业规则由跨国公司制定，市场的定价权在汽车公司手中，汽车公司有充裕的资金来持续引进先进的设备。持续的优化在充足的利润支撑下完成，最终汽车不仅价格低，而且性能持续优化。而其他行业由于没有形成垄断的门槛，最终，每个企业都没有能力去单独进行智能化改造。这造成技术难度最高的汽车行业反而最先实现接近无人化生产。

传统汽车业受到冲击，利润下降，进一步的优化正在加快展开，大众等汽车公司已经将整体组装改变成模块化组装。如果没有工会保护，汽车公司会选择更激进的措施，汽车工厂进入无人化阶段并无技术门槛。我们参观宝马最新工厂就会发现，工人主要负责检测和验收等环节，体力劳动几乎全部被替代。

你的第二个问题，现状正在回答。富士康正在主动完成由人工向机器的转变，他们很多工厂的工人替代率已经达到一定比例。工人当前苦恼的问题不是被剥削，而是没有加班机会。如果富士康完成以上转变，那么，富士康整体需要工人的数量下降 90% 并非奇迹，而是必然。

福特的无人工厂时期、1984 年日本无人工厂时期，传感器、摄像头、红外、芯片、软件的价格几乎高不可攀。但现在笔记本电脑、数码相机、摄像头、传感器、智能手机的大批量生产让这些过去的高成本单元正在变得价格十分低廉。所以，阻碍无人工厂更进一步的并非技术和成本，而是工人的失业问题。如果工人未来收入来源问题解决，智能汽车、电器（气）、智能设备、机械设备、采矿设备、工程设备的生产全部可以实现接近无人化。工人的问题我们在上一章节已经以讨论的方式加以解决。

无人工厂的突破路径

工人：教师可以以知识换取股权，农民可以以土地换取股权，银行以从业者的资格获得智能金融的股权，工人和工程师是否可以成为无人工厂成套设备的众筹投资人？我们能否占据这一众筹设备供货商 50% 以上的股权？

企业主：我们十分赞同这一提议。

工人：老板们，你们咋这么仗义？这不像你们的风格！

企业主：我们也需要确权。

工人：你们需要确什么权？

企业主：我们手中的人民币和股权。

工人：不懂！

工程师：假设你已经有足够多的钱，你希望做什么？

工人：以钱生钱，赚更多钱。

工程师：什么脑子？资金安全才是重要的。中国由“制造”

升级为“创造”，由打工者升级为规则制定者，人民币必然会大幅度升值，企业家手中的股权、资产会自然升值，坐享升值显然比玩命打拼更轻松。另外，即使玩命打拼他们也赢不了，过去30年是最好的明证。如果中国普通人达到北欧国家的富裕程度，幸福指数领先世界，中国成为标准的输出者，他们将自然取代巴菲特、索罗斯、高盛和摩根士丹利。真正安全的人是掌握标准的人，他们只有让我们经济自由，不盯着他们兜里的钱，他们才能更进一步，由富人变成贵族。

工人：啥是贵族?

工程师：个人理解，就是曾经为社会做出突出贡献的人和他们的后代。

智能工厂：无人工厂+智能化对接……

企业主：以智能交通体系建设剩余的资金可以成立一家智能装备平台，该平台不仅帮助电动汽车公司打造无人工厂，还可以给其他领域的企业提供一站式智能化解决方案。之所以说是一站式解决方案，原因在于：该公司可以打造一套联网的底层程序，这一程序与智能教育、智能金融、智能交通的数据库直接连接，从而使智能工厂直接可以连接消费者。

消费者的订单可以同步指挥智能工厂、智能交通体系工作，这会让“无人工厂”升级为“智能工厂”。智能工厂与无人工厂最大的区别在于：无人工厂依然是一个封闭的厂内联网体系；而智能工厂则变成了一个真正的开放体系，这一体系支持消费者差异化的订单系统，更重要的是这一体系将消灭所有的多余成本支出。不需要采购、财务、营销、管理、市场、品牌等多余的部门，智能软件可以一站式地完成以上工作，因为订单源自消费者预订。

工程师：该智能装备商会像微软或苹果一样打造一套联网的底层程序。这套程序的应用界面简单且容易操作，智能工厂的工程师可以在这一底层程序基础上编写与修改程序，类似的应用会像目前我们的PC（个人电脑）网站、应用程序和智能手机客户端一样容易开发。硬件方面，在全球范围内收购机器人公司，以获得最优性能的硬件和芯片技术。当智能机器人和智能机器实现量产时，生产智能机器人和生产智能汽车、智能手机、智能电视还有多少差别？如果智能机器人可以生产智能机器人，而智能机器人又可以广泛地服务于工厂，那么，我们为什么还需要工人呢？我们为什么不能把工人变成自由的工程师群体呢？

工人：赞同，我们未来也可以去大学回炉一下。

智能工厂的成本分析与应用分析

市民：是不是智能机器人投资十分庞大，万亿资金都难以支撑，否则，美国人、日本人那么有钱为什么没有搞出来？

银行家：因为中国廉价劳动力比他们搞无人工厂的资金利息更低。工程师可以帮我们大致介绍一下无人工厂成本的情况。

工程师：库卡（KUKA）柔性系统制造有限公司是世界领先的机器人制造公司之一，为汽车制造、航天、能源及工业领域提供柔性自动化系统设备。现今，库卡柔性系统制造有限公司和库卡机器人有限公司附属于位于德国奥格斯堡的库卡股份集团公司。库卡系统的自动化设备被应用于大众、宝马、通用汽车、克莱斯勒、福特及奔驰等汽车生产线上，同时也应用于空中客车、博西家用电器等其他领域。

全球很多机器人的供给和最先进的无人工厂建设都是由该公司供给的。因此，我们只需了解库卡营收即可对智能化无人工厂整体投入有一个大致的了解。2009—2011 年，库卡的营收分别为 6.055 亿、6.953 亿、8.507 亿欧元，员工数量在 3500 人左右。通过这一数据我们大致可以判断，建造无人工厂的成本并非高不可攀，原因在于库卡服务对象囊括了全球范围内的很多汽车制造商和其他领域高新技术企业，其营收也仅为几十亿人民币。因此，万亿资金以集约化的方式进入该行业属于杀鸡用牛刀。

同样，我们也可以从富士康的智能化工厂建设得到同样的答案。2011 年前后，富士康开始实施“百万机器人”计划。经过三年的发展，富士康的机器人产业已经初具规模，员工数量从 150 万降至 100 万。在富士康的部分生产车间，机器人对人工的代替率已经达到 70%。这些机器人的生产成本仅略高于 10 万元。由于机器人可以实施连续作业，一个机器人相当于三名员工，机器人收回成本的时间仅为一年左右。富士康的经验表明：依托中国廉价劳动力和廉价资源生产的机器人，成本可以控制在 10 万元左右，这仅为库卡生产机器人成本的 10%~20%。

真正阻碍无人工厂进入市场的是就业和竞争，市场需要一家像微软、苹果或谷歌一样的垄断企业。智能教育平台汇聚了全球人才，包括教师、工程师、科学家，信息的畅通使智能机器人和智能设备可以以一种全新的形式进行研发，即分模块外包。因为技术的持有者最终都是在人手中，库卡的员工仅为3500人左右，其技术无论多么先进，都无法与全球智力相媲美。因此，智能工厂的研发一旦被分解为大量细分的问题点，所有问题的解决都将是快速的。

对工程师们来说，将一生的精力奉献给企业无非是为了获得经济自由。如果将其手中的技术贡献给与智能教育相关的智能机器人制造商，其获得经济自由的时间将缩短为一个月，甚至是一周。在这一模型作用下，任何技术对该智能机器人制造商而言几乎都不无保密性可言。一旦技术变得无阻隔，材料的成本将变得微乎其微。

市民：现在机器人能够达到什么样的水平？

工程师：库卡的机械手可以和世界冠军打乒乓球，谷歌的无人驾驶智能装备可以驾驶汽车，富士康的机械手可以生产苹果手机，丰田的机器人可以自由行走……

机器人的大脑、眼睛、耳朵、四肢功能都已经超过人类，现在需要的是整合，而最有效的整合方式是以订单拉动量产，统一底层程序标准，使工厂内的智能机器人、摄像头、计算机、智能手机变成一个有机的整体，协同工作，使每个模块的部件与材料走向持续优化的轨道。

市民：服装等传统领域的工作也可以由机器人完成吗？

工程师：东莞大朗镇被誉为世界毛织之都，这里三年前有50

万工人。随着数控织机等大批智能生产装备的普及，机器设备在这里发挥了巨大作用。原来 50 万工人，如今仅剩下 5 万人，近九成工人被机器替代了。

特别令人关注的是，新一轮机器替代人的浪潮是，机器人不仅替代体力劳动，还替代脑力劳动。

美国的数据显示，进入新千年后，中产阶级的信息处理工作职位日渐下滑。从 2000 年到 2010 年，有 1100 万个秘书职位被互联网服务取代，后者让维护日历、计划行程这样的事情变得十分容易。同一时期，电话接线员减少了 64%，旅游代理减少了 46%，会计减少了 26%。美国并非个案。在欧洲，7600 万个中产阶级职位中的 2/3 成为技术的牺牲品。

人工智能这个曾经看似遥远的技术如今正大步迈向现实。人工智能领域的专家预测称，机器人可逐步替代车间工人、行政秘书、客户服务经理、家政餐饮人员、律师、外科医生、新闻工作者、清洁工、专业救灾人员等 9 类岗位工作。

筑梦中国

企业主：智能教育和智能工厂供货商两者结合可以让全息智能电视统一标准，进入家庭；可以让全息投影成套设备取代教师；可以让智能厨房获得量产；可以快速让农业、采矿业等领域进入智能化……如果量产和进化的大门同时被打开，那么，智能机器人最终会进化成超越人类的多面手，其进入家庭存在必然性，这将可以满足人们对医生、保姆、家政等多方面的需求。

市民：总还需要人吧！

工程师：正常情况下，你一辈子大致工作多长时间？

市民：40 年左右。

工程师：如果每个行业的用人需求下降 90%，理论上，你一辈子需要工作多长时间？

市民：4 年时间！

工程师：如果每个行业用人需求下降 95%呢？

市民：两年时间！

工程师：如果下降 99%呢？

市民：5 个月时间！

工程师：我们分析过的行业就业人数是不是都可以下降 90% 以上？

市民：是的。

工程师：我们稍加努力就可以将效率再提升一倍吗？

市民：可以。

工程师：那意味着，每个人的平均工作时间缩短至两年。这个过程我们所需做的调整是让学生逐渐成为工作的主体，研究生三年工作期间可以获得高报酬。随后，有兴趣的继续从事研发，没有兴趣工作的可以享受生活。

市民：工作在学习阶段完成！

工程师：是的，这种转变会随着智能教育、智能农业、智能交通体系、智能工厂的建设同步发生，因为新体系独立于传统体系。只要让传统体系的人获得经济自由，新体系建设就可以由科学家、工程师和学生完成，这既可以解决大学生就业的难题，又可以自然完成经济的升级。智能体系以高度集约化为前提，外界无法干扰其效率提升，这是保障这一代年轻人可以享受高薪和经济自由的有效途径。

企业主：渐进地交出工作，解放自己，给年轻人筑梦的机会，而不是做梦机会。

第七章　智能医疗

走入家庭的智能医生，开启中西医融合时代

无论中医还是西医，其看病的基本原理都是先收集疾病的详细数据，在收集数据的过程中与自己大脑中曾经成功治愈的病例或医学知识储备进行对比、分析，进而筛选出最近似的成功治愈案例，再按照某一治愈案例的治疗方案施治，或按照某几个成功治愈的案例组合进行施治。医生临床经验越丰富，成功治愈的病人数量越多，其医术越高明。

我们将医生看病的过程拆分，常规的步骤可以概括为：（1）采集数据；（2）与成功病例库对比分析；（3）选择最接近的一个或几个成功治愈病例，据此制订施治方案。通过分解我们可以发现，成功治愈数据库的数量是决定医术水平的重要因素甚至是关键因素。

而传统医疗方式，最有价值的数据库分散在各个医生的大脑之中，这些数据库从某种程度上决定了医生的价值。因此，所有医生都倾向于对这些数据进行保密，论文发表机制尽管可以让医生部分公开他们认为有价值的数据，但更多细节并不能全面展现，实习生的进步更多依赖于自身的临床经验。

对于缺乏患者资源的医院来说，其医疗水平的提升通路会因此锁死。这就形成了好的医院、好的医生、病源会持续向一线城市集中的局面。这种集中带来的结果对大众而言，是看病难、看病贵；对一线城市医生而言，是面临高强度的工作和极高工作压力；对二、三线城市的医生而言，是隐性失业危机。

单纯从技术角度看，解决这一问题是没有难度的。具体方法是建设一套联网的、统一的智能医疗软硬件系统。这套系统可以实现：（1）所有病人可以统一在该系统上挂号（统一挂号可以确认是否最后治愈，如果没有治愈，病人会选择新医院）；（2）所有病人的治疗记录全程可追溯，包括检查数据、用药和其他治疗手段；（3）该系统全程采集每个医生诊治患者的视频影音，医生将因此无须将50%以上的时间浪费在手写和电脑输入病历记录上；（4）每个医生和付费患者可以自由地通过搜索引擎去检索成功治愈的病例库。

譬如，付费患者将自己的痛感和疼痛位置输入系统，系统会检索出大量具有相同痛感的成功治愈案例。患者点击进入该成功案例，可以查看医生对病人诊治的影音对话。收看这些对话过程恰恰是患者自我排查的过程，可查找该案例的检查报告和数据，这些数据会帮助患者进一步进行排查，找到与自己病情相似度更高的案例。经过反复排查，患者会找到和自己相似度最高的病例和解决方案。

理论上，如果这个系统拥有无限丰富的成功治愈的数据库，大部分患者可以找到接近100%类似的成功治愈案例。这将使医生群体的大部分时间用于治疗疑难杂症和科研工作，看病难的问题自然迎刃而解。

基于共享的医疗大数据，每个医院的综合能力都会获得大幅度提升，每所医学院的教学水平都可以获得大幅度提升。从社会角度看，这种开放的医疗体系无疑是未来发展的方向，在这一开放医疗体系之下，更进一步的智能化才能更顺利地开展，如引入智能机器实施手术，引入智能机器实施诊治，引入生物技术来延长人们的寿命……

困扰智能化实现的重要因素是个体利益与群体利益的对立。对于三甲医院来说，其核心竞争力源自垄断的、相对丰富的数据库和基于这些数据库培养的医生团队；对于医生来说，其大脑中的临床数据库和其他数据库是其稳步提升工资的保证。因此，困扰医疗行业智能化程度提升的根本阻力依然是利益分配。

只有我们创造一种新机制确保医院、医生群体在共享数据库后能够获得更多收益，才能使医院和医生群体愿意主动参与创新。只有医院和医生群体愿意主动参与创新，创新才能快速发生。在此，我们不妨继续以讨论的方式去展望与构建我们所需要的智能医疗，使智能医疗能够实现社会、患者、医院、医生群体四方共赢。

以智能化精简环节

专家：中国是人口大国，也是疾病数据库最丰富的国家，全球大型医药公司过去一直在收购中国各个知名医院的病例库。这些数据库主要是文字数据库，其最大的价值仍体现在对研发的帮助上。将庞大的文字数据库重新建模，构建新型的智能医疗体系，是跨国医药公司的目标。但由于各个公司都具有相应的技术短板，医疗、药物、机械、光学、计算机软硬件等不同技术分别被不同的企业掌握，这导致智能医疗的发展速度远远滞后于计算机技术进步的速度。

患者：我们的个人隐私在我们不知情的情况下被出卖了？我们怎么追讨我们的权益？

专家：你向谁去追讨？你要的是解决问题，你面临的主要问题是看病难。也就是说，反正你的个人隐私肯定要被贩卖，最好的解决方式是，愿意出售个人隐私的可以获得报酬，不愿意出售个人隐私的还是按照原来方式建立病历卡，毕竟文字信息用途不大，对个人影响也几乎为零。

患者：也是，互联网公司要“偷窥”我们的个人隐私会更加简单。

市民：在考虑智能医疗之前，我们是不是应该先解决看病难的问题？

专家：“难”的根本原因在于低效率垄断。医院是小的垄断单元，每个医院搞出一套规章制度，所有规章制度几乎从不考虑病人的时间成本和感受。要破除垄断，需要首先解除社会运行成本上升对医生群体利益的侵害。否则，其他垄断不破除，单独要医院破除垄断是不切实际的，也是不可能实现的。智能教育、智能金融、智能交通、服务业智能化和智能工业可以让大众收入提升，物价保持稳定或下降。有了这个基础，医院垄断的破除将变得相对简单。

医生：同意！

患者：看病难主要难在排队和挂号环节，难在等、取检验报告，难在反复拍片子，真正医生看病环节并没有我们想象的那么难。如何先提升这些辅助环节的效率呢？

专家：基于智能教育信用体系建立一家众筹的医疗服务公司，这家公司的主要使命有两个：第一，帮助医院建设统一的智能手机客户服务端，实现联网挂号、联网取药和检验报告联网，提升整个医院行业的效率；第二，帮助医院解决因智能化而产生的闲置就业。

医生：医院会同意吗？

专家：以智能手机客户端方式挂号，可以实现将全部营收转化为医院的净利润，医院接受该公司的服务，实际利润会大幅度提升。因此，如果该公司将全部利润交给医院，那么，医院没有理由拒绝这种合作，尤其是以众筹方式建设的公益性服务公司。当然，另一个关键是智能教育平台上包含所有的患者，当患者愿意帮助医院埋单，而医院却拒绝患者埋单，这会让不参与的医院失去最起码的道义基础。

医生：闲置就业怎么办？

专家：培训转岗，降低其他岗位的劳动强度。如果医院不想安置这一群体，该服务公司可以帮助医院安置闲置人员。

患者：安置医院挂号人员要多少资金？会不会是一个无底洞？

专家：全国三甲医院1475家，二甲医院6957家，二乙医院761家，二丙医院154家，总计挂号人员的数量是相对有限的。按照平均每所医院3名挂号人员算，总计也不超过3万人，按照每人安置费50万，总计为150亿，中国人人均背负11元钱。这远比你浪费大量时间排队要划算很多，也远远低于你支付票贩子的钱数。当然，实际操作过程中，可以采取将该客户端打包上市，项目股权由医院和挂号员工共享，挂号收入也由医院与挂号员工共享，让市场为医院和挂号人员增量收入埋单，而不是直接转嫁到病人头上。

患者：市场埋单和我们埋单有什么区别？

专家：市场埋单是股市将效率提升创造出的钱先放入医院和挂号员的口袋，他们花钱的过程会转化为你工作的机会，钱最终会流向你的口袋。如果由你们直接埋单，是从你们口袋掏钱放到医院口袋。

锁死违约的路径

患者：网上挂号会不会造成线下乱插队、走后门？

专家：每位患者看完病后，通过智能手机客户端给医生打分，这一动作会同步生成一个指令，通知下一位患者进入病房就诊。医生也会通过系统同步通知下一位病人，医生通知时间不可能比患者打分时间延迟太久。如果中间出现太长的时间间隔，系统会自动打开医生诊室内的视频监控，查看医生是否在为插队的患者看病，如果有人插队，系统会通知院方的管理部门。双向通知系统和智能视频监控系统基本可以避免插队、走后门的空间，因为病人行使监管权的方式十分简单。

患者：如果病人不给医生打分评价呢？这会影响该系统的运转吗？

专家：患者打分等于是群体随机监督，只要有很小比例的患者完成打分，该系统的监督就是有效的，因为医生无法确定哪位患者会对其打分。

医生：如何控制违约的病人，挂了号不来看病怎么办？

专家：如果挂号人因有事情耽搁而无法去就医，需要提前几个小时向系统申请退掉挂号，系统会自动修正后续病人的时间安排。如果挂号人未向系统申请，系统视为挂号人违约，系统会给予违约挂号病人经济处罚，处罚的方式是按照约定直接从其现金账号扣费。挂号人连续违约，对其处罚的金额会呈现指数上升。

客户端系统可以相对精准地安排病人的时间，当病人因堵车或其他情况未能及时到达医院时，病人可以向系统申请推迟一定时间，系统会调整他与后面病人的挂号顺序，从而确保不耽误医生的时间。通过软件系统的优化，最终可以接近随到随治，让病人等待时间最短。

当病人和病人家属不在医院长时间滞留，医院的整体环境将获得极大的改善，病人和病人家属也将摆脱排队的痛苦。这对医院护理工作者来说也是一种期待的转变，任何人都不希望在嘈杂如集市般的环境中工作。

请注意统一的智能教育和智能金融体系使社会形成了可追溯的信用体系，基于这一可追溯的信用体系，对患者违约的处罚将变得简单与直接。只有违约惩罚随着违约次数的增加呈现指数增长才能有效约束恶意违约行为。如果没有智能教育和智能金融，显然医院很难识别与处理差异化的违约患者，很容易使违约成为有钱人的特权。

患者：什么是违约惩罚指数增加？

专家：假设第一次违约处罚 5 元，第二次处罚会变成 25 元，第三次会变成 125 元，第四次会变成 625 元……以此类推。

微创新

专家：在挂号的基础上，该客户端可以开发更进一步的服务：将各个医院的电脑局域网系统与该客户端系统联网，实现数据的互联互通，在数据互联互通的基础上，新的功能将自然产生。比如：（1）检验报告联网查询，患者可以自由地在自己的手机客户端和电脑上查询检查报告；（2）智能手机客户端交费，减少反复上下楼交费手续；（3）客户端精确导航，让患者傻瓜式进入各个流程；（4）不同医院相同检查结果的诊治方法带来的结果研究等等。

患者：全部医院精准导航有意义吗？每个医院就那么大地方？

专家：精准导航不光是位置上的导航，还包括患者即将进入房间内的情况，如检测室里的仪器会如何对病人进行检查、检查过程中的注意事项、检查结果领取的时间，每间病房里的医生的介绍，其擅长领域；病房的情况……语音导航不仅会告诉病人怎么走，还会告诉病人下一个环节应注意的事项，让病人提前有心理准备。

这些细节问题看似对效率提升并无太多帮助，但时间往往隐藏在细节里面。很多时候，这些细节的反复沟通占用了医生、护士的大量碎片时间，这些碎片时间的累加是惊人的。另外，尽管医院只有很小地方，但对初次去医院的病人来说却是陌生的，很多时候病人效率的提升也有利于减少病人在医院的滞留时间。

同时，需要注意，通过客户端交费是精准导航的基础，交费的指令等于告知客户端下一个环节患者要做什么，客户端基于患者下一个任务给出的导航才最有价值。

专家：据媒体报道，写病历占用医生上班很大比例的时间，诊断和治疗难分身，中国医生要处理的病人多但却缺乏效率，由于行政管理体制的制约，常常是大量时间、精力被用来完成与治病救人无关的事。广东省卫生厅副厅长廖新波曾在博客刊登了一个普通医生写给卫生行政部门的建议，在这封信中，医生自爆每天要用大量的时间书写大量的文字（病历），而只用很少的时间去为病人解决实际的医疗问题。因此，如果医生和医院同意，该服务公司完全可以开发一套全数据采集软硬件系统，这套系统的功能如下：

（1）对医生诊断过程以高清摄像头和高清麦克进行全程视频拍摄并录音。

（2）系统自动将语音内容转化为电子病例，让医生不需要再手写或电脑输入病例，而将主要精力用于诊断。

（3）让医生可以采集患者表观特征的高清图片，这些图片等于是“图像关键词”，医生下次再通过高清摄像头采集表观特征时，系统会直接帮医生找到最近似的表观特征图片，这些图片能够直接连接成功治愈的病例库。

如果全国医院全部实施这种高保真病例库采集，那么，该数据库的病例数量很容易突破1亿套，这意味着几乎所有疾病都能在该系统内找到成功治愈的系统解决方案。基于这套持续优化的数据库，现代智能医疗的大门将自动打开。

患者：软件整理的电子病例靠谱吗？是不是记录得乱七八糟？

专家：所有事情都有一个过程，初期文字部分可能乱七八糟，可以由实习生帮助软件修正电子病例，医生最终只需对实习生整理的电子病例进行简单检查，即可保证电子病例清晰与准确。软件工程师会根据系统自整理内容与实习生整理内容的差别不断优化算法，让系统持续优化。最终，当软件系统整理的病例达到医生满意的水平，实习生即可退出该项工作。

不同类型的病例库会以不同的关键词被标记，这种关键词可以是病例特征，可以是病例表观图片，也可以是检查的一个关键数据。当患者三项以上特征与病例库内的病例吻合时，该患者与病例的相似度已经很高，如果所有特征全部吻合，基本上可以采用曾经的成功案例施治。

理论上，数据库越丰富，基于该数据库的诊断水平越高，误诊率越低。医学院的学生、实习生和其他医生可以自由调用这些病例库，用于学习、观摩、研究。在这一过程中，不同人可以发表不同的注解，这些数据库会随着注解的加入而不断丰富。所有注解本身相当于关键词，这些关键词又对检索形成帮助。如果遇到难以确诊的疑难杂症，主治医生可以通过系统向同行寻求帮助。

关于隐私

医生：把我们的诊室打造成演播室吗？

专家：可以这样理解，每一次诊断像一期医生对患者的访谈节目。区别在于演播室录播设备是由工作人员控制的，而你诊室的视频录制、存储、剪辑是由智能软件控制的。智能软件会逐渐学会根据医生和病人的对话捕捉医生希望获得的重点信息。

患者：这是不是侵犯我们的隐私？

专家：你在电梯里被拍摄是否涉及被侵犯隐私？你在商场里被拍摄是否涉及被侵犯隐私？生活中到处都有摄像头，为了更好地给患者治病而安装的摄像头真的涉及侵犯患者隐私吗？这个其实是很难界定的。

重要的应该是知情权和选择权。在影音病例被录制后，患者可以通过智能手机客户端选择屏蔽与剪裁其认为涉及个人隐私的内容，如患者可以将脸部打上马赛克，如剪裁涉及个人隐私的对话等等。患者还可以将影音病例设置绝对隐私，绝对隐私设置只有医生和患者本人可以查看。

智能化“望闻问切”

工程师：计算机系统最大的优势在于“大海捞针”的功能。只要成功案例存在于系统之中，同样的新病例特征被采集后，系统就能够给主治医生一系列的成功案例。这些成功案例包括治疗的手段、药物的选择、检查的项目等等，对于高度类似并且已经多次成功治愈的案例，系统可以给予医生较为明确的提示。这可以大幅度降低医生的劳动强度，并最大限度地减少烦琐的检查项目，提升治疗的有效率。

“望闻问切”是中医诊断疾病的方法。望是观察病人的发育情况、面色、舌苔、表情等；闻是听病人的说话声音、咳嗽、喘息，并且嗅出病人的口臭、体臭等气味；问是询问病人自己所感到的症状，以前所患过的病等；切是用手诊脉或按腹部有没有痞块。这叫作四诊。

以上四种手法改为通过智能设备采集信息，其精确程度可以超越任何一名老中医，原因是云计算系统收集表观数据的能力是精准的，开放平台会使成功治愈的病例数据库无限丰富，而老中医接触的病人却是有限的。例如，“舌苔”图片超过10万组，并且这10万组图片数据都有对应的成功案例，当新病人来到医院，医生只要用图像采集器，采集到清晰的图片，图片被收录到云计算系统，云计算系统会在1分钟内搜索所有最近似的病例和成功治愈方案。其内在机理和谷歌图片所搜、百度识图是一致的。

当然，舌苔只是其中一项，面色、表情、声音、咳嗽、喘息、口臭、体臭等也会同步形成丰富且精准的数据库。如果新病源与系统数据库内旧病例的吻合度达到95%以上，那么，照搬旧成功案例的成功概率会超过95%。整个诊断过程不仅短暂而且准确。

医生：同意，中医的“望闻问切”向复杂方向理解就是博大精深，向简单方向去理解就会变成简单模式。实际上西医也是这一逻辑，医生临床经验相当于一个成功的案例库，遇到新病人，医生会去自己大脑中搜寻近似成功案例，如果新病人套用成功案例获得成功，那么，成功案例将被强化。

任何个体头脑中的成功案例丰富程度都无法与群体治疗形成的成功案例库比较，也没有群体治疗形成的成功案例库精准。中国每年有上亿的患者被治愈，如果中国整体医疗体系能够全程采集这些治疗数据库，那么，这一数据库每年都会增加上亿个成功案例。对成功案例过亿的可追溯的病例库来说，“疑难杂症”将很难有藏身之地。

基于精准的大数据，医生的研究工作将变得更加简单。依然以舌苔为例，假设舌苔图片数据库超过10万张，将这些图片与不同疾病对应归类将可以产生全新的大数据库和研究成果。这会让中医进入定量研究的轨道，使中西医真正有机地融合。依靠中西医融合与事前预防体系，癌症被攻克并非奇迹，而是必然。

智能医疗的奇点

医生：该系统如果建设完成，无疑能够从根本上缓解看病难的问题，也会成功解放医生群体，使医生的劳动强度大幅度降低。但这个假设的前提是先解决医生和医院的未来收益问题，如果不能解决医生群体的未来收益问题，医院和医生是不可能放弃垄断的权力的。

专家：如果将三甲医院强科室30%的骨干剥离，会影响三甲医院的医疗水平吗？

医生：每个医院各个科室的竞争实际都很激烈，剥离30%的骨干很可能产生正面作用，竞争的激烈程度下降，大家更多精力会用在业务上。

专家：如果大众以众筹的方式获得充足的资金，建设医疗配套设施远远超过三甲医院的新型智能医院，随后，将新型医院50%的股权赠予传统医院医护工作者，要求三甲医院抽调30%的骨干去建设智能医院，那么，智能医院获得的将是一个个成熟的团队，这些团队会让新智能医院的医疗水平迅速达到甚至超过原三甲的水平，而原三甲医院同样能够保持原有的水平。新智能医院全面安装联网智能设备，使我们上面讨论的智能医疗数据库快速建立起来，使医生在新智能医院的劳动强度大幅度下降，使科研能力获得大幅度提升。

医生：三甲一家家谈难度太大，利益很难获得合理分配。

专家：三甲医生全部在智能教育平台之上，只要直接通知医生即可以解决问题，为什么一定要按照传统方式解决问题？

医生：医生团队为什么会选择陌生医院和地区？

专家：因为有智能医院的股权加一次性支付10年薪酬、轻松的工作、学术氛围诱惑。当然，还有一点是新智能医院无须像其他民营医院一样从零开始开发客源，参与众筹的潜在患者群体将为智能医院提供充裕的病源。

患者：众筹参与者可以获得什么好处？大众为什么参加？

专家：大众获得廉价的智能医疗体系。对群体而言，在解决完教育、运输、农业、工业和服务业之后，如果医生群体的工作时间不能获得有效下降，那么，这一领域的成本会不断提高。

患者：一个全程采集的病例库就等于智能医疗了吗？

专家：至少已经实现了80%，因为这个数据库是在不断优化的。群体的智力会以一种开放的方式进行创新。当这一数据库达到无限丰富，所有常规病例都可以找到接近100%对应的成功案例，患者在家中就可以实现自我诊治。更为重要的是，该数据库可以自然延伸出能够持续优化的、差异化的日常保养方法，这些保养方法会极大降低疾病发生的概率。

工程师：当这一数据库不断优化，基于该数据库的智能机器人医生可以与传统医生联合坐诊。当智能机器人开出的诊治方案达到甚至超过传统医生的水平，智能机器人将可以单独坐诊。智能机器人显然是不受场所限制的，这才是问题的关键。

患者：这一数据库对众筹参与者免费吗？

专家：对所有人收费，但收费金额可以相对很低。

患者：众筹参与者有什么好处？

专家：众筹参与者联合获得50%的股权，分享医院和该数据库带来的收益。

工程师：当基础核心问题被解决，医生群体进入自由的创新状态，智能机器人才能被更快、更自由地引入细分领域，如专门从事定向手术的机器人，用于定向检查的胶囊内窥镜机器人，用于测量血压、脉搏的智能穿戴设备才能投入大规模的应用。

患者：医生去做什么？

医生：打通生物与医疗技术，通过克隆技术培育和你100%兼容的心脏、100%兼容的肝脏、100%兼容的肾脏，100%兼容的……

患者：为什么会100%兼容？

医生：DNA（脱氧核糖核酸）源自你自身，培育出的心脏等于你年轻时候的心脏，你说能否兼容？

患者：也就是说，未来的智能医疗是小病我们自己搞定，大病直接换掉病原体，让每个人可以自由地回到年轻时代。但我20岁的心脏和80岁的身体能够兼容吗？

医生：从技术角度看，在你60岁时直接克隆一个全新的你，到你80岁直接把你全部换成20岁的你。

患者：新的我，没有我的记忆怎么办？还是等于我已经死掉了？

医生：相关领域的专家认为，大脑反向工程大致在2045年突破。未来，大脑记忆作为软件可以自由上传与下载。基因软硬件技术结合，可以让你永远保持健康。

患者：那我岂不是成了“老不死”的？

医生：不对，你是小不死的，而不是老不死的。所以未来医疗有三种方案：一是按照传统方式治病；二是逐个换兼容的硬件；三是批量换软硬件。未来，三者成本比较，第三种方式成本最低。

患者：第三种方式，法律会允许吗？

医生：我只是医生，我只能告诉你可以采用的治疗方式。

第八章　家用智能机器人

智能化送给人类的礼物

机器人在工业领域的应用已经证明，机器人在控制的稳定性和精度方面，远远超出人类，这使得机器人生产的产品质量在越来越多的领域开始超越人类，这在汽车、航天、智能设备生产领域已经获得广泛证实。那么，家用智能机器人在服务领域是否可以超越人类呢？答案无疑是肯定的。

无人驾驶技术的普及将为家用智能机器人提供廉价的大脑、眼睛、耳朵和嘴巴。智能医疗数据库的成熟将使家用机器人成为最好也是最廉价的家庭医生。智能工厂的发展使智能机器人的手脚、关节的自由度获得极大提升，使家用机器人逐渐成为运动健将。智能厨房的发展将使家用智能机器人成为最好的厨师；智能教育系统将使家庭机器人成为最好的家庭教师和百科全书式的专家型人才。无线充电技术将使智能机器人摆脱沉重的电池组，随时随地使家用智能机器人电力十足。生物技术的发展将为智能机器人提供超仿真的皮肤和器官。云计算处理系统将使智能机器人的进步以群体开放创新的方式进行。

科技发展的一般规律是：可预见的技术均能超预期实现，以上所有环节显然都是可预见的科学，而非神学。因此，超级家用智能机器人进入家庭的最大阻力在于需求本身，而非技术。智能教育、智能金融、智能交通、智能农业、智能工业、智能医疗一旦发生，会给全社会创造出大量经济自由的群体，他们将拥有充足的购买力来预订家用智能机器人，预订提供的海量资金将使智能机器人各个部件进入自优化的轨道，大批量的生产将使家用智能机器人的价格不断下降，并在家庭中普及。家用智能机器人取代汽车成为家庭消费的新大件商品，是智能化送给人类的礼物。

未来，家用智能机器人会是什么样的？我们依然以对话的方式来展开未来。

封闭的大脑制约机器人的发展

工程师：如果没有软件系统，电脑对我们还有多少价值？如果不能够联网获取信息，电脑对我们的价值还剩下多少？如果没有大量的客户端应用，智能手机还有多少价值？如果不能上网，智能手机对我们的价值还剩下多少？智能设备的真正魅力是什么？

学者：自由的互联互通。我们将智能设备看成脑细胞，将互联网看成脑神经，之所以这颗“云大脑”能够不断自我强化，原因在于：智能设备背后的每个人既是信息的接受者，又是内容的创造者。传统信息传递是一种串联方式，信息很容易中断，但在互联网上，信息的传递则变成了一种同步并联方式，任何一个点的刺激都会引发整体的响应。从某种程度上看，互联网是群体开放式创新的产物，而群体开放式创新是一种最高效的创新方式。

机器人之所以进化缓慢，重要原因是机器人没有一颗开放的大脑。独立进化机器人看似精彩无限，但却鲜有实用功能。

学者：一旦家用机器人可以获得智能厨房的云共享的大脑，它将很快进化成最完美的大厨。一旦家用机器人可以获得智能医疗云共享的大脑，它将很快进化成最完美的医生。一旦家用机器人可以获得智能教育平台云共享的大脑，它将很快进化成最完美的家庭教师。一旦家用机器人可以获得主人的大量指导，它将成为最完美的仆人……

在获得云共享大脑的基础上，家用机器人再获得工业机器人的精准、强壮、灵活和实体娃娃的外貌和皮肤，那么家用机器人将自然进化为智能家用机器人，智能家用机器人将同时兼任用人、保姆、医生、教师、保镖等多重身份，可以满足所有人差异化的要求：对老人而言，他（她）是最任劳任怨的贴身护士；对小孩而言，他（她）是尽职尽责的保姆；对家庭主妇而言，他（她）是家庭的管家、厨师和保洁；对女孩而言，它是愿意倾听又愿意为女伴保守秘密的闺密。当家用机器人能够扮演多面手的角色，家用机器人智能化的大门即被开启。

人类是智能机器人存在的理由

市民：我们真的需要智能化程度如此高的机器人进入家庭吗？其他领域发生智能化，我们的生活自由度已经足够高，我们为什么不能自己照顾小孩？自己做饭？自己去照顾老人？谁能担保家庭机器人不会带给我们灾难？

工程师：家庭机器人是否进入家庭，选择权不在任何人手中。懒惰是人的本性，只要有万分之一的家庭选择，家庭机器人就会进入智能化“进化”的轨道。即使勤劳的中国人不做，其他民族也会去打开智能机器人的潘多拉魔盒。这就如同从人道主义的角度，杀人机器人并不应该被投入战场，但各国却依然在加大研发投入。只要经济纷争不能获得解决，未来杀人机器人被批量投入战场就有其必然性。

人类的共同属性是什么？懒惰！智能机器人同样如此，智能机器人受控于云大脑，云大脑是由光指挥的。光的内在属性是什么？不变！换成人类的语言就是懒惰。所以，从科学角度看，智能家用机器人是不会对人类造成危害的，因为人类是智能机器人存在的理由。这种关系就如同植物是动物存在的理由，你会想办法把全世界的植物消灭掉吗？

同理，智能机器人将人类干掉，智能机器人去干什么？和太阳火拼吗？显然太累了，和人类一样消费吗？他（她）又不吃动植物。所以，如果智能机器人有逻辑，选择服务人类是他们最省心、省力的方式，因为每个个体单元（包括每一束光指令）都是被动触发的，都可以享受“不劳而获”。当然，如果你依然担心，那么，云共享大脑与智能机器人一键分离功能可以使智能机器人瞬间停止工作。

机器人发展现状与制约原因

记者：ASIMO是本田公司开发的目前世界上最先进的类人形机器人。ASIMO这个名字意味着advanced（新纪元）、step in（进入）、innovative（创新）、mobility（移动工具）。本田希望创造出一个可以在人的生活空间里自由移动、具有人一样的极高移动能力和高智能的类人形机器人。它能够在未来社会中与人和谐共存，为人提供服务，而ASIMO就是这个未来梦想的结晶。

ASIMO可以行走自如，进行诸如“8”字形行走、上下台阶、弯腰等各项复杂动作，并可以随着音乐翩翩起舞，还能以每小时6公里的速度奔跑。此外，ASIMO还能与人类互动协作进行握手、猜拳等动作，似乎科幻电影中的情节变成了现实。自2000年诞生以来，ASIMO曾多次在世界各地参加各种社会活动，为人们送去欢乐与梦想。

2008年5月13日，ASIMO在美国指挥底特律交响乐团。2007年9月，ASIMO在西班牙巴塞罗那参加青少年启蒙活动，启蒙未来的科学家和工程师。2006年10月，ASIMO访问南非约翰内斯堡的小学，与上百名小学生们面对面，为同学们带去欢乐，启发孩子们的梦想。同年7月，ASIMO在泰国访问盲童学校，启蒙儿童对机器人科学的兴趣，并鼓励盲童们对未来充满希望等。

在汶川地震发生后，ASIMO先后两次到达四川德阳和都江堰慰问当地的中小学生，为地震灾区的小学生们带去了笑声与欢乐。未来的智能家用机器人和ASIMO比较会怎样？

工程师：ASIMO并未对外销售，其主要职能是本田的品牌形象宣传大使。从宣传展示的角度看，ASIMO是近乎完美的。但如果从实用角度看，ASIMO相当于单机版本的台式286，其实用价值并不高。原因依然是ASIMO没有对外销售，本田只是作为企业爱好每年持续投入少量资金推动ASIMO的进步。如果本田通过预订方式销售ASIMO，其在全球获得1万台订单的难度可能并不大，很多消费者愿意为ASIMO支付100万人民币。

如果本田与谷歌联合以预订方式销售，其获得100万台订单可能是大概率事件，原因是100万订单只占70亿消费者的万分之一。如果本田可以获得100万台订单，等于获得1万亿营收，那么，本田将可以为消费者带来什么样的ASIMO？显然会远远超出现在的ASIMO，因为1万亿人民币等于可以无限制地花钱采购最新技术。如果在谷歌软件技术和本田硬件技术的基础上，再引入其他芯片、无线充电、传感器、皮肤等领域的最新技术，本田ASIMO会以什么样的面貌出现在世人面前？

市民：为什么本田没有将ASIMO推向家庭？

工程师：第一个原因，本田知道现在ASIMO的更多价值在于展示，其对家庭真正的实用价值仍然很低，通俗地说就是还拿不出手。第二个原因，本田是一家传统汽车制造商，其销售思维仍然停留在实体销售阶段。第三个原因，本田根本不急于将ASIMO

推向市场，因为市场上没有出现任何敌人，一旦ASIMO技术相对成熟，本田将可以独享家用机器人市场蛋糕。按照传统市场发展，本田的逻辑无疑是正确的，但一旦智能教育的阀门被打开，人们将以预订方式开启创新。

市场会先集结1万亿，甚至更多的资金，随后逐一挑选各个领域最优技术进行整合。这种整合会涵盖智能教育、智能金融、智能医疗、智能厨房等联网的云共享数据，这些数据将直接给家用机器人赋予全新的任务要求与研发方向。如果家用机器人能够还原所有的电子菜谱，那么，其烹饪的技术水平基本会达到大众要求。

如果家用机器人在医疗领域成为实战专家，那么，其在医疗方面的技术水平基本会达到大众的要求。如果它在教育领域能够达到教授的水平，那么将成为最好的辅导教师。

如果生物技术获得实质突破，那么智能机器人将可以获得人类的皮肤。而如果家用机器人的皮肤超过美国实体娃娃的水平，那么，它将成为宅男最好的性伴侣。如果家用机器人的强壮程度达到工业机器人的水平，那么，它将成为最强悍的保镖……如果以上目标全部能够实现，那么，智能家用机器人将可以胜任其他各个领域的工作，其服务场所将不局限于家庭。

市民：是不是过于理想化了？

工程师：突破这些技术难点已经被分散至智能教育、智能医疗、智能农业和生物、智能交通、智能工业等领域的创新之中。家用智能机器人只是对这些技术的集成应用。对一家公司而言，实现以上目标的难度是巨大的，但当这些目标已经被分解到不同的盈利项目之中，所有项目的研发力量都在向一个方向努力，这种突破并非奇迹。

“她”知我心，智能机器人的质变点

工程师：智能化的核心创新方式是群体开放式创新。谷歌的文字、图片检索能力之所以持续突破，并持续超出我们的想象，原因在于：用户检索、选择的轨迹被搜索软件记录，这些轨迹等于我们的思路。当这些轨迹不断被重复与记录，搜索软件就会调整内容的顺序，越来越懂我们。也就是说，全球人在共同优化谷歌搜索，是奇迹创造的原因。

市民：为什么检索、选择的轨迹等于我们的思路？

工程师：假设我想知道特斯拉超级电池工厂的进展情况，我在谷歌搜索条中同时输入“特斯拉”“电池”“工厂”等三个关键词，会出现一系列标题新闻。我会快速浏览这些标题，做出判断与选择。我的第一次选择告诉谷歌搜索条，我认为×××标题与“特斯拉”“电池”“工厂”这个组合关键词的关联度最高。

显然，搜索这一组合关键词的人并非只有我一个。如果其他人和我的选择一致度更高，系统会在后来者检索相同关键词的时候优先推荐我们的选择。在这个过程中，系统是按照我们的思路在帮助我们做选择。

第二种情况是，我第一次做出的选择不符合我的要求。我快速关闭了第一个选择，打开了另一个标题。最终我认为第二个标题满足我的要求，随后停止了新选择。这一动作同样会被系统捕捉，系统会认为我选择的关键词与我第二次选择的标题关联度更高。如果这是群体选择，系统会提升第二个标题出现的优先级。

在以上过程中，系统之所以可以不断优化，原因在于谷歌搜索的目的是以最快速度让我们找到需要的内容。所以，我说检索和选择等于我们的思路。软件系统只要有明确的目标（最快帮目标用户找到其所需内容）就可以轻松获得我们的思路，并按照我们的思路进行优化。

人为干预会“阉割”软件系统的思考能力，原因是人为干预的目的是要给我们广告，而非我们所需内容，这也是百度和谷歌真正的差距所在。如我搜索同样的关键词，百度可能给我的是一堆电动汽车广告标题，我选了，发现上当后，继续选择，我开始调整关键词，这意味着第一次百度骗了我，我也告诉百度搜索软件一个虚假信号。

市民：软件读懂我们思路的用途是什么？

工程师：软件会越来越聪明。例如，在智能医疗领域，如果软件可以将医生与病人的对话还原成文字，那么软件在翻译语音的过程中就可以将医生提出的问题作为关键词，去原数据库中寻找相同的问题和答案。如果现在的患者与病例库中患者的回答是一致的，软件即可将该病例进行标记。当医生完成询问，软件将可以给医生提供一份相似度最高的治愈病例。

同样，同一科室医生询问同类病人的问题基本是相似的，当这些相似的问题反复出现时，很容易被智能软件所“注意”。当智能软件单独面对病人时，智能软件同样可以先去检索医生询问最多的问题，随后再去数据库内检索过去病人回答的近似答案。以上过程我们论述起来是复杂的，但智能软件却可以在接近 0 秒钟内完成。

因此，只要智能软件按照读懂我们思路的方向去设定，它就一定会越来越聪明，其最终智力会超越我们的预期。但真实的情况是，软件只是按照固定程序在“思考”，软件聪明的原因是软件数据库越来越丰富，每次用户使用都会强化软件的“智力”。所以，我说我们（需求）是智能机器人存在的理由。没有人类使用，谷歌 0 秒变傻瓜。

学生：视频智能教育平台会因为学习者使用而知道哪些内容更受欢迎，会知道哪些地方将出现停顿并反复收看，会因学习者的提问和评价而将知识引入更深的层面，这些也可以算软件智力自我强化的表现吗？

工程师：是的，如果没有大量学习者使用，视频无论多么精彩都是死的，软件也无法判断哪些内容是有价值的，哪些是内容是需要优化的，哪些内容是不受欢迎的。同样，智能医疗软件如果没有实习生、医生、患者的使用，软件记录的视频的价值和电梯视频录制内容的价值几乎是没有差别的。而一旦实习生、医生、患者在使用过程中将视频标注了注解，加上了电子文字病例、检查报告、使用的药物和治疗的手段，智能软件就有了智力。需求是最好的老师，这一逻辑同样适用于其他软件。

市民：家用机器人的使用量和智能软件优化有关系吗？

工程师：只要家用机器人被连接到互联网上，拥有一颗开放的大脑，那么家用机器人保有量的多少将直接决定家用机器人的智商和情商。例如，如果家用机器人给你讲一个故事，你的反馈是捧腹大笑，该家用机器人就会通过摄像头捕捉该信息，并将该故事打上一个“搞笑”的标签。其他家用机器人在取悦主人时会优先调用该故事，当该故事赢得相同反馈，新的反馈采集会完成，“搞笑”属性被强化，该故事会被家用机器人讲给更多主人听。当数据足够丰富，软件系统会将主人的表情归类，并对主人进行归类，不同类型的主人，家用机器人采取不同的故事和沟通方式。在以上程序设定下，家用机器人的保有量为100台和100万台效果显然是无法同日而语的。

市民：家用机器人初始如何判断什么是大笑，什么是微笑，什么是发怒？

工程师：初始设定需要有制造商采集足够多的立体影像数据，并将这些数据打上标签。机器人的初始判断依据的是原始数据库，原始数据库会随着机器人的使用而不断丰富，使机器人的判断力不断完善。

学生：家用机器人是否可以模仿明星？

工程师：智能家用机器人制造商可以将数据采集器放在明星身上，全程追踪明星的行为方式、说话方式、语气、语态、肢体动作，持续累加并优化数据库之后，智能软件系统根据这些数据无差别模仿这些明星。当然，智能机器人公司，同样可以将这些明星的身体进行全仿真，面向家庭发售。让你最喜欢的“明星”

给你做家庭教师这并非梦想，让你最讨厌的“明星”给你做用人也并非遥不可及。

学生：机械方面会不会跟不上智能软硬件的发展速度？

工程师：有可能，但差距应该不会太大。工厂内机械手之所以看似大而笨拙的原因，是工厂不需要外观精巧的机械手。而且这些看似大而笨拙的机械手实际上并不笨拙，它能够与世界冠军去打乒乓球就是最好的明证。

量产会让机械部分更新速度极大加快，新材料大量应用与智能软硬件配合会使家用机器人快速朝着我们希望（需求）的方向进化。模块化可能是家用机器人重要的发展方向，消费者强化机器人的某项功能只需增加某种配置即可完成优化。

学生：家用智能机器人最终能够完成人类可以完成的所有工作吗？

工程师：家用智能机器人的普及是未来机器人实现突破的新起点。理论上，未来，机器人不仅可以帮助我们完成现在的所有工作，还能在拓展外太空领域完成我们不能完成的工作。

第九章　营收外利润

化解政府债务危机

智能教育、智能金融、智能交通、智能农业、智能服务业、智能工业、智能医疗的开启在技术上并无难度。如果以智能教育为起点，在完全遵循旧机制的基础上，全社会只需投入1.4万亿现金就可以创造数百万亿级别的增量财富，将房地产泡沫筑实，将危机消灭于无形。每个人只需要投入1000元现金即可使其个人和家庭获得经济自由，让每个个体平均的工作时间减少90%以上，这是智能化可以送给人类的礼物。

回顾前面的讨论，我们可以提炼出一个通用的机制：通过互联网预订（商品、股权二合一）→达成人数（可以确定性赢利的人数）→上市确权→外包实施→享受股权、商品和分红。由于所有行业都能够实现智能化，即效率达到无法超越的极限值（趋于无人化），该机制对所有行业都表现出完美的适用性。但一个随之而来的疑问是：固有创新企业家的利益如何保证？

新智能企业具有高度垄断、效率无限高、资金无限充盈的特征，一旦形成必然可以随意入侵传统企业的领地，简单协商显然并不能保证所有企业家的利益。如何解决这一潜在问题？我们依然以讨论方式来寻找答案。

未来利润=营收外利润

银行家：斯密最初提出一个概念叫作营收外征收。那么，我们不妨引入一个新概念，叫作营收外利润。什么是营收外利润呢？我们依然使用斯密提供的案例。

京东案例

2014 年第一季度，京东营收 226.57 亿元，净亏损 37.95 亿元

2013 年京东营收 693.4 亿元，净亏损 0.5 亿元

2012 年京东营收 413.8 亿元，净亏损 17.29 亿元

2011 年，京东营收 211.3 亿元，净亏损 12.84 亿元……

京东从来没有赚过钱。

但京东在美国上市后，其市值是多少？

400 亿美元左右。

这些钱显然不是赚来的，或者说不在现在营收之内。这些钱来自哪里？答案无疑是未来营收将产生的利润！是谁允许京东拿未来的利润用以支撑现在的发展？答案是美国股市。

那么，美国股市机制的本质是什么？

工程师：透支未来的利润来解决现在的问题。

银行家：如果京东明年赢利 5 亿美元，市值翻一倍奇怪吗？

工程师：不奇怪，赢利意味着效率提升了。

银行家：赢利 5 亿美元，再次新增 300 亿~400 亿美元，这意味着什么？

工程师：符合预期，风险降低，再次透支了更多的未来利润。

银行家：假设效率一直增长，获利一直增加，其可透支的空间是不是一直增长？

工程师：理论上是的。

银行家：当达到效率的极限会出现什么情况？

工程师：什么是效率的极限？

银行家：一个世界，一个京东。全球只有一个卖家。

工程师：获得绝对定价权，想赚多少钱就可以赚多少钱，股权价值趋于无限高。哦，我明白了，股市是允许假设的机制，一旦允许假设，在我们上面讨论的行业全部实现智能化，整体股权会趋于无穷大。实现智能化之后，我们说我们的股权值多少钱它就值多少钱。智能教育开启 10 年后，实现智能化具有较强的确定性。这意味着 10 年后我们会拥有无限多的财富。在这个确定性成立的假设的基础上，我们既可以透支 20 年利润，还可以继续加大透支长度，比如 25 年，将剩余的 5 年分配给企业家。

银行家：方向是对的，但预订获得股权机制一旦发生，预订群体没有理由把到手的股权交给竞争失败的企业。例如，智能教育发生自然会衍生出智能农业，智能农业自然会衍生出智能零售商，智能零售商已经达到效率的顶点，无论沃尔玛、家乐福还是京东都会成为输家。因此，当智能零售业发生，再要持股人掏出手中的股权去赎买沃尔玛、家乐福、京东的股权显然不符合人性。所以我说需要更进一步的创新。

工程师：如何实现呢？

银行家：原有规则全部保持不变，增加透支长度。但不通过股权透支，或者说将整体股权变成100%+N%。在智能金融主导的市场体系中，每产生100元交易，可以多透支N元利润，这些利润分配给原有产业链上的企业家（上市企业和股民）。

也就是说，企业家在智能金融账户的资金会自然随着交易发生而增长。只要大众承认这一资金，这一资金并不影响大众任何利益，因为这些钱只是账面财富，对供求几乎不产生任何影响。这些钱源自现在更遥远的营收利润，最终为这些钱埋单的依然是智能机器。

工人：既然预订机制使新智能企业有资金、有资源、有技术、有人才，既然新智能企业可以凭借高效消灭传统低效企业，为什么还要考虑资本家的利润？有必要费那么大的力气去保护剥削者的利益吗？

工程师：这个问题你要打开格局。你看欧洲很多小国到处是亲王、贵族，大国的领导和人家见面依然是客客气气，为什么？社会包容度高（协作程度高），允许贵族在现在和未来存在。反观中国，有真正的贵族吗？没有！

为什么没有？我们始终抱着“杀富济贫”的思维方式，我们总是以大众利益的名义去侵害一小部分人的利益，所有人都属于一小部分人。更远的营收外利润会批量在中国境内创造贵族家庭，创造富翁群体，这些群体会提升中国人在国际上的知名度和美誉度。另外一点是营收外利润拿的不是你口袋的钱，这和剥削几乎没有关系。

银行家：另外我们注意到，只有基于全程可追溯智能金融平台才能支撑营收外利润的分配，因为软件管理一次交易和管理100万亿次交易的成本几乎是无差别的。软件不仅不会发生错误，而且不会寻租。假设营收外利润为5%，那么，预订电动汽车总额为5.1万亿，传统电动汽车全产业链的企业家（上市公司）应该获得的收益总额是2550亿元。这2550亿元等于是增发出来的货币，货币的增发权在预订消费者手中，而不在任何机构手中。之所以能够增发这2550亿的货币，原因是预订电动汽车机制使汽车行业的效率获得大幅度提升。

工程师：如果原产业链上的企业家拿着这些钱去和智能企业竞争呢？

银行家：中国人很早就发明了一个机制叫作“大小非”[①]。5~10年内冻结这些资金的流动性，即可让他们只能在未来享受，不能现在折腾。

① “大小非”是指非流通股，即限售股。“小非”是指小部分禁止上市流通的股票，即股改后对股改前占比较小的非流通股。而相对较多的一部分就是“大非”。——编者注

现在的债务，营收外利润偿还

企业家：现在，我们欠银行负债怎么办？

银行家：拿远期利润，抵押还款。

企业家：你想的这个机制实际上是怕我们破产赖你们的账？

银行家：你这样想问题就错了，智能化是不让任何小群体因为智能化而蒙受损失，成为输家。如果我们只考虑自己，干脆不讲，等你们破产（问题发生）后，银行再去讲，到时候你们肯定会感恩戴德。

上帝的归上帝，恺撒的归恺撒，政府的归政府

工人：我们最初讨论的各个产业股权算什么？还有效吗？

银行家：自然是有效的，否则我们怎么会说是营收外利润呢。

工人：没有搞懂！

工程师：股权也是营收外利润，股权透支了 20 年，企业家获利部分只是增加了一些透支时间，因为 20 年后已经实现智能化，还款人变成了智能机器人，你属于慷智能机器之慨。逻辑上，政府也可以实施营收外税收。传统市场销售价值 1 万亿元的汽车，政府分走 1700 亿，企业（含银行等）分走 2300 亿，大众分走 6000 亿。那么，这价值 1 万亿汽车的最大买家是谁？显然不是政府和企业，而是大众，因此大众支付 1 万亿，转一圈回到大众口袋只剩下 60%。市场会自衰减，最终因市场自衰减，政府、企业、大众都是输家。

如果是营收外利润，智能市场销售价值1万亿的汽车，大众分走1万亿，政府分走1700亿，企业分走500亿，银行分走X亿。那么，钱转了一圈，一分不少地回到大众口袋，大众还可以从政府和企业口袋赚钱，因此，营收外征收会让市场自强化。营收外利润分给企业家、政府的钱是未来的钱，这些钱最终埋单者是智能机器人。

工人：这么好的机制，原来为什么不实施？

工程师：工业社会的起点是能源稀缺，两次世界大战在一定程度上都与争夺能源相关。即使是现在，你站在内燃机汽车的角度看，仍然是能源供给不足，因为原油是有限能源，越开采越少。所以，站在现在的角度看现在的机制是合理的，如果站在未来的角度看，则现在的机制完全没有必要。

因为未来基于风能（太阳能）—电池—电动交通工具基础之上，风能、太阳能是无限多的，太阳的寿命以亿年计算。基于无限能源和无限供给能力（智能化），现在的限制机制只会让现在走向“竞底”，所有经济体都在“大进大出”，大部分能源消耗在运输和供应途中。

有限能源和人力供给为主匹配的是营收内征收和营收内利润，目的是为了减少浪费。

无限能源加智能化供给匹配的是营收外征收和营收外利润，目的同样是为了减少浪费。

专家：资本家拿到钱花天酒地、铺张浪费怎么办？

工程师：你在经济自由的情况下，你会去捧他们的场吗？

专家：不会。

工程师：如果你不去捧他的场，你不去理他，他能折腾多少资源？大别墅会超过3个农村院子大小吗？私人飞机、私人游艇会比100万辆重卡的能耗更高吗？所以，美国人不担心盖茨、巴菲特浪费，我们也无须担心中国企业家花天酒地。过去中国企业家铺张浪费显然是做给穷人看的，给银行看，给专家看……当穷人没有了，专家经济自由了，他们的资金安全了，他们也就失去了铺张浪费的理由。

银行家：营收外利润也适合于未来智能银行，否则未来没有人贷款（资金以众筹方式获得），银行如何获利？银行没有获利，如何支付储户利息？只有允许营收外利润，智能银行才能真正实现智能化，否则，在智能社会，任何银行都会面临破产的命运。

工人：营收外利润如何分配？

银行家：营收外利润是承认企业家曾经做出的贡献，只要市场承认这部分利润，企业家之间协商并非难事。企业家最终的协商结果（利润分配的比例）由软件实施分配。

学者：营收外征收对政府的意义在于：政府可以通过加大征收营收外比重的办法快速清偿政府债务。否则，美国政府、日本政府、欧洲各国政府、中国政府等等的历史累积债务根本无法清偿。当然，营收外征收需要建立在智能化基础之上，没有智能化锁定各个领域的成本，各个领域的效率只能提升，不能下降，营收外征收意味着货币的滥发和恶性通胀。而获得营收外征收权的政府将成为只享受权利不需要承担义务的政府。而政府不承担义务意味着战争的阀门将被关闭。

美国金融体系腐败的根源，权利与义务的失衡

农民：政府不是负责印钞吗？怎么会缺钱？

学者：以美元为核心的全球贸易体系中，美元是所有货币的锚。美国政府没有货币发行权，而只有发债权，然后用国债到私有的中央银行美联储那里做抵押，才能通过美联储机器商业银行系统发行货币，所以美元的源头在国债上。简单说，美元并不是印出来的，而是源自现在市场上的美元，而市场上的美元是靠印出来的美元放大获得的，因为美元从商业银行贷出去还会流入商业银行体系，美元在流通过程中自然放大。

这带来一个衍生问题：美国政府要为增发的美元（国债）埋单，而美国政府为国债（美元）埋单的工具是未来税收。在这个位置出现了权利与义务的不对等，美国政府承担了义务，但权利却由美国商业银行独享。这种权利与义务的不对等导致美国政府债务持续上涨。理论上，美国政府未来将长期难以偿还美国国债。

美元的发行机制是一种自我约束机制，正是因为美国有自我约束机制，美国也不允许其他国家滥发货币。中国货币增发的核心机制是贸易顺差和外部投资获得的美元要兑换成人民币，这些人民币是增发出来的货币。中国政府十分看重贸易顺差，原因就在于此。

农民：这样说，华尔街在这个体系中占了大便宜？只享受权利，不承担义务。

学者：这种理解同样是错误的。一个国家完成城市化之后，会进入消费主导阶段，任何领域的消费都不可能无限增长，最终会处于零增长状态。当大部分行业处于零增长状态，就意味着效率出现停滞，效率停滞意味着钱不应该增值。此时，商业银行却需要支付给储户利息，这种情况必然发生，导致华尔街必须帮助储户承担零增长的风险，商业银行多支付给储户的利息意味着商业银行的亏损。所以，在这个体系中，美国商业银行也没有占到便宜。美国银行陷入危机肯定不是什么阴谋诡计，而是实在的危机。

农民：那是不是美国储户占到了便宜？

学者：你觉得呢？

美国储户是纳税人，纳税人被强制抵押未来税收来购买美国国债。因此，美国储户是第三个输家。从线下市场角度看，这个互相制衡的循环无疑是完美的。但正是这个完美的循环使权利和义务出现不对等（大厦地基有些歪），这种不平衡随着时间的累积必然带来整个体系出现积重难返，也就是美国政府逻辑上不能偿还债务。如果美国政府不能偿还债务，美国商业银行必然破产，如果美国商业银行破产，美国储户账户自然被清零。换言之，只有美国体系失去合法性，人民币登场才具有合法性。

农民：钱到底是个啥东西？

学者：市场（群体）给卖方（个体）打的欠条，这张欠条记录着劳动的时间。如果劳动的主体是人，那么，钱就等于命，因为生命是由有限时间组成的。

农民：钱为啥可以获得利息？

学者：因为社会效率在持续增长。40年前，运输用马车，现在运输用卡车，运输的效率至少增长几千倍。40年前，人们每天赚几元钱，现在每天人们赚几百元。如果没有利息机制，那么以前劳动的人会吃亏，而有了利息机制才使人们愿意提前付出，以命换钱，以钱生钱。但利息是建立在效率持续增长的背景之下，一旦效率停滞或效率达到极限值，银行就会出现亏损。

效率停滞的原因是各个领域需求趋近于饱和或出现负增长，在充分就业机制下，同样多的人完成同样多的工作或更少工作，必然会导致亏损。亏损的终极埋单者是银行，这对应着金融危机。效率达到极限值意味着实现智能化，像谷歌、苹果、腾讯、百度、阿里等等智能型企业，本身就是一部部提款机，根本不需要银行贷款。随着这类不需要贷款的企业比重的增加，银行会因为难以吃到利息差而陷入逻辑上的破产。

智能化带来的极限效率必然导致银行破产，而避免银行破产的唯一手段是将银行获利推到市场营收之外。换言之，在无限高的效率背景下，钱已经不是命了，而是一种爱好，因为劳动主体是智能机器人。既然储户爱好利息，那么，只要让银行的钱也可以自然获利，银行获利的幅度高于储户支付的利息，就可以消灭金融危机。也就是说，在全程可追溯的智能金融体系中，即使是从零开始，也不会缺钱。

我们在以上章节的讨论中，只有第一章“智能教育”需要大众支付1000元，随后，所有的钱都是从这1000元衍生出来的。这1000元可以让每个人获得家用机器人、智能汽车、住房、有机农产品、优质廉价的教育与医疗、蓝蓝的天空、翠绿的草地、悠闲的生活、超高薪的工作和丰厚的股权收益。

我们之所以能够轻松得到这一切，原因在于过去30年，我们通过廉价和竞底建立了强大的供给能力，我们承担了供给全球的义务，完成了城市化的主体建设。当我们放下我们不应该承担的义务，放下竞底和心中的假想敌，选择契约与合作，选择将市场搬到互联网上，选择没有寻租空间的新机制，选择大脑指挥屁股，选择线上指挥线下，智能化将自然展开。当智能化展开，所有固有的垄断、寻租结构都会自然因不经济而烟消云散。

学生：为什么我们总是先说解决方案，后说原因？

工程师：我们普遍把结果看成原因。你直接说华尔街这个饭碗腐败了，立即会跳出95%的人鄙视你。因为华尔街是我们过去、现在获利的理由，所以，如果要砸华尔街的饭碗，你要先给大家找到一个更大的饭碗，随后，大家自然放弃华尔街这个已经滋生细菌的饭碗。

学生：明白了，“未来不在现在之中”的含义是这样的呀！

迟到的奖励

亚当·斯密：我们在论证整个市场如何获得最大利益的过程中，平行持股机制会让很多人和企业失去参与的兴趣，因为在这些人看来，既然终点是平行持股，我何必做先发者？营收外补偿奖励机制同样是为早期创新参与者准备的。这种奖励会在政府、银行、传统企业要求获得营收外利润之后兑现。逻辑上政府、银行、传统企业要获得营收外利润，必然要允许智能化创新的早期参与者或企业获得营收外奖励。

因为后者同样是创新的推动者，却没有获得额外奖励，这会破坏公平原则。逻辑的神奇之处在于：权利隐藏在义务中。一旦你承担义务，逻辑要求你必然获得回报。但回报的多少并非你所能控制，这和传统市场奖励的兑现方式是类似的。传统市场中，企业可以获得多少利润是未知的；智能市场中，最初创新参与者可以获得的营收外奖励是未知的，这个奖励最终会由大众（消费者）民主决定。

教师：逻辑确实神奇！智能市场，悄然拿走“我”的控制权，赋予了“我们”。而“我们”必须对曾经做出贡献的“我”追加奖励，否则“我们”就会被新矛盾所包围。

第十章　群体开放式创新

将创新的成本清零，让梦想自由起航

智能教育可以使教师群体获得经济自由，智能金融可以使金融从业者获得经济自由，智能交通、智能工业可以使工人、工程师和体制内员工获得经济自由，智能农业可以使农民获得经济自由，智能服务业可以使市民获得经济自由，营收外利润可以使企业家升级为贵族阶层。智能化创造的增量财富可以在不触碰所有人既得利益的前提下解决固有的矛盾，使人类的工作方式发生根本性的转变。人们一生全职劳动时间将下降至当前全职劳动时间的10%以下，即一生全职劳动时间将下降至4年以内。大学教育将由个体权利变成义务，学习最后阶段和全职工作阶段重合……

当智能机器人逐渐取代我们实体领域的全职工作，我们的创新将如何展开？我们的创新方式会出现什么样的调整？带着疑问，我们继续以讨论的方式展开我们的思维。

什么是群体开放式创新?

工程师：我们在智能家用机器人章节提出一个概念，叫作群体开放式创新。我们引用了一个谷歌搜索的案例，谷歌搜索之所以越来越聪明，根本原因是谷歌通过软件和算法将内容的选择权交给了用户。每次用户使用等于进行一次投票，用户投票的结果决定内容的呈现顺序。用户数量越多，谷歌搜索会越聪明。用户需求是谷歌软件进化的原因，扮演着创新主导者的角色。

工人：打断一下，为什么是投票？谷歌并没有投票框？

工程师：投票有很多形式，有的投票是显性的，有的投票是隐性的。搜索引擎投票就是以一种隐性的形式展开的。例如，我在百度搜索框中输入baby，百度会提示：angelababy、baby整容前后照片、baby don't cry和babyface四组关键词。为什么会出现这种情况？原因是同样检索baby的其他人输入baby后，选择的新闻与以上四个关键词高度相关。群体选择（投票）决定内容呈现的形式。很多时候我们诟病百度创新能力弱，但真实的原因是百度只是呈现了我们群体的思维特征。

工人：你的意思是百度创新能力差是因为我们整体弱智？

工程师：可以这么说。我们看另一个例子。在百度搜索输入"福斯 报告"两个组合关键词，第二个新闻标题是"罗尔福斯的姓名测试报告"，按照正常逻辑，输入"福斯 报告"是希望查找全球第一大独立润滑油公司福斯对外发布的年度润滑油报告，但为什么第二个新闻标题会出现完全不相干的内容？原因可能有以下几个。

第一，是百度搜索不懂行业，不知道我们要找的内容，所以只是按照关键词给出内容。“罗尔福斯的姓名测试报告”这一标题含有我们检索的两个关键词，所以百度搜索将这一内容呈现给我们。而我们目的性不强，很高比例的人看到新鲜内容已经忘记目的，点击进入的概率很高，这就使百度认为这就是我们要找的内容。所以，我们对内容的随意性是百度变“傻”的第一个原因。

第二，润滑油行业从业者对待工作的态度、“福斯 报告”的态度与“算命的报告”“娱乐报告”并无差别。也就是说，我们的目标是福斯，半路出现一个“苍井空”，我们马上会掉头选择“露点”的苍老师。当更多人选择苍井空，最终百度软件显然会认为“苍老师”是我们需要的，而不是福斯。

第三，我们使用检索几乎都习惯于输入简单的关键词，而不是输入组合的关键词，百度软件缺乏应付复杂关键词的经验。所以，一遇到组合关键词，百度就会显得弱智，使用者平时根本没有教给百度应付复杂关键词、组合关键词的经验。

以上三个原因概括起来只有一个：使用者是智能软件创新的主体，其对智能软件的进化起着决定性作用。常规投票是固定选择，而搜索引擎的投票是先自己选择关键词（主题），随后自己选择（投票给）与关键词匹配的内容，搜索引擎的本质只是记录着动态的投票结果。使用者越多，投票次数越多，投票的结果越符合大众的意愿。我们没有逻辑，百度就脑残，西方人有逻辑，谷歌就有逻辑。我们工作不认真，百度就会呈现“苍井空”；西方人工作认真，谷歌就会更专业。

工程师：继续回到问题本身，我们会发现群体开放式创新与传统创新方式的差别在于：传统创新方式的主体是供给者，而群体开放式创新的主体是使用者。或者说群体开放式创新将内容（产品）制造者和内容（产品）使用者合二为一。这点在百度知道、百度百科、维基百科、腾讯QQ、微信、Facebook等智能化平台上表现得更加突出。人们在享受（消费）的过程中完成了创新主体部分，这种创新方式称为群体开放式创新。

开启群体开放式创新的条件

工程师：开启群体开放式创新的基本条件是：承认使用者（消费者）在创新过程中的主体地位，获得的大部分创新收益。例如，我们上面讨论的智能交通，其创新之所以会变得简单的原因在于：我们将股权授予了预订车主。这一行为意味着我们认为预订车主是创新的主体，应该获得与创新主导地位相匹配的收益。

工人：预订车主真的参与创新了吗？

工程师：当然参与创新了。预订车主让创新节省了资金成本、宣传成本、推广成本、建设渠道。预订车主让配套商可以直接精准施工，预订车主让智能电动汽车公司可以变成提款机一样的企业，所以看似预订车主的行为十分简单，却扮演着创新主体的作用。

只有承认了预订车主的主体价值，创新的阀门才会自然打开，创新的方式才能改变。按照传统创新方式最难的事情，在群体开放式创新面前会变成最简单的事情。这就是逻辑的神奇之处，权利隐藏在义务之中，只要你选择群体开放的创新方式，就必须承认群体开放式创新参与者所做的贡献。否则，这一创新方式根本无法开启。

农民：你说谷歌等互联网企业也是靠群体开放式创新方式完成的，但谷歌也没有给创新参与者（使用者）分钱呀？

工程师：免费共享意味着什么？

你创造的东西你自己用，跟我谷歌没有关系，我（谷歌）通过迂回方式获利。所以，逻辑上免费共享是承认使用者创造的价值的，只是谷歌等没有将这些信息商品定价。如果你把信息产品看成“白菜”，谷歌的逻辑是我给你免费的土地，你们自己种的菜，自己去收、去分、去吃、去糟蹋，“我”只是在“我”的地上立几个广告牌。

逻辑不允许任何一家依靠群体开放式创新的企业通过直接出售“大众创造”获利。如果谷歌搜索收费，那么，其竞争对手将很快会超越谷歌；如果微信收费，微信将很容易被陌陌取代。智能教育看似收费，但只是免费共享升级版本，变成了利润共享。免费共享的海拔高度为零，整体创造的（市场）空间依然为零，而利润共享将市场的海拔高度直接拉升至1000米（元），整体创造的在线教育市场就变成了1000米的高空。

由于这一市场是零成本的，大众可以自由决定该市场的净利润率，50%的净利润率使大众可以向未来拆借10000米高空。这就使瞬间释放出的市场空间变成了10000米的高空，让第一群鸟可以自由飞翔。第一群自由的鸟为其他鸟儿展示梦想的高度，这又是其他鸟儿摆脱地平线的原因。

梦想因创新方式的改变而变成现实。

承认群体开放创新参与者的价值

白领：如何算承认创新主体的价值呢？

工程师：把利润的分配权交给消费者，让消费者对结果负责。因为消费者是群体，而供给者相对于消费者是个体，传统经济产生矛盾的根源在于：个体对结果负责，群体对结果不负责（可以随时要无赖）。我们依然以智能交通为例。生产成本是可以计算的成本，基于这一确定性成本，我们可以准确计算出量产规模达到多少，电动汽车的成本会降至多少。

所以，预订获得股权本身就等于把利润的分配权交给消费者，消费者自然只能选择对结果负责。而消费者对结果负责，又自然清除了除生产、研发以外所有非必要成本支出，这让供给企业和消费者股东双双获得最大收益。（传统市场，制造商兢兢业业工作仍需提心吊胆；智能市场，制造商可以享受现在充盈的利润，而且不需要对亏损的结果负责，因为智能市场在逻辑上封死了亏损的路径。）

白领：继续！

工程师：这种机制同样可以引入外观设计、产品研发、新领域的拓展。例如，服装的面料、加工的成本基本是确定值，在这个确定值的基础上，如果智能教育平台的股东以众筹的方式建立服装企业，那么该服装企业服装设计、品牌创新将可以自由地引入群体开放式创新。服装设计师可以将作品展示在预售商城之中，该服装企业的工艺和面料师会快速给出该服装的报价和加工周期，服装的报价与预售服装的件数相匹配。

报价的原则是在刚性成本基础之上加价50%。如果预订达成，设计师将获得约定比例的净利润分成，分成会在预订达成之日直接由软件打入设计师账户内。也就是说，只要设计师能够拿出消费者喜欢的作品，市场的奖励会在市场认可的时候同步兑现。设计师不需要通过巴黎时装周、米兰时装周和第三方评估机构的认可，也不需要获得领导、同事的赏识就能获得展示才华的机会。

白领：设计师分得净利润的比例是多少呢？

工程师：在合理区间内，由设计师自由定价。我们假设这个空间是15%以内，设计师可以根据自己对自己作品的评价自由选择一个比例，当预订达成，系统会按照设计师设定的比例把利润分配到其账户之内。例如，某设计师约定比例为5%，预订价格为150元，预订基础件数为50万件，预售出75万件，则该设计师可以获得的单次酬劳为：75万件 ×50元 ×0.05=187.5万元。

白领：在规定时间内没有达成预订怎么办？

工程师：这意味着设计师的作品被自动降级为最少分配比例，打入流拍区。在流拍区，预订仍然可以进行，在流拍区达成预订的服装，设计师仍可以获得最少比例酬劳。为了避免被打入流拍区，设计师会认真考虑自身的设计水平，尽量给出合理报价（分成比例）。

白领：流拍区依然无法达成呢？

工程师：每隔一段时间设计作品会自动降级，流拍区也分为不同的展示页面。

白领：如果我预订，我的钱岂不是要长期被占用？

工程师：智能金融体系的最大好处在于：钱是智能划拨的，软件会在预订达成之时才从你账户内真正划走现金。但软件同时又不允许你违约，一旦契约达成，你必须遵守，如果契约始终未达到履约条件（预订数量未达成），你不会有任何损失。

白领：预订完成后，品牌的所有权归属呢？

工程师：归众筹服装公司和设计师共享（但服装设计师只享受营收外利润），品牌推向天猫商城向全球发售。

农民：那岂不是设计一件好的服装就可以吃一辈子？

工程师：你说得很对，就是要让服装设计师变得经济自由。如果设计师没有经济自由保障，还能设计出超凡的作品吗？

农民：吃饱了，不干活儿怎么办？

工程师：你想想全国有多少服装设计师？每个人一生按照自己的喜好做出一件好的作品，给你的选择都是无限丰富。

白领：这是群体开放式创新吗？怎么感觉只有设计师在创新？

工程师：众筹部分直接保障了面料和质量，也就是说在这个平台上不会生产次优产品。在达成预订之前，工艺师、制版师、面料商、预订消费者都在围绕作品进行创新，只是我们的讨论省略了这些过程，正常这些过程都是保密的，或者需要依靠人力去推动。作品在设计阶段就从后台推向前台是创新变得简单的原因。

设计师不怕作品被抄袭的原因是众筹消费者群体已经达到足够高的数量级，众筹消费者不违约的原因是这一渠道是最低成本渠道，因为他们除了承担设计费、面料费、加工费、物流费用，其他所有成本都变成了利润，这是任何商场或批发市场无法比拟的。众筹服装企业产生的利润会用于整合上下游的资源，用于购买智能机器人来替代人工。当整个服装产业链的就业人数持续下降时，消费者购买服装的成本会逐渐被清零。

这种创新方式同样适用于研发领域，众筹的智能机器人公司，可以将各种研发难点以公开展示的方式呈现在智能教育相应的频道上。相应领域的大学、专家、工程师、技术人员、研发人员可以边研究边交流，在研究过程中形成思路。工程师可以自己定价，一旦被采纳，并被证明有效，系统将把奖励兑现给碎片思路、碎片技术和原理的提供者。

群体开放式创新攻克技术难点

白领：技术有办法定价吗？

工程师：假设当前智能机器人领域有100个技术难点，众筹智能机器人公司会将这100个技术难点按照难易程度进行基础定价，众筹公司拿出10%的众筹款分配给研发。请注意初始众筹款基本是一个天文数字。因为在各个细分领域完成智能化之后，大部分人是经济自由状态，每个家庭都希望拥有一台智能机器人。假设全球1%的家庭参与众筹，智能机器人的预售价为50万，那么可以用于研发的资金量1万亿。你把1万亿分成两份，一份给予全球排名前100强的理工科大学，每个大学可以分得50亿。这些资金不仅可以支撑这些大学完成研发升级，还能支持这些大学全部建设成生产智能机器人的无人工厂，让所有相关专业的学生可以参与到研发与生产之中。

剩余50%的资金用于从大学教师、研究生、本科生、工程师、技术人员和大众手中购买研发的新思路。每个被认可的系统思路可以获得100万的奖励，5000亿资金可以购买到50万个富有建设性的思路。每个大学可以自由地从这些思路中选择他们认为合理的新的建议，并将构思付诸实施。所以，技术的定价不难，群体参与创新的难度也很低。只要众筹企业愿意将买来的技术公开，所有对这些技术感兴趣的人都可能成为创新的参与者和实践者，都可以通过参与创新获得可观的收益。

传统创新受限的原因是：一所大学或企业通过“竖井”式管理，禁锢了思维展开的路径，“同步并联”的信息通路会打开所有的思维禁忌。当思维无法被禁锢，群体开放式创新的竞赛才能展开。100个技术难点被攻克，智能机器人的能力获得跃升，销售群体的数量已经获得跃升，第二笔开放式创新奖励已经如期而至，新的100个技术难点会随之产生。随着时间的推移，创新会和爱好合二为一。

白领：流程一旦逆转，感觉资金会丰富得像潮水一样。智能家用机器人，20亿家庭1%的预订，预售价为50万，可以带来10万亿资金，这简直不敢想象。互联网的效率!

工程师：继续思考。如果群体开放式创新被开启，我们的智能家用机器人会像现在的汽车一样多。我们的工厂、运输、零售、服务将全部由智能机器人完成，我们将被自然吸引进入信息领域，我们的工作时间将被压缩在大学阶段，工作将成为一种爱好。这是我们喜欢的方式。

这就是群体开放式创新可以带给我们的未来。群体开放式创新将使白领群体获利变得简单与直接。创新变得简单的原因是众筹预订人对结果负责，专利机制不符合其利益最大化的诉求。而正是众筹预订人对结果负责，技术流通被嫁接到互联网之上，创新加速使所有参与者都可以获得最大的收益。

在群体开放式创新机制下，所有细分领域都将自然进入小循环，因为消费股东对低价的诉求是无差别的。技术的自由流通和充裕的现金可以使每座城市大部分商品、农产品实现自给自足，包括能源。风能和太阳能将取代化石能源成为人类的主导能源，以封闭生产为主导的有机农产品所需土地资源将大幅度下降，空余的土地将可以恢复成草场、森林、湖泊和池塘，野生的水产品、肉制品的供给量会增加，环境将自然被修复至友好状态。

全球化 2.0

白领：这是不是逆全球化趋势？

工程师：利益一体化使商品的大进大出被人口的大进大出所取代，人是自由的，又没有生活负担，自然会选择大幅度流动，去感受自然、品尝美食、享受生活。智能大学城可以成为游学者的驿站，所以，全球化 2.0 阶段是物流大幅度下降，人流大幅度增加，智能大学城可以成为一个开放的窗口，无须办理签证和各种烦琐的手续。

白领：人口的自由流通是否会带来犯罪和疾病的蔓延？

工程师：犯罪的根本原因是贫穷和不平等，进入智能大学城的游学者可以通过边学习边工作获得可观的收入，这样，犯罪的动机也就被消除。另外，黄赌毒会因为收益率更低而退出市场，传染病的主体流通渠道会自然消失。同理，如果没有巨大的生活压力和乏味，一夜情和性滥交也将逐渐失去市场。而对于那些愿意为结果负责的性开放者，社会并不需要强行对其实施管制。

异想天开，不是梦想！

工程师：梦想更多是个体难以实现，但对群体来说却十分容易实现的想法。在传统市场之中，我们把这些想法叫作异想天开，或者做白日梦。但如果创新被嫁接到互联网上，很多异想天开的想法将很容变成现实。例如，智能教育开通一个“异想天开”频道，这一频道的规则是：每个想法提出即被视为立项，其他有类似想法的人会提出实现的路径和估算成本支出，大众可以根据自己的爱好或收益去提供规定的资金，项目会随着资金的增加而自然向前推动。

假设某小学生提出希望用航空陶瓷建筑房屋，使房屋可以屹立千年，不受地震和自然灾害的影响。显然，按照传统思维，这属于异想天开。但在“异想天开”频道，有人就会将这一想法进行分解，具体步骤为：

（1）通过打造限量版的艺术品并预售，使航空陶瓷获得大量订单从而步入量产轨道。

（2）通过技术改进使航空陶瓷的颜色多样化，变得晶莹剔透，开发出航空陶瓷的组合餐具，以高溢价预订，供给富有阶层，使航空陶瓷的产量获得大幅度提升。

（3）打造大批量生产的智能化工厂，为智能手表、智能手机、笔记本电脑、智能电视、智能家电换装。

（4）推出多彩的航空陶瓷汽车。

（5）建造多彩的航空陶瓷房屋。

航空陶瓷的价格会随着量产的不断提升而下降，完美程度会随着技术的不断注入而提升。在这一过程中，廉价的航空材料将加速民用航天事业的飞速发展。当航空陶瓷成为我们的建筑材料，所有的产品质量都会发生质的飞跃，航空陶瓷和其他材料将取代钢铁、铝合金、钛合金成为工业的新骨骼。这也可以为原子能领域开发提供全新的廉价材料。

农民：用那么好的东西盖房子是不是太败家了？

工程师：钢铁在 200 年前还是昂贵的，瓦特因为搞蒸汽机曾经让两个资本家接近破产。现在呢？钢铁比白菜都便宜。你不把所谓好东西当回事，才能拥有好东西。如果航空陶瓷能够达到亿吨级别的产量，那么，你想去火星溜达一圈的愿望还是梦想吗？

农民：航空陶瓷有什么好？

工程师：比铝轻，比钢强，比碳化硅还耐高温。替代金属材料可解决目前航空航天器燃料 20%~30% 浪费的问题，使航天器满足高速度、高精度、高搭载和长寿命发展的需求。这种材料应用于民用在现在大部分人看来是杀鸡用牛刀，但你换一个角度看。如果现在的商品选用航空陶瓷，有什么不好呢？你为什么要反复折腾、反复建设呢？一辆汽车主体结构可以使用几百年难道会比10年报废更浪费吗？你现在不担心“茅飞渡江洒江郊”恰恰是因为英国人、美国人的“浪费”。

我们继续来异想天开，假设某小学生希望到火星去生活。这个想法在“异想天开”频道被提出，其他人同样会将该项目分解。

（1）制造高度封闭、可拆分组装且能够自由出入的玻璃生活空间，在这个实验室内可以实现碳循环。这个循环中的氧气主要依靠农作物和植物供给，农作物所需的二氧化碳由干冰补给。

（2）智能机器、智能机器人、风电、太阳能、无限充电等技术已经获得实质性突破。

（3）航空材料足够廉价，大批量生产的宇宙飞船反复穿梭于火星和地球之间，证明航行足够安全。

（4）大批量的飞船将生活空间实验站、智能机器人、智能机器设备、风能、太阳能设备、工厂批量运送至火星。

（5）由智能机器人实施建设自给的能源体系、信息配套体系和智能工厂，并组织勘探与开采，在火星上打造出智能机器人主导供给产业链，使火星上能够出产智能机器人、航天设备、玻璃生活空间等等。与此同步，密闭组装的实验空间已经开始制造循环环境。在这个循环环境中，如果植物和动物能够正常生存与生长，那么，火星上的智能工厂将可以不断制造新的密闭空间。

（6）将密闭空间打通，使密闭空间的范围不断扩大。当密闭空间的范围达到几平方公里时，人类在火星上生活、旅游、度假的梦想将变成现实。这个基地会随着度假者和生活者的光顾而获得持续收入，使其面积不断加大。火星智能工厂将遇到全新问题，这些问题的解决将使人类科技更进一步。

在资金充足的情况下，以上构想并非难事。对群体而言制造一艘航天飞机的难度和制造一批航天飞机的难度是没有本质差别的，批量生产会让制造成本大幅度下降，会让技术获得突飞猛进。而火星探险和英国、荷兰人的地理大冒险是没有本质差别的，没有股权机制就不会有地理大冒险，没有第一个定居点就不会有现在的美国。在未来，火星很可能成为人类的第二故乡，火星出生的人类会和地球出生的人类有多大差别？这可能是一件有趣的事情。

农民：生活在玻璃罩子里面是不是感到很压抑？

工程师：高度会因需求而改变。如果像现在农村的温室大棚，无疑是痛苦，但如果是 20 米甚至 50 米高的玻璃大棚呢？你还会感觉压抑吗？ 10 平方米的空间你会感觉压抑，而如果是 10 平方公里的空间呢？只要有人愿意为创新埋单，创新就会持续发生。对 70 亿人类而言，每人每年投入 0.1 平方米建设费用，10 年就可以建造出 7 亿平方米的建筑面积。所以，以传统方式创新，美国人的高科技只能停留在独木舟阶段，而以群体开放式创新，20 年后，普通人去火星度假将不再是梦想。

“享受”成为环保的动力

企业主：火星相对遥远，在我看来，如果引入群体开放式创新，很多问题将变得可以协商。比如我喜欢狩猎。我可以发布一个创意，将某段野山以铁丝网围起来，把狍子、梅花鹿、山鸡、兔子等动物放养到山上，参与者以现金换狩猎权，这反而会给野生动物带来一条生机。

环保主义者：不错的提议。我们还可以将道路无限充电的高速修建到沙漠之中，智能汽车可以每天往返运送淡水到沙漠中，沙漠变成绿洲，风吹草低见牛羊，这里同样可以出售狩猎权。狩猎权会让淡水源源不断地被送至沙漠，绿洲的边界将不断扩大，人类的伙伴，马和猎犬将因需求而获得自由的生存空间，狼群将可以恢复。

城市居民：我们还可以恢复曾经的洼地、池塘，将洼地、池塘变成人工的湖泊，通过出租的智能电动游艇和颁发私人游艇许可证来维持新生态系统的健康。人工湖泊与天然河流贯通，在雨季大量存储淡水，反哺地下水，将可以使华北等地下水枯竭的地区淡水资源逐渐获得补给，使我们的自来水逐渐可以直接饮用。

农民：人工湖泊与水库有什么差别？

环保主义者：水库是将上游水资源拦截，破坏了生态的平衡。人工湖泊利用的是传统洼地，并不限制水流和水中生物的自然循环。水库是希望以最少的面积来承载更多的水，而人工湖泊则是用更大的面积来承载淡水。过去我们认为山地是低产的，所以将水库建在山区以使下游的洼地变成良田。但在智能农业模式下，无土栽培和封闭环境使智能农业并不受土壤条件的限制。因此，传统洼地恢复沼泽、湖泊状态是恢复水资源均衡的基础。

另外，我们需要注意的是，一旦中国“十里八村”的雀斑结构（见谷歌卫星拍摄地图）被百公里一座的智能城市所取代，人们填平池塘和过度捕捞的诉求也就自然消失了。固有乡村节省出的土地资源将可以支撑每座智能城市拥有大量贯通的小型湖泊和天然草场。只要这些湖泊保持几年的禁捕时间，亚洲鲤鱼在美国的泛滥情况就可能在智能城市周边的湖泊中出现。

农民：为什么亚洲鲤鱼在美国会泛滥？

环保主义者：20 世纪 70 年代，美国政府为了清洁水体，从东南亚进口了包括大头鱼、鲢鱼、草鱼在内的 8 种亚洲鱼类，投放到南部部分养殖湖区。10 年后，湖区遇上洪水，这些亚洲鲤鱼就趁乱逃到野外并开始大量繁殖。

亚洲鲤鱼什么都吃，每天能摄入相当于自身体重 40% 的水草和浮游生物。它们有些可以长到 1.2 米长，体重可达 45.4 公斤。这些入侵的亚洲鲤鱼跟原有鱼类争夺食物和空间，对美国境内的生态系统形成了威胁。

早前一项研究结果显示，美国境内亚洲鲤鱼的泛滥成灾，最具代表性的就是俄亥俄州的桑达斯基河以及伊利湖的一条支流。有的数据更耸人听闻：在美国的一些河流中，亚洲鲤鱼的数量已占鱼类总数的 90%。

市民：如果在中国，有多少吃多少，美国人真是没有口福，这么好的东西，糟蹋啦！对了，亚洲鲤鱼没有天敌吗？

环保主义者：中国人口始终处于饱和状态，历史上饥荒常有发生。饥荒年代，人们会尝试吃各种东西，动植物一旦被列入菜谱，就会成为永久的所谓美食，在2000多年的饥饿环境中，几乎所有的物种都被列入了我们的菜谱。在这种选择机制下，只有那些杂食、生长快、疾病少、没有天敌（天敌都被饿死了、被中国人吃光了）的鱼类才能存活，亚洲鲤鱼就属于这种情况。鲤鱼唯一的敌人是人类。

另一个转化率高的猪也属于在这一选择机制下胜出的物种。也就是说，只要我们稍稍给东方环境一些时间，我们菜谱上的野生动植物会快速恢复。否则，我们拿着工业社会的效率，抱着饥荒遗留下来的心态去大吃四方，最终留给我们的将是化学制品，因为化学制品比玉米、土豆、猪肉、亚洲鲤鱼的生产效率更高。如果你选择贪婪，最终，会变成你直接吃化学制品，所有自然产生的食物都会变得稀缺。这也是西方对中国感到恐怖的原因。

需要我们反思的是冬虫夏草、鱼翅、燕窝、鲍鱼、海参、大闸蟹等等，真的有那么好吃吗？你动辄以工业社会的效率去大量捕杀、采集、养殖这些生物，对固有生态的破坏需要多长时间修复？除了吃，我们还能干点其他有益于其他人的事情吗？另外，为了绿油油的美钞，我们的工厂疯狂向淡水排放污染物真的值得吗？还有，你弄块“破木头疙瘩”说留作传家之宝，是糊弄其他人，还是糊弄你自己，还是糊弄你孩子？为了这些破木头很多农民冒着生命危险，攀爬绝壁砍伐“崖柏”，制作所谓的传世之宝和崖柏茶。

市民：（缄默）

工程师：话题沉重了。实际这个问题会因群体开放式创新的出现而自然解决，劳动力价格大幅度上涨，自然也就没有人去玩命了。另外，农民被迁入城市，过度捕捞的作案工具自然被遗弃。当智能游艇只能用来去玩，而不能去捕鱼，淡水鱼自然可以恢复。

群创未来，超越预期

工程师：中国的传统创新方式是金字塔形的，政府发布规划，信息由塔顶传递至塔身，由塔身推动塔基实施。这种创新方式大脑与身体是分离的，只适合模仿，一旦模仿创新完成，推动就开始失效，整个体系会出现严重的失效。西方创新方式与中国的差别在于创新由无数小的金字塔组成，每个金字塔组织之间相互博弈，会有效提升创新速度，但仍不能从根本上解决高能耗、高污染问题。美国以 3 亿人口消费全球石油的 20%~25% 就是最好的明证。

如果全球达到美国的能源消耗水平，即使把全部的煤炭转化成石油，也难以满足消费的缺口。所以，我们希望模仿的“楷模”实际上是一种破产模式，之所以它仍未破产是因为我们把它当作目的（中国现在的目的：是未来达到美国的现在），努力维持着它的合法性。

群体开放式创新开创的是一种平行的创新方式，每个个体都可以成为发布创新指令的指挥者，其他人选择的原因是创新计划对其自身是有利的。创新源头变成无数个，信息的沟通被嫁接到光速之上，会带来所有领域超预期的结果。这种超预期的结果最终反馈给社会的是：最普通人享受的社会福利、医疗水平、交通工具、住房质量、生活质量和经济自由度超越旧社会形态下最富裕阶层所能够享受的福利。

《金融时报》的专栏作家约翰·凯发表了一篇题为《史上第二富豪比不上我？》的文章，批评《福布斯》杂志混淆概念，将通胀无限放大，将工业社会带给我们的福利无限缩小。

文章指出："尽管能够享受当时欧洲最好的医疗条件，罗斯柴尔德仍死于脓肿引发的败血症。他从没坐过汽车、火车、飞机，也没到过泰姬陵，没听过录制音乐，没看过电影，没打过电话，也没用过电灯。滑铁卢战役分出胜负几小时后，他才有可能得知结果（尽管有传闻称他利用内幕消息发了大财）。他在58岁那年病逝。若换到今天，那种病只消花上几便士买点抗生素便能治愈。罗斯柴尔德真的是历史上第二富有的人吗？那时的他，比现在的我富裕吗？没错，他雇得起一整支马车队，用金盘子吃饭；但跟继续活下来相比，我宁愿不要这两者——我猜罗斯柴尔德也会这么想。"

在工业社会普通家庭享受的综合福利都会远远超过农业社会的最富裕阶层与贵族，这是一个不争的事实。未来，普通人可以像约翰·凯一样说："某某人是世界首富吗？那时的他比我经济自由度更高吗（他为他的公司殚精竭虑，如履薄冰）？比我享受的医疗条件更好吗？他家里有机器人厨师、保姆、医生吗？他能够到火星上去度假吗？”这说明社会真正进入了一种全新的社会形态，这种社会形态可以叫智能社会，可以叫共产主义，也可以叫民主自由社会，还可以叫资本主义……之所以这种社会可以叫任何名称，原因是，人们根本不需要为名称而争论。人们不去争论的原因是：人们在享受的过程中，完成了创新、管理和学习，人们的梦想可以自由地实现。工作和享受重合，美德与利己重合。利益会修正认知，使人类达成共识！

第十一章　奇点效率与智能社会

我们离经济自由有多远?

数学上，Y=1/x(x=0)，Y值可以为Y轴上任意一点，也就是说Y值可以是0至无穷大。那么，什么是市场领域的“奇点”呢?笔者认为：智能机器人可以替代人类的所有劳动，能源以无限供给的泛太阳能为主体，此时，市场会出现奇点。在这一点（线）上，效率可以趋于无穷高，也可以趋于无穷低。趋于无穷高的原因是成本被清零，供给能力趋于无限，人类需要多少，就可以生产多少；趋于无穷低的原因是劳动者收入来源消失，收入枯竭，没有需求，尽管供给能力趋于无穷高，但实际供给却可能趋于零。至于最终市场会变成最大直径（Y值）奇点，还是最小直径（Y值）奇点，选择权在大众手中。

狄更斯的《双城记》第一句是：“这是最好的时代，这是最坏的时代，这是智慧的时代，这是愚蠢的时代；这是信仰的时期，这是怀疑的时期；这是光明的季节，这是黑暗的季节；这是希望之春，这是失望之冬；人们面前有着各样事物，人们面前一无所有；

人们正在直登天堂；人们正在直下地狱。”狄更斯更多倾向于一种夸张的类比，但奇点效率的临近却真的将人类推向选择的边缘，要么是最好的时代，要么是最坏的时代，没有中庸，也不需要辩证法。

由于美国人更接近技术和效率的制高点，美国人更早从科学技术层面研究与思考“奇点临近”人类将面临的问题。伟大的未来学家雷伊·库兹韦尔认为，人工智能领域存在一个“奇点”。跨越这个临界点，人工智能将超越人类智慧，人类将与机器融为一体，实现“永生”。2009 年，谷歌和美国国家航空航天局宣布将联合建立奇点大学时，这一消息便瞬间被 200 多家网站转载。随后，谷歌、美国国家航空航天局“科技毁灭人类”等重量级的字眼频繁出现在网络中，一时间成了舆论津津乐道的话题。

库兹韦尔提出“加速循环规则”，大意是，技术的力量正以指数级的速度向外扩张。人类正处于加速变化的浪尖上，这超过了我们历史上的任何时刻。他说，更多更加超乎我们想象的极端事物将会出现。这意味着什么？到那个时候，一个刚出生的小孩的智慧相当于我们现在的大学毕业生。库兹韦尔相信：贫困、疾病和我们所依赖的能源之类的话题都将成为过去时。

库兹韦尔依据严谨的推理，得出以下大胆的预测。

1. 2045 年，生物人将不存在

2014 年 4 月中旬，库兹韦尔参加了在美国加利福尼亚新港海滩度假胜地举行的世界创新论坛。他说：“现今，信息技术正在加倍地产生力量，以每年两倍的速度在提升，10 年内就累积成 1000

倍的力量。科学家们很明显都忽视了这一基本的趋势。”

人类基因组计划是库兹韦尔钟爱的用来解释指数级增长的案例（Human Genome Project，旨在阐明人类基因组30亿个碱基对的序列，发现所有人类基因并搞清其在染色体上的位置，破译人类全部遗传信息）。“它被定为15年的计划，”他说，“7年之后仅有1%的基因被破译出来，批评者说要完成这项工程怎么可能。但如果你每年能完成双倍的突破，从1%开始，7年之后，你就达到了100%，这正好符合计划的日程。”

他相信人类在技术突破方面也接近完成了1%的程度。他预测，到2027年，电脑将在意识上超过人脑；2045年左右，我们就能达到一个奇妙的境地，技术发展足够迅速，“严格定义上的生物学上”的人类将不被理解，将不存在。

如果是一个普通的科学家做这样的预言，我们可以置之不理，但对于库兹韦尔的预言，全世界都会竖起耳朵，因为正是这位大师在20世纪80年代就预言：1998年电脑将战胜世界象棋冠军。这一预言在1997年被证实：1997年5月，由IBM公司设计的深蓝（Deep Blue）计算机与国际象棋世界冠军——俄罗斯的卡斯帕罗夫（Garry Kasparov）进行的一场比赛中，深蓝以二胜三平一负的成绩，战胜了当时称霸世界棋坛的卡斯帕罗夫。

最近，他发起了一只对冲基金FatKat，该基金就是基于他的关于未来金融发展趋势的预测和判断而设立的，其目标就是要用人工智能建立交易模型，从而战胜市场。

电脑超越人脑是库兹韦尔在摩尔定律的基础上推演出来的，

称为“库兹韦尔曲线”。正是根据这一曲线的推断原理，库兹韦尔在20多年前就预言到人工智能计算机将在1998年战胜人类的国际象棋冠军。这一次，他预言，到2027年，用1000美元的价格可以买到超越一个人脑力的电脑；到2050年，1000美元的价格就可以买到超过全部人类大脑智能的计算机。换言之，40年后只要花一台电冰箱的价格购买的计算机的计算能力将超过人类智能的总和。一方面是计算机运算能力的加速提高，另一方面是制造成本的急速下降。

关于“电脑超越人脑”也仅仅是库兹韦尔的诸多预言之一。他的很多预言乍一听都像天方夜谭，但他的每一个预言后面都是严密的逻辑推理和大量的科学数据，这也就是为什么很多人对他将信将疑，但是也无法否定他的推断和预言。

2. 长生不老不是梦

库兹韦尔在2004年出了一本书:《神奇旅程》(*Fantastic Voyage: Live Long Enough to Live Forever*)。他大胆预言：人可以长生不老。他不但是这样说的，也在这样做。他计划每天服用230粒各种各样的“维生素药丸”，这些“药丸”都特别大，基本上都是他自己选的。他的计划就是身体“再构”(reprogram)，终止老化，大量地服用“药丸”，身体已经半化学化了。直到目前为止，他的长生不老计划还是有效的。他在实施他的长生不老计划的时候并不是出于宗教的原因，而是出于完全的理性计算。

不管库兹韦尔的预言是否会实现，今天科技发展的速度已经远远超出了我们常人所能预见到的。也许，我更愿意相信这是真的。

3. 纳米机器人代替人类心脏

库兹韦尔说："我原来的身体就像'人体 1.0 版'，我对它很不满意，它是大自然发明的血肉组合。在显微镜下，我看到自己的白细胞包围一个病原体，然后摧毁它。然而这一过程太缓慢了，白细胞杀死一个病菌的过程需要一小时。我相信在未来，纳米机器人可以移植进我们的身体，它们可以在几秒钟内完成同样的工作。"

库兹韦尔预言，阻止人类长生不老的另一个障碍就是心脏。人类现在的心脏太容易衰老和崩溃了，库兹韦尔预言，纳米机器人可以替代人类的消化和循环系统，未来人类可以抛弃心脏，用纳米机器人来从事在我们体内传输氧气和二氧化碳的工作。

4. 50 年内克服死亡问题

库兹韦尔还预言：人类未来可以从互联网上通过下载新的程序来使自己的身体"升级"，使人体更舒适、更强壮和更健康。就如同电影《黑客帝国》中，一个完全不会驾驶直升机的人可以通过往自己身体中下载一个学习程序，在几秒钟之内就能成为一名飞行员一样。

库兹韦尔预言人类将会在 50 年内克服死亡问题，到时的医学科技可以让死者"复活"。库兹韦尔宣称，他自己死后，将会把自己的尸体冷冻在美国亚利桑那州著名的“阿尔科人体冷冻公司”中保存，等待某一天人类科技发展到一定水平时，再重新“复活”。库兹韦尔说：“我相信人类科技可以在50年内让人复活。我的乐观预测是40年，但不会超过50年。”

库兹韦尔预言的未来会实现吗？

答案无疑是肯定的。

但库兹韦尔预言中的人类会包含“你”吗？

答案是不一定的。

原因是：智能机器主导的工业4.0体系，各个国家都没有将“你”列入合作伙伴的行列，因为廉价劳动力不再被需要了。阳光、空气、水和智能机器已经能够满足未来人类需求。按照传统市场发展方式，“库兹韦尔”们掌握着未来人类的解释权和处置权，这才是问题的关键。我们十分确信库兹韦尔、奇点大学和美国人的善意与伟大，但我们无法确定“库兹韦尔”们会将人类带入什么样的未来。

因为，世界上最民主的美国也是人类最大的监狱，美国关押犯人的总数超过200万，犯人占人口总数的比例为全球最高：美国人口占全球总数的5%，但美国关押的犯人占全球关押犯人人数的25%，超过被美国常常讥讽为“极权”“专制”的中国与俄罗斯。自1980年至现在，美国犯人的数量增加了5倍，美国犯人的数量比工程师、教师群体数量都要高。

值得注意的是，美国犯人激增与信息革命具有同步效应。效率的提升使大量失业发生，当这些失业无法获得收入来源，其必然形成危害社会治安的力量，这是美国监狱犯人数量激增5倍的内在驱动力。如果在达到奇点效率之前，人类依然没有理顺货币循环，伴随着失业潮，美国犯人的数量如果继续激增5倍，那么，美国会是什么样的？

值得我们注意的另外的事件是：第一，如果奇点效率达成，即使美国犯人数量激增5倍、25倍，甚至是125倍，美国都有能力让犯人过上相对“优质”的生活，但这种“优质”生活真的是人类所需要的吗？第二，230多年前美国建国时期的人口约为250万，大致与美国当前关押犯人数量相当。

奇点效率匹配奇点机制，奇点机制将可以包容所有的理论和主义，因为奇点机制能够将权利与义务合二为一，让每个人参与到创新之中，创新权将不再被独享。同样，奇点机制也是至简且透明的机制：预订（投资）→确定性赢利的数量达成→上市→外包实施。

在这一透明机制下，义务会被隐藏在权利之中，货币的增值会出现奇点效率，即直线上升，而不是线性增长，人将变成货币的主人，而非奴隶。

如果我们能够将思维打开，中国人是典型的并联循环思维，与群体开放式创新完美契合，“东风西渐”，依托群体开放式创新支撑的智能化将可以在一夜之间解放全球。因为每个奇点都是并联的，任何一点达到奇点，必然会引发连锁反应，而嫁接在互联网之上的连锁反应理论上仅需0秒，实际仅需一天时间。

智能社会——享受和货币垂直增长

当市场被嫁接到互联网之上，当群体开放式创新替代传统创新方式，1000 元 ×14 亿人 =1.4 万亿。

1.4 万亿交给汽车供货商，汽车产业链从业者在获得经济自由的同时，将可以使市场获得价值 1.4M 万亿的汽车，1.4 万亿仍在该市场智能金融体系之内。

1.4 万亿交给服装供货商，服装产业链从业者在获得经济自由的同时，将可以使市场获得价值 1.4N 万亿的服装，1.4 万亿仍在该市场智能金融体系之内。

1.4 万亿交给农产品供货商，农民获得经济自由的同时，将可以使市场获得价值 1.4P 万亿的农产品，1.4 万亿仍在该市场智能金融体系之内。

1.4 万亿交给电器供货商，家电产业链从业者在获得经济自由的同时，将可以使市场获得价值 1.4Q 万亿的电器，1.4 万亿仍在该市场智能金融体系之内。

1.4 万亿交给智能机器人制造商，智能机器人产业链从业者获得经济自由的同时，将可以使市场获得价值 1.4R 万亿的智能机器人，1.4 万亿仍在该市场智能金融体系之内。

1.4 万亿交给建筑商，建筑全产业链从业者获得经济自由的同时，将可以使市场获得价值 1.4S 万亿的建筑，1.4 万亿仍在该市场智能金融体系之内。

……

人所需要的是商品与服务，货币只是一个契约记录（欠条），1.4 万亿每通过互联网流转一次，都会带来（X–1）×1.4 万亿的利润，货币流转的次数由人们的需要决定。所以，货币的发行权会自然由华尔街手中流转至大众手中，当大众掌握了货币的发行权，所有腐败、犯罪需求会因不经济而自然消失。

智能社会——达成的三个阶段

1. 0~1000 人参与，义务阶段

最初的 1000 人因为不能预判其他人的跟进时间，其心理上更多从承担社会义务的角度去参与创新，因此，该阶段可以视为义务阶段。这一群体拿出休闲时间和闲置资金共同筹建群体开放式创新平台（最简单的形式是一个众筹页面+论坛），推广群体开放式创新理念，推动后来者加入。1000 人的碎片时间将形成 1000 个信息发布源，其交叉影响力很容易推动创新进入第二阶段。

2. 100 万人参与，权利与义务模糊阶段

从 1000 人增长至 100 万人的过程中，大量的碎片知识、技术将自然汇聚形成供给清单，这一供给清单可以满足大部分人对知识和技术的一站式需求。供给清单的形成已经足以让清晰的利益呈现，越接近 100 万人的临界点，权利越清晰，义务越模糊。其交叉影响力将可以使群体开放式创新的理念短时间内渗透至所有领域。

3. 100 万人以上，权利阶段，奇点出现

当达到 100 万人以上，权利已经全面呈现，而义务却悄然消失。清晰的利益会促使政府参与，政府参与带来的结果是新市场机制与契约快速形成。此时，创新的奇点效率会随之出现，即每个人可以轻松获得数百倍的投资收益率，每个人可以享受趸发工资的待遇。也可以说在政府参与的瞬间，社会效率会骤然提升 10 倍以上，对应的社会财富会随之增加数百亿。随后，人民币的价值会快速升级，最终将超过美元。

我们不可能一步到位地替换所有劳动者，但新机制确立那一刻，所有劳动者几乎都可以获得一个明确的“退休”清单，每个劳动者都获得了经济自由。因此，智能社会会随着新机制的确立而自然实现。如果我们将经济自由视为奇点效率的开始，那么，100 万人在互联网上达成契约的那一刻，奇点效率便得以实现。

我们离经济自由有多远?

答案是 1000 人愿意为经济自由付出 1000 元的义务和碎片时间，那么，经济自由的权利将成为中国人的基本权利，智力平等将取代资本平等。

第二部分

智能社会将给中国企业带来什么？

第十二章　对话华为、小米和联想

供货写入开放式预订契约，抢占未来市场

所有环境都是循环体系，循环体系用数学表达为：$A=V^2B$。A、B是循环体系的一体两面，V^2是A、B之间转化的效率。东方哲学表达为：道生一，一生二，二生三，三生万物。对宇宙而言，所有存在都可以统一为物质，我们视之为一；物质分为质量和能量，我们视之为二；质量与能量相互转化我们视之为三；质量与能量的相互转化过程形成的现象，即我们观测的结果，我们视之为万物。那么，决定物质运动与变化的规律的总和，我们可以视之为道。

我们依据现象（万物）反推转化效率和条件（三、二、一）形成的定律、定理和各种科学，都遵从质能方程，因为物质是不灭的。而光速是一个极限值，光速的平方是转化效率的极限值，所有转化效率都会低于光速的平方。也就是所有环境$A=V^2B$都在质能方程之内，所有环境的逻辑都源自质能方程，这同样包括人

类社会本身。

东方效率长期停滞（$V^2=1$），使东方人在思维中“偷走”了环境的转化系数，其逻辑A=B。在东方人看来A、B之间是斗争关系，而非合作关系。西方信仰上帝，其思维呈现线性，也就是说A=X，B=X，X由上帝控制。

举例来说。马克思、亚当·斯密谈经济都只谈一个变量。马克思只谈资本之恶，实际上资本和储蓄是相互转化关系（储蓄=V^2资本），消灭资本同样会消灭储蓄。亚当·斯密只谈竞争之利，实际竞争与垄断之间也是一组相互依存的变量，竞争的终点必然会走向垄断，因为市场自然形成的垄断才会使房租、人力、渠道、营销成本降至最低，内部沟通成本降至最低。美国石油、汽车、钢铁、电力、零售、航空等所有领域都自然走向了垄断，而互联网更是具有天然垄断的特点。

因此，对市场而言，起点是竞争，终点是垄断，但此类问题是线性思维的西方人所难以搞懂的（在第三部分我们会展开谈论）。东方人的逻辑中缺少的是V^2，也就是说缺少对指数增长的认知。这和过去2000年的客观环境是分不开的，如果环境不改变，这种认知是不可能改变的。而最近30年，我们的市场环境已经发生深刻改变。我们将钢铁、水泥、汽车、煤炭、石油、化工产品、建材、玻璃、家电、五金、服装等任何一个行业以30年为单位绘制出过去2000年的变化曲线，都会发现这种变化。

在1980年以前，效率都是沿着X轴水平运动的，几乎没有变化；而最近30年，所有行业的效率都出现了一个质的变化，那就是由水平增长（$V^2=1$）转变为垂直增长（V^2 趋近于无穷大），直冲云霄。主观认知延后于客观变化，是所有矛盾的根源。

在第一部分，我们主要站在消费者的角度去思考与讨论智能化和智能社会。智能社会的核心是契约，契约的核心构筑在互联网平台之上，或者说构筑在光速平方（C^2）之上。C^2 有两层含义：第一，所有交易和契约是可追溯的，在客观上消灭了违约的空间；第二，交易同步零秒完成，使货币流通的速度达到光速。理论上，1.4 万亿可以支撑完成无限多次采购和交易，因为卖方又是新买方。而西方人创造的股权机制能使每次交易都让货币放大 10~20 倍，这对消费者而言无疑是美妙的。

但单边探讨问题往往使依然抱有 A=B 思维的读者陷入思维上的纠结，因为奉行零和博弈思维的读者会将企业设定为假想敌，一旦设定了假想敌，思维就不允许线性增长或者说指数增长。笔者与朋友沟通得到的反馈是，如果腾讯去做这件事情，基本上不会有任何争议，但只由消费者推动，未来仍有违约的概率。

这种反馈说明读者仍将企业视为假想敌，为了解决读者思维上的困惑，我们在这一部分通过假想对话企业的方式继续将契约的另外半轴展开，使消费者和企业（供给人，大众的另一面）共同认知到：契约能给消费者带来数百万亿的增量财富，这些财富会转化为企业先付款的订单。有了这些先付款的订单，中国企业将自然升级为“中国创造”。每一家中国企业都可以通过早期介入，将企业要求（订单）写入契约之中。这样，消费者在预订的过程中，自然会与企业达成一个契约。这个契约可以保证消费者获得数百万亿的预期利益，也可以保证企业获得全球性的领先地位，使企业摆脱“竞底”困局。更简单地说：消费者=供给人，两者是我们属性的一体两面。

工程师：你好，华为！我们第一部分的讨论你参与了吗？

华为：我在仔细聆听，但感觉和我们没有关系。作为消费者的“我”愿意推动，但作为企业，我们又感觉会失去市场的主导权，所以很纠结，也不好意思和管理层去沟通。

工程师：华为的发展目标是什么？华为发展需要什么？

华为：成为世界500强中的创新企业，中国人的骄傲！华为发展需要市场和资金，我们正在积极拓展全球市场，并且尝试获得美国资本市场的认可。

工程师：华为面临的挑战是什么？

华为：固有市场相对饱和，新市场面临竞争对手的挑战，部分团队成员因为已经获得相对经济自由而失去了斗志……

工程师：如果华为成为智能电视、全息手机领域的全球领导者（苹果公司），那么，华为是否会百尺竿头更进一步？

华为：这些领域都有强劲的竞争对手，获得全球领先怎么可能？

工程师：真的很难吗？你换一个思维。如果华为选择早期介入智能教育项目，将华为支出智能教育的条件写入预订条款，那么，智能教育达成，参与预订的消费者需要履行的承诺是将智能电视和全息设备研发与生产的订单交给华为。以全息投影为例：只要每年每个预订投资人拿出100元，总的订单就是1400亿，智能电视以自由预订的方式也可以自然开启一个数千亿规模的市场。

这等于再造若干个新华为。

华为：消费者会同意吗？

工程师：智能教育契约达成消费者投入1.4万亿，获得14万亿股权，利益的大头被消费者拿走，而华为只是要获得给消费者的服务权（订单）。在预订过程中，消费者眼睛都不会眨一下就会同意，同意的方式是预订。预订达成，所有协议就变成了软件的一部分，钱自动划拨至华为账户，根本就不存在违约的机会。也可以说，基于互联网可追溯的透明契约是任何个体都不能更改的。

契约达成，华为还能获得另几项好处。第一，先款后货。华为就不需要担心钱的问题了，根本无须去美国市场融资，成本会始终控制在最低水平。第二，充足的资金和中国形成的巨大市场可以让华为从容整合国外相关高新技术企业。如果国外企业选择合作，华为就可以收购、交叉换股等方式引入这些企业共同参与研发与创新，共享利润。如果这些企业拒绝合作，华为可以自主研发，率先大规模应用同样保证华为在这些领域获得领导地位。规则会因智能化而改变，华为自然会成为新兴增量市场的“苹果”。第三，华为智能手机会因全息投影硬件的研发而获得实质性突破。当华为智能手机可以呈现全息影像，它会自然因技术突破而取代苹果在智能手机领域的地位。第四，华为商品在全球的销售通路将自然打开，因为智能教育服务的是全球消费者。第五，华为因推动创新，为消费者带来利益而获得消费者的青睐，其品牌忠诚度会获得跃升。第六，智能市场的开启将使中国人经济自由度获得跃升，等于中国市场产生 14 亿有购买力的消费者，这又会促进华为全线产品的销售。

华为要做什么？

华为：那华为需要为推动创新做什么呢？

工程师：很简单。一个内部通告，告知 15 万华为员工可以参与预订智能教育和智能教育将给他们带来的利益，引导华为 15 万员工以消费者的身份预订智能教育。随后，华为将它要获得的利益写入预订须知。

华为：就这么简单？

工程师：就这么简单。因为这 15 万员工预订会给后期预订一个支点，所有来到这个预订平台的消费者，看到已经有了华为的 15 万人，自然就获得了线性思维的支点。

华为：如何保证腾讯、百度、阿里不会入侵这一领域呢？如果互联网公司和其他企业共同建设一个智能教育平台，我们的努力是不是白费了？

工程师：任何一家互联网公司要进入智能教育领域都希望获得一定股权，企业存在的目的是赢利。而智能教育预订平台——微天使（www.vitianshi.com）的创建者把组织者的股权设定为 0，这会使参与预订者获得股权价值最大化、收益最高。同样投入 1000 元，同样产生 20 倍放大效应，如果消费者选择微天使平台，其收益为 100%。

而如果消费者选择腾讯、百度或阿里，其收益是（100%~N%）。

更进一步讲，群体开放式创新主导的智能化逻辑上只承担实体价值，不承认虚拟价值。对智能教育平台预订者而言，腾讯提供的价值等于零，而华为提供的实体创新软硬件价值等于数千亿。这刚好和线下市场的机制是相反的，这个颠倒也是中国制造（实体）成功颠覆华尔街体系的基础，掌握规则和自己的命运又是创新的基础。

华为：但如何保证微天使组织者不违约？

工程师：微天使网站组织者在网站协议中写明：预订达成之日，智能教育启动，微天使网站组织者任务完成，全程微天使网站只是一个契约（合同），组织者不参与任何项目的经营与管理，也没有机会接触任何钱。也就是说，微天使网站的历史使命就是一份开放式的协议，组织者从头到尾都不存在寻租的可能性，智能教育启动之时，组织者的控制权自然被废掉。

不需要伟大！

华为：你把组织者想象得太伟大了吧？

工程师：组织者建设一个网站投入的成本最多几十万元，其产出却是经济自由。获得这种经济自由的不仅包括组织者自身，还包括组织者的家人、儿女、亲戚、朋友和同学。这种综合收益是组织者愿意放弃股权的原因，这和伟大毫无关系（组织者也是唯利是图的）。组织者认为合作（契约）需要将刀柄交给对方，合作才是稳定的，预期利益才能变成现实利益。

华为：组织者退出，后期如何实施呢？

工程师：达成的过程中，所有任务已经被分包出去，华为获得的是全息硬件、软件和智能电视硬件、软件长期订单，优酷可能分包的是智能教育视频部分长期订单，阿里可能分包的是海外拓展部分长期订单……协议和付款在执行之前，剩余的事情是按部就班，这才是真正的智能化。

六度空间理论是很多人熟知的，其基本理论是，通过互联网，你只需通过六个人就可以找到任何你想找到的人。很多互联网公司都想挖掘六度空间的商机，但实际在免费共享机制下，是不可能创造出六度空间的信息传递效果的，因为关键人根本赚不到钱，关键人自然主动隐藏。只有利润才能调动关键人主动寻找为群体服务的机会，才能产生六度空间效果。

预订达到100万人，会自然以指数级增长至1亿人，1亿人会停止吗？同样不会，最终会接近全部，全部自然包括所有企业、政府部门的关键人。所以，最初的组织者到最后会自然转变为无用的人，这也是群体开放式创新。

华为：好像我们为智能化做的事情太少了，有点不劳而获的感觉。我们能为智能化做更多事情吗？比如我们代替组织者创建微天使网站，我们组织宣传与推广？

工程师：这不是一个好主意，因为华为的行动必然会引起中兴、小米和其他公司的敌意。当所有企业都想承担这一义务（权利）时，最终，很容易使智能教育预订陷入四分五裂。所以，组织者最好是松散的个体，因为只有松散的个体才能随时被替代，或者说个体在群体面前的寻租能力几乎为零。如果华为想深度参与，可以将投入免费云硬盘服务的部分服务器用于先建设好智能教育视频网站部分。

这样，智能教育预订者中能够提供知识、技术、经验的人可以先将其所拥有的知识、技术、经验存储在华为建设的智能教育平台上。这些视频内容每个只能被免费观看5分钟，这样达到100万预订时，这个视频平台所承载的视频内容已经十分庞大。

另外，华为可以像谷歌赞助奇点大学一样赞助组织者100万元，组织者凭借华为赞助和华为的影响力可以成立一个基于互联网的奇点效率研究院。这个研究院的使命很简单，就是说服中国各个行业的领导企业加入这一组织，通过合作避免低水平重复建设和竞底。在该组织推广奇点效率理念的过程中，这些企业的员工自然成为智能教育的预订者，这些企业自然将自己的产品与服务写入未来契约之中。

华为：100万是不是太少了？

工程师：任何企业都不要过度承担义务，华为赞助100万，其他企业也会有赞助。赞助可以是100万，也可以是10万元，还可以是1万元。缴纳赞助费的目的不是让组织者谋利，而是表明企业对创新的支持和履约的诚意。当智能教育项目达成，这一临时性组织的使命也自然完成，该组织剩余的资金应按比例返还给赞助方。过程中，每分钱的去处应该由组织者向赞助方提供详细的清单。

华为：这一公益组织为什么不能长期存在呢？如果能够实现智能教育，华为愿意长期赞助该组织，我相信其他企业也会做同样选择。

工程师：假设“我”是该组织成员，智能教育启动，市场被嫁接到互联网之上，我更愿意去做我喜欢的研究，更愿意按照我的意愿去享受生活，而非天天和企业打交道。因为新契约并不需要关键人推动，也不需要关键人去协调，消费者与企业的对话可以直接通过互联网完成。“我”作为中介的价值已经消失，不创造价值的事情，再去做已经不好玩，也没有挑战性。智能化的关键是“我”失控，智力平等的智能社会不需要公益组织。

群创，不会失控

华为：另一个问题是，智能化会不会导致工程师成本暴涨？

工程师：上涨是不可避免的，但不会暴涨。2014 年大学毕业生数量超过 700 万，未来每年都会有大量的应届毕业生，人力成本怎么可能暴涨？如果华为员工离职，新鲜血液会马上填充进去。从员工工资角度看，预付款机制会让华为提前锁定利润，提前支付供货商货款，提前发放人员工资。

同样，预付款机制还能使华为的渠道成本、营销成本、财务成本清零，这些清零的成本会转化为利润，这些利润足以支付员工工资的上涨。因此，人力成本的上涨不仅不会影响华为的赢利能力，反而可以成为华为加速统一全球市场的契机。长期看，华为工厂智能化将使工人需求数量不断下降，远期成本不断下降，赢利能力不断提升。

华为：我们还担心一个问题，如果我们给供货商和员工提前付款，是不是会造成产品质量不可控?

工程师：华为把整条产业链都搬到互联网上，以智能手机为例，每个部件是哪个供货商生产的，甚至每一批次由哪个工人生产都是可追溯的，这在技术上实现起来成本是极低的。这种可追溯的大数据与智能金融体系绑定，违约供货商、违约岗位的员工将受到事后追加惩罚。这种事后追加惩罚的机制和全程可追溯的机制会让每个环节的工作人员要么不做，做就一定要做好。否则，所有“事故”都会像简历一样追随其一生。这种简历既针对供货商，也针对工人，还针对华为品牌本身。这种可追溯的质量体系形成的大数据只有在智能教育成形之后才能实现。因此，华为推动智能教育，智能教育会反馈给华为一个智能化的优化质量管理体系。

产品的质量取决于最差配件的质量。当全程可追溯时，所有质量事故都要被问责，所有人都要为自己做的事情负责，最差配件会同步被软件系统反馈给整体系统，最短板被不断改进，产品寿命不断延长，直至优化到零部件与说明书承诺的高度一致。最终中间无须修理，“中国制造”质量最终可以超越“德国制造”，这得益于透明的、即时的全程追溯体系。

华为：这样看，我们提供的服务写入契约之后，我们就开始相关领域的研发，并实时通告相关研发的进展。

工程师：没错。你们还可以通过智能教育预订平台征集群体智力和思路，这同样包括现在华为提供的产品，通过该平台用户的参与，获得即时反馈信息。智能教育预订平台与华为商城互联互通，在过程中还可以为华为商城输送用户群体。

华为：过程中为华为输送用户（利益）让人感觉不太好……

工程师：你是透明的契约，你提供的东西物有所值，有什么不好？

对话小米

小米：华为把订单都拿走了，我们怎么办？这对我们不公平。

工程师：你们觉得依靠简单营销真能获得市场主导权吗？价格战伤害的不仅是三星，更是“中国制造”的研发能力。所以，为什么不能合作呢？

小米：怎么合作？

工程师：去找华为谈，成立联合企业，通过联合降低财务成本、营销成本、渠道成本，摊薄研发成本。节省的成本会自然转化为利润，而可持续获利又是研发获得实质性突破的关键。同时，合作还可以消除低水平重复建设部分的成本。经济自由的消费者需要的不是包装和营销，而是苹果级别的高性能的智能产品。

小米：占据主动位置的华为愿意与我们合作吗？

工程师：在传统市场，华为与小米合作的概率很低，因为双方都身不由己。但在智能市场中，合作的概率很高，因为未来可持续的订单已经使华为成为谷歌一样经济自由的公司，使华为可以像谷歌一样创新与思考问题。

小米：为什么？

工程师：预付款机制会使华为成为自动提款机式的企业，利润是提前锁定的。利润以外的预付款可以提前支付给供货商，从而使整条产业链资金使用的效率达到奇点，即资金使用成本降至零。全产业链经济自由度的提升会带来研发能力和质量的跃升，这是华为挑战苹果的基础。

当华为准备挑战苹果时，华为首先就要完成国内的并购。市场发展的终点是统一、透明、开放。统一从企业层面来说就是垄断，你可以看美国市场，苹果、谷歌、Facebook是不是全部是高度垄断的？如果中国市场不能完成统一，那么，华为也好，小米也好，抑或其他品牌都很难走出国门。

小米：如果合并，是我们主导，还是华为主导呢？

工程师：小米是小米人的儿子，华为是华为人的儿子，双方的目的是让自己的孩子茁长成长，青春永驻。当合作可以让华为和小米两个品牌获得永驻的青春，主导还真的重要吗？

小米：按照你这个说法，就没有重要的事情了？

工程师：当然不是，重要的事情是“东风西渐”。统一的华为将有机会挑战苹果，整合三星，打通整条产业链，突破核心科技，使华为的每款子品牌都拥有超凡的质量和使用体验。当三星、苹果被纳入到华为旗下，小米还会觉得委屈吗？

小米：我们可以吗？

工程师：为什么不可以呢？当14亿中国人拥有超越美国人的购买力，当中国人的经济自由度超过美国人，当华为拥有充盈的零成本的现金和大规模应用的需求，当华为的自主研发获得市场保护，高通、英特尔、苹果、谷歌除了与华为合作，还有更好的选择吗？按照传统市场机制，华为、小米是0，苹果、谷歌是1。在智能市场，华为是1，苹果和谷歌是0。

小米：（沉思）

对话联想

工程师：你好，联想！我们第一部分的讨论你参与了吗？

联想：我看到了，也看到了你和华为的讨论，但利益都被华为拿走了，我们能分点啥？

工程师：智能教育开启的是大智能市场，你们新收购的IBM服务器X86业务，可以为智能教育和相关的可追溯大数据平台提供服务。如果联想早期介入，这一市场将使联想获得较为丰厚的利润和持续的订单。

联想：这个提议不错，我们也只需将员工整合至智能教育预订平台之上吗？

工程师：没错。

联想：等等，我想到一个疑问。华为也在做服务器，是不是冲突？

工程师：华为不可能独享所有市场，它独享了市场，华为重点分包的是未来订单部分，因为华为的研发能力确实很强。

联想：过去这些年，我们一直在尝试微创新。比如看到互联网风生水起，我们就做互联网；比如看到苹果做iPad（平板电脑），我们紧随其后推出了乐Pad；别人推出智能手机，我们也做智能手机；看到众筹风生水起，我们也在做“新板凳”（NBD），搭建中国最靠谱的互联网创业平台。我们欢迎任何有想法、有本事、有激情的团队和个人加入“新板凳”。凭借联想硬件研发、规模制造、产业整合、品质管理的优势将创意变成现实，我们推出了智能眼镜、智能空气净化器等等。按理说“新板凳”和智能教育一样是众筹解决问题，为什么市场不认可?

工程师：联想始终在追时尚、追热点，IBM电脑到了联想手中就变成了联想，质量的下降十分明显。在中国所有企业都想当老大，联想想做“新板凳”，华为在做明日合伙人，海尔做创客……但这本身存在一个逻辑上的死点，那就是如果大众接受多头格局，必然需要注册大量账号，并要记录大量网址，每个人花费 10 分钟。如果有 100 个品牌，消费者仅注册时间就要花费 1000 分钟，大约 16 个工时。

因此对数亿消费者而言，仅注册一项就要花费大众数十亿个工时。按照每个工时 30 元计算，仅注册一项，大众所需投入的成本就高达数百亿。所以，逻辑上大众根本不允许大量企业网址并存的情况。

这就会出现各自为战的局面，所谓创新只有企业以大量现金推动才能向前迈进，一旦推动停止，消费者会自然消散。联想真正想参与创新，必然有真正的开放思维，放弃企业控制，选择统一的大众平台，使大众不需要持续地重复注册，重复输入网址，浪费时间。

在互联网时代，善于营销的公司犯的最大错误是：每个创意都想做成一个平台环境，都会做一个新网站，都要做一遍新推广，这自然再次使大众所需花费的时间出现指数增长。所以，联想选择的机制本身在不断“折腾”消费者，消费者自然没有理由去支持联想方式的创新，这是“新板凳”好看但不实用、不舒服、没流量的原因。另外，真正的智能化是以大众需要为核心，联想也好，其他中国企业也好，大多放弃了中国用户需要，而是跟着美国走，这又在逻辑上屏蔽了中国大众的参与。

联想：（沉思）我们还能将我们的其他产品与服务写入采购协议吗？

工程师：我认为不需要了，因为智能教育开启会带来消费的一次升级，联想在中国消费者中的认知度和美誉度决定，联想可以成为这次升级的最大受益者之一。联想真正要做的事情是逐渐将联想品牌重新恢复到IBM质量级别，迎接中国消费升级的需求。另外，在全息笔记本、台式机领域应该加速布局，提供联想的软硬件一体化家庭娱乐系统，在三维软硬件系统领域获得实质性的突破与领先。而且，联想可以参与预订智能机器人软硬件的研发。

联想：我们还能为智能教育做些什么？

工程师：如果华为不去建设视频教育平台，联想可以去做。如果联想开展校园活动，可以顺便推广智能教育理念，这会比推广“新板凳”更加有效，因为智能教育可以让参与者获得明确的、巨大的利益支点，信息会以指数级增长传播。

第十三章　对话海尔

真的需要创客吗?

工程师：你好，海尔!

海尔：你好，我们正在推进“创客计划”，我们的总裁张瑞敏先生亲笔写下了“致创客的一封信”。张总指出:“人类社会的每一次繁荣进步都离不开科技的突破，但人类文明的每一次飞跃发展更离不开思想的解放。当互联网带来指数科技的繁荣时，我们又一次站在了时代的风口，就在大工业发展正在把每一个个体变成机器部件的最危急关头，时代列车转入一条新的轨道，‘零距离’‘去中心化’‘分布式’的互联网思维把我们带进一个充满生机与挑战的人人时代，一个人人创客的时代。历经 30 年的创新发展，海尔从一个濒临倒闭的集体小厂成长为今天的全球白电第一品牌。在全球，海尔拥有数以亿计的用户，每天，十几万台海尔产品进入全球市场。人类工业文明的先进成果成就了海尔的今天，让海尔得以在短短 30 年的时间走过传统发达国家企业百年的道路。我们追上了曾经奉为经典的榜样，同时也失去了可资借鉴的标杆。面对新的挑战，我们剩下的唯一没有被时代抛弃的武器是永远的两创精神——永远创业，永远创新。”

工程师：张瑞敏的思维总能与时俱进，这是值得我们尊敬的。但海尔“创客计划”同样面临联想“新板凳”、华为明日合伙人的问题，即消费者的时间是有限的，企业提供的封闭环境是无限的，人不可能用有限的时间去记录无限增长的网址和注册无限多的用户名。每个企业都觉得自己很棒，自己的创意很棒，但真正很棒的是：消费者是上帝，不要折腾上帝。

另外，无论联想、海尔还是华为的创新计划，最终的审核人依然是企业的关键人或专家，而非市场。因此，这离“分布式”互联网思维还有一定距离，离真正开放也有一定距离。这段距离对群体来说就是无限远的距离，因此，海尔选择大众群体开放式创新平台显然比推动大众到自己的封闭环境创新更符合去中心化趋势，也更符合张瑞敏推动中国创新的本意。

独享直流电器预订权

海尔：我看了参与的条件，海尔也愿意参与，但我们还是希望提前知道我们可以获得的市场奖励。

工程师：关键是看你想要什么。

海尔：智能电视的订单按道理应该交给海尔，但被华为抢了先……

工程师：你看过我们第一部分的讨论就会发现，智能教育开启，其他智能项目自然展开，中国能源结构就会发生重构，风能、太阳能等永续存在的能源就会取代煤炭、石油、天然气等化石能源成为主导性能源。这会产生一个巨大的新市场，那就是直流电器市场。如果海尔最先介入直流电器市场，并成为直流电器领域技术领先的品牌，那么，海尔何须纠结于智能电视呢？

海尔：问题是直流电器根本没有明确的时间表，海尔怎么投入？

工程师：这就是你要对消费者提出的要求。海尔是一家国企，海尔员工要的是投资和利润，股权是谁的根本对海尔没有影响，因此，海尔直流电器公司的出资人可以是预订投资人。直流电器项目预订机制可以使海尔既获得充足的资金，又能锁定未来利润和市场，还能使海尔真正将主要精力投入研发领域。所以，海尔提出的要求实际很简单，那就是独享直流电器的预订权。

当智能教育启动，预订直流电器的项目将可以快速启动，而这又与风能、太阳能、智能交通体系、新型智能城市相匹配。假设有5%的家庭作为预订出资人，海尔新项目可以融资的规模都会超越千亿。充足的资金会保证海尔直接成为直流电器领域的领导品牌，这几乎是一个无限广阔的市场。

海尔：交货没有时间保证，预订出资人会同意吗？

工程师：这个问题前面我们已经讨论过了，预订出资人有两项收益。一项是原始股收益，这一收益已经属于一项超值投资。正是这一收益会让预订出资人愿意等待。同时，智能教育对政府而言同样是净收益。因此，政府会在智能教育启动之时追加新机制，保证投资海尔新项目直接上市，投入1000元产出20倍收益的放大效果会在新项目中获得直接体现。

海尔：如果海尔获得千亿规模的资金，这些资金用来研发根本用不完，我们是不是可以用这些资金先去完成中国家电市场的整合？比如我们把长虹收购或把海信收购？

工程师：这是海尔后续与出资人协商的问题，如果出资人同意，这是没有任何问题的。当然，海尔还可以直接将以上内容全部写入直流电器预订协议之中。只要海尔认真履约，做到真正透明，预订出资人无疑希望看到海尔更强大，因为海尔越强大，海尔直流电器业务未来发展越顺畅。

多赢，没有输家！

海尔：我们需要为智能教育做些什么呢？

工程师：和华为、联想一样，只需要将员工整合到智能教育平台之上，并让自己的商城与智能教育预订平台互联互通，海尔也不需要过度承担义务。

海尔：另一个问题是，海尔直流电项目股权全部给消费者，会不会有人给海尔扣侵吞国有资产的帽子？还有就是，青岛政府会同意吗？

工程师：国有企业本身就是属于大众的，预订只是将属于大众的股权再次卖给大众，而这种卖又没有让大众多出钱，原因是大众会获得等价的产品。所以，这怎么算侵吞国有资产？青岛政府要的是就业和税收，而不是海尔所有权。新项目经营权和股权的分离会带来另一个好处：大量股东会主动选择海尔现在的交流电器，加速海尔整合中国市场，这会使海尔原有股东（政府）和投资人的财富迅速增值。

完成国内市场整合，又可以使海尔在海外市场的话语权和定价权获得跃升。当然，这一过程，海尔的质量也会因全程可追溯系统的实施而获得显著加强，这和海尔固有理念“日清日高”是一致的。

海尔：事物都有两面性，但这件事情怎么对我们只有好处，没有坏处？

工程师：智能教育推动“奇点”效率出现，利己和美德同轴了，因此会只有好处，没有坏处。

第十四章　对话石化双雄和重化工基地

对话中石油

工程师：你好，共和国长子！

中石油：我看了整个的讨论，作为共和国长子，我们一直致力于为人民服务。智能教育是对人民有利的，我们会无条件支持。但第一部分讨论让我们感觉我们没有存在感，好像我们就是包袱一样，这是我们很不舒服的事情。

工程师：中石油作为共和国长子为全国人民做出的贡献是有目共睹的，任何人也无法否认石油人对中国经济所做出的突出贡献。第一部分的讨论我们谈的是现状，而中石油做出的努力是一个连贯性的贡献。我们只谈一点，自然会让你们不舒服。我们单独讨论的目的是根据现状寻求解决问题的办法。大的趋势已经形成，原油逐渐退出主导能源舞台的趋势不可逆转，这和去中心化的大趋势是一脉相承的。

如果原油降至每桶30美元，中石油怎么办？

中石油：这种情况一定会发生吗？

工程师：我认为一定会发生。首先，城市化是一次性需求，是原油需求最大的驱动力。“二战”后，全球共有两次大规模的城市化进程。第一次是1950—1980年，全球性的战后重建和城市化浪潮使原油价格暴涨10倍，随着城市化建设高潮的退去，原油需求逆转。1986年，原油价格跌至每桶8.6美元，至此进入冰河期，石油七姐妹开始凋零，整合为六巨头。直至第二次以中国为代表的金砖国家开启第二次城市化建设高潮，原油价格才继续复苏，并暴涨6倍，但未来肯定不可持续。因为2008年全球性城市化拐点（50%）出现，未来不可能产生新的大规模需求驱动，刺激石油价格再次上涨。其次，电动汽车、新能源组合正在蚕食石油的固有市场。两个因素叠加，会让石油未来很难走出供过于求的困局，因此，电动汽车井喷的临界点必然是石油价格暴跌的起点。中石油是能源企业，应该清楚，能源具有可替代性。你去查询《BP能源统计年鉴》的历史数据就会发现，主导能源是不断变化的。1966年，石油才代替煤炭成为全球主导性能源。

中石油：我们应该如何应对？

工程师：帮助大众推动智能教育与相关创新项目。（1）通过预售汽柴油、天然气和相关产品筹集大量资金，清偿过去形成的债务，并加速加油站、炼油厂、采油基地、运输的智能化建设；（2）收购新能源企业，全程参与风能、道路无线充电体系的建设，使中石油转型为真正的综合能源公司；（3）将中石油员工转移至新项目之中，使中石油固有业务单元员工数量降至低于埃克森美孚的水平。

中石油：预售产品消费者会同意吗？

工程师：实际这个问题我们已经多次讨论，智能教育发生，连锁创新会发生，消费者是拿赚的钱预订，而非用自己腰包原有的钱去预订中石油的产品。所以，你把预售要求写入预订协议就可以解决这一思维上的困局。

中石油：我们有100多万员工，埃克森美孚有7万多员工，怎么可能达到埃克森美孚的水平，这个难度太大。

工程师：按照裁员的思维肯定无法实现，但智能教育发生后，会引起连锁垂直创新，效率的提升会让加油站的工人逐渐自动离职，你又拥有充足的资金，很容易实现加油站的智能化改造。智能化改造后的加油站，可以直接与智能化金融账户对接，使收费计费实现智能化。在建安保全与采购领域，中石油可以引入开放的智能手机客户端系统，使中石油的设备、仪表、仪器全部纳入可追溯的质量监控体系之中。

中石油：智能手机客户端能够提升效率吗？

工程师：每个零件、仪表、设备、机器都有明确的保质期、采购价格、厂家及其他信息，如果中石油建安公司将这些图文数据嫁接至智能手机客户端之上，客户端会智能地提醒负责保全的工人哪块仪表进入了高危期，哪个零件已经临近保质期。智能手机提前排查与报警的效率会远远高于传统保全手段，过去一个炼油基地可能需要上千名建安工人，在新体系下，几十名工人就可以顺利确保安全。

另外，由于智能手机客户端是开放的，因此车间工人自然可以分担保全工人的部分工作，这会进一步降低保全工作量。建安保全工作智能化体系还会带来另一个好处，那就是全程可追溯的体系形成对供货商的硬约束。这种硬约束会促进供货商严把质量关，使每个零件都可以真正达到设计寿命。

建安保全工作智能化体系带来的第三个好处是：每个零件可追溯的采购价格，全网竞价会让采购的寻租空间被消灭。建安保全工作智能化体系带来的第四个好处：车间及保全工人遇到状况可以直接对接供货商的售后工程师、研发工程师，供货商的售后工程师和研发工程师与中石油工人之间的对话被记录，将可以使供货商必须对结果负责。一言以蔽之，只要选择开放、透明，中石油整个体系的认真程度会大幅度提升，这反过来又可以消除炼厂的恶性事故。

中石油：效率提升后，保全工人去做什么？

工程师：提前退休，因为保全工人提前退休会大幅度降低办公场所、车辆、设备等等成本支出。反之，明明效率可以提升，却必然要保全工人坚守在一线，最终反而导致问题复杂化，事故高频出现。与此同时，我们要注意保全建安公司最初的职能是建设炼厂。当主体工作完成，这一单元已经失去存在意义，中石油只需保留核心成员即可。

中石油：我们再回到加油站环节。加油站实现无人化，中国消费者能够适应吗？如果车主全部选择中石化，中石油加油站是不是会出现亏损？

工程师：第一，加油站智能化改造是一个渐进的过程，改造的同步还会通过与社会企业合作盘活加油站土地资源。这种合作很可能是跨行业的，如与阿里集团成立新公司，共同拓展汽车配件、零售市场，新公司的股权和利润可以成为补偿分流员工的费用和退休金。第二，中石化加油站的人力成本也会大幅度提升。如果中石化或民营加油站坚持用高成本的人力，那么，中石油随时可以对其发动价格战。

按照细分单元逐个去解决问题会发现，中石油员工数量下降至埃克森美孚的水平并非难事。当中石油员工下降至埃克森美孚的水平，即使原油价格下降至每桶30美元，中石油依然可以获得较高的净利润率，因为员工数量结构性的下降使场地、房屋、办公设备、办公车辆、管理、营销、渠道、资金使用成本全部出现结构性的下降。当然，新能源业务单元也会为中石油贡献大量的利润。

新业务单元，中石油同样可以采取海尔模式，即利润归中石油，股权归预订投资人，税收归政府，这样就可以使中石油永续不缺乏创新的资金。当原油价格暴跌，拥有充足现金的中石油将可以随时去整合马石油[①]、埃克森美孚、壳牌或其他竞争对手。

中石油：我们需要为人民做什么？

工程师：让中石油的员工了解智能化会带给他们的好处，吸引他们主动选择智能教育，开启未来。

中石油：这么简单？我们是长子耶！

① 马石油，指马来西亚国家石油公司。——编者注

工程师：权利隐藏在义务中，长子干了几十年，该到享受权利的时候了。

对话中石化

工程师：你好，中石化！

中石化：你好，我看了全部讨论内容。既然是为人民服务，既然中石油已经选择，我们无疑没有异议，我们需要在契约中获得与中石油同等的待遇。另外，需要做一个声明，我们和中石油是双胞胎，都是共和国长子。

工程师：那我们重新彩排一下，

你好，共和国长子！

……

对话国家电网

工程师：你好，国家电网！

国家电网：我们的要求明确，那就是要让我们获得足够的智能电动汽车项目股权，以解决我们的员工分流问题。另外，我觉得中石油那套开放系统同样适用于国家电网。中石油、中石化、国家电网、南方电网、中国铁路、水泥、钢铁、煤炭、工程机械……大家可以共同建设一个开放的设备采购、运维、售后一体的客户端。这样每个零件的事故都将变得可以追溯。这不仅符合国家产业升级的政策，而且会让所有重化工企业大幅度降低人力和采购成本支出。这也等于在机制上反腐败，这种腐败不仅包括贪污，还包括工作不认真，不负责。

工程师： 你的提议很棒。我们可以延伸至整个工业体系、服务体系和农业体系，零件数量实际会远远低于中国人口数量，微信可以承载全球人口，工业体系的客户端将可以自然承载所有的零件，使每种零件变得可追溯，强制所有领域的产品与服务全面升级。这一客户端数据又与智能教育互联互通。你感觉如何？

国家电网： 我们的智能电表收费可以与智能金融体系互联互通，这将可以使我们节省大量的人工、场地、设备、材料、车辆成本支出。

工程师： 好主意，继续。

……

对话煤电企业

工程师： 你好，神华！

神华们： 我们要求与国家电网相同，同时，我们要求参与智能农业，因为火电排放的二氧化碳是玻璃城最好的养料，将玻璃城建设在火电周围不仅可以减排，而且可以大幅度增加果蔬产量。荷兰人要专门燃烧天然气，增加温室二氧化碳浓度，我们的电厂可以提供充足的二氧化碳，智能农业给我们提供适量利润，我们即可将环保成本降至零。

工程师： 好主意，实际就是用增加的农产品购买二氧化碳。另外，智能农业还可以购买你们的煤气资源。

……

对话钢铁公司

宝钢：把契约嫁接到互联网上是一个好创意。宝钢愿意承担全部电动汽车板材和相关材料的供给，如果把这条写入契约，宝钢将可以顺利整合鞍钢、武钢、攀钢、河北钢铁和山东钢铁等钢铁公司。中国钢铁市场容量在2万亿~3万亿，整合后的钢铁公司将不再受制于必和必拓、力拓。深度整合和智能化能够使钢铁行业净利润率超过15%，宝钢的总市值将可以突破6万亿元，超越美国苹果公司。

鞍钢：你怎么上来就想搞垄断？

宝钢：美国几家钢铁公司？日本几家钢铁公司？欧洲几家钢铁公司？韩国几家钢铁公司？最多的不超过三家，大部分是一家，所以整合是不可避免的趋势。整合由谁来完成？市场投票大家也会选择宝钢。

武钢：我们赞成整合，否则大家只能喝西北风，毕竟钢铁企业养猪不是长久之计。城市化不可能永续进行。但我不赞成宝钢做老大，新成立一家联合钢铁公司。把板材、线材、大路货、不锈钢、特钢等等分别整合成立不同的子公司，这样，所有新公司的产能布局都会十分合理，而且可以把交易成本和采购成本降到最低，摆脱力拓和必和必拓的绑架，恢复高利润率，统一可以使研发共享、技术共享。各个分公司在技术上获得实质突破，我们才能进一步拓展海外市场，收编国外钢铁企业。

攀钢：我们赞成武钢的建议，因为宝钢并非所有领域都是最强的。汽车板材可以由宝钢整合，特钢部分显然应该归我们攀钢。联合钢铁公司上市可以进行债转股，我们全行业负债3万多亿，联合钢铁公司市值会达到6万亿，钢铁行业还债是绰绰有余的，根本不需要给我们电动汽车公司的股权。这么多年了，股权对我们这类国企有什么作用吗？没有，放在手里也就是一堆数字，所以债转股不影响我们运营与赢利。

河北钢铁：我们情况有点特殊，大路货比重很高，未来还能保持2万亿~3万亿的市场容量吗？如果不能保持，我们的员工怎么办？

宝钢：大路货涨价，钢材只占基建成本的很小比重，全面涨价，出口钢材才能换回大量利润，否则，我们只能牺牲自己的环境给别人打工。另外，我们的市场萎缩，铁矿石价格会不断下降。所以，市场容量下降与净利润上升并不矛盾。

工程师：各位大佬慢慢商量钢铁行业的要求，最终给我们明确答案，咱们写入智能教育契约之中。

……

对话有色企业

工程师：2008年金融危机爆发，从这一年的第三季度开始，铝价迅速下滑，此后四五年来，市场环境越发严峻。2011年，每吨铝是16000元，到2012年是15600元，2013年下降到14400元左右，2014年价格已不到13700元，据说这已不抵行业平均成本。中国铝业对外披露2014年前三季度财报称，归属上市公司股东的净利润亏损额度加大，当期亏损逾54亿元。中铝如何扭亏？

中铝：业内认为这是不可能完成的任务。

工程师：从一个外行的角度看，可能解决问题的关键在汽车用铝需求领域。在同等配置条件下，一台铝合金半挂车价格为25万元左右，一台钢制半挂车价格10万元。按照现在按轴计重收费的政策，6轴挂车的车货总重为55吨。其他条件都一样，全铝厢车自重6.9吨，钢制厢车自重为10吨左右，采用铝合金挂车会轻3.1吨。

这会产生双向收益：第一，每天多拉3.1吨货，每天大致可以创造400元利润，一年时间基本可以收回多支付的成本；第二，空载节省油耗会大幅度下降，节省燃油费用。

随着社会的发展，油价、人力的上涨，运输企业正在发现优势，因此，未来铝合金货车用铝需求会出现大幅度的增长。对中国而言，卡车车身使用铝合金，增加的是国内的风能（煤炭）需求和就业机会，降低的是进口的石油需求。中国柴油需求下降3%~5%对油价的影响都是巨大的，而油价的下降又会让中国节省大量石油进口资金。

中铝：继续！

工程师：如果智能教育平台启动，大众考虑问题的方式必然是着眼于整体，风电、铝合金车身、电池驱动将更符合大众的根本利益。大众将预付款支付给中铝、中国汽车制造商、运输公司，将可以使中国汽车产业快速实现升级。当中国汽车制造业嫁接到风能、铝合金材料、电池动力系统之上，当中国运输体系嫁接到风能、道路无限充电和无人驾驶基础之上，中铝固有的问题自然迎刃而解，中国的产业升级也将快速实现。

因此，中铝解决自身持续巨亏的关键是推动智能教育和中国市场智能化，而并非和民企对标，后者根本无法解决产能过剩和竞底两大难题，即使扭亏也是阶段性的。而前者则可以使中铝和民营企业、大众达成一种共赢关系。

中铝：这是一个多赢的办法。我们可以把低端市场逐渐让给民营企业，使双方避免低水平的竞底，缓解产能过剩。当然，中央鼓励混合所有制，我们也可以与民企实现交叉控股，共享市场的增长。风电现在是什么成本？民企都是采用煤电铝一体化（新疆煤价很低）。

工程师：目前美国风电市场的平均购买协议电价（PPA）已降至每兆瓦时 22 美元（约合 0.3 元人民币）。在北美、欧洲的一部分国家，风电已经接近甚至超越煤炭成为最为廉价的发电方式。如果中铝获得零成本的预付款，那么风电在 15 年之内是没有成本的。说到风电，中铝还可以与金风科技开发铝合金的风机，开发寿命更长的风电发电设备，为中国汽车制造商提供清洁的风电。

中铝：按照你的推测，很多领域都会出现铝合金替代。

工程师：铝合金使用能耗更低，社会的发展会使企业更关注过程成本，而非第一次采购成本支出，铝合金综合收益更高的优势是十分突出的。同样一辆车，选用铝合金制造能耗可能更高，但经过 10 年使用，其综合能耗会明显低于钢铁。

中铝：按照你的说法，中铝未来不仅能扭亏，而且还会成为超强赢利企业？

工程师：是的，因为智能教育开启，市场进化开始出现了指数增长，预付款机制使资金使用成本降至零。中铝可以从汽车板材这类“大路货”入手，完善“四大工艺”，然后，切入家电、现代农业、工程机械、机器人、化工、医疗、航空航天等各个细分领域，使中国铝合金的细分品种在以上领域获得全面突破。

很多时候国企喜欢对标，对标对象多是外企和民企，但在产能过剩的情况下，对标其实并非好办法，模仿民企永远不能成为民企，模仿外企也永远不能成为外企。真正的创新是跟着市场走，而非跟着对手走。

中铝：钢铁企业怎么办（我们老大从宝钢来的）？

工程师：材料的升级是不可逆转的趋势，钢铁企业可以在短时间内完成整合工作。整合难度下降的原因是大众主导的智能化可以大幅度透支未来利润，钢铁行业员工会出现主动分流，这在中铝整合过程中也会有所体现。

东方希望：我们赞成中铝向上升级，控制成本是民企的强项，初级产品由我们供给，中铝应该向上拓展。如果中铝向上拓展，我们才能进行全新的升级，使电力由煤炭转变为风能，否则，大家都挤在煤炭环节，必然会给环境带来巨大压力。

西藏矿业：我们是未来的大赢家呀！我们拥有大量的锂矿资源。所以，我们举起双脚赞同。

……

第十五章　对话中国制造商

对话汽车制造商

工程师：你好，汽车！

一汽：我们看了第一部分的讨论，作为消费者我们觉得有道理，但作为内燃机汽车制造商，我们感觉难以接受。

工程师：企业存在的目的是为员工谋福利，为企业创造利润。中国汽车业高度分散，导致只有维持高度增长才能保持微利。但汽车行业能够永续实现高速增长吗？

一汽：不能。

工程师：如果汽车增长出现停滞，甚至是负增长，汽车企业怎么办？

一汽：中国有14亿消费者，我们认为，未来增长空间依然巨大。

工程师：中国内燃机汽车保有量达到3亿辆几乎是全球原油需求所不能承受的。这方面内容大家可以看一下《BP全球统计年鉴》，而按照3亿辆保有量、10年报废期计算，现在汽车产销量已经接近峰值。这是自主品牌普遍亏损的根本原因，因为峰值临近，增长放缓，产能过剩。所以，汽车行业整合是难以避免的趋势，但按照传统方式，谁整合谁？如果谁都不能整合谁，结果是什么？

一汽：（缄默）

工程师：整合是淘汰落后产能，合并销售渠道，降低营销成本、管理成本、采购成本，恢复利润的唯一路径。但按照传统方式，中国几乎难以完成整合。奇瑞亏损了多少年，依然受到地方政府保护。“死而不僵”让优质企业在应该赢利时没有获得足够多的利润，当寒冬来临，所有企业实际都没有准备好过冬的棉衣。

因此，传统路径不通是必然采取全新方式的原因。另外，风能、道路无限充电、无人驾驶、电动汽车技术组合已经相对成熟，如果几项技术突破市场爆发的临界点，中国内燃机汽车产业面临的问题将是诺基亚式的。同时，汽车产业智能化是一个渐进的过程，无法一蹴而就，电动汽车仍需采购汽车配件，所以，大众主导的汽车智能化对传统汽车企业有利无害。

东风：整合如何进行？

工程师：这需要中国汽车企业像钢铁企业一样坐下来协商。公司可以不变，但业务模块、渠道一定要合并。传统的轻卡、中卡、重卡、微型车、中型车、SUV（多功能运动车）、中高级轿车全部合并归强势企业，渠道数量和各种成本支出立即可以大幅度下降。交出旧业务单元的企业可以获得大众预订的电动汽车订单、电动卡车订单、智能飞艇订单、智能机器人订单、智能化的游艇订单，新订单会自然盘活整个汽车行业，电动汽车、电动卡车、智能飞艇、智能机器人都可以高溢价出口，因为这些符合未来的发展趋势。

上汽：为什么要做智能飞艇？

工程师：第一，智能飞艇无人驾驶的难度很低，动力采取太阳能，可以悬浮在空气中，不消耗能量，与集装箱配合可以大幅度降低运输成本，提升运输的自由度。第二，未来人力成本会很高，材料成本会很低，因此无人驾驶的智能飞艇符合未来发展要求。第三，智能飞艇实现垂直起降，可以直接跨海运输，不需要频繁更换运输工具。中国和欧洲、美洲、非洲、东南亚等的距离会大幅度缩短，全球可以依托低能耗的智能飞艇构建夕发朝至的新鲜果蔬供给体系，让所有果蔬可以保持原产地口味。第四，智能飞艇可以在空中长期停留，可以发展成为“空中城堡”，成为人们旅游与享受生活的一种新方式。

这一市场容量同样趋于无限广阔，当中国在这一领域获得突破，奔驰、宝马、波音、空客等传统企业的优势会自然瓦解。上汽、一汽、东风搞了这么多年的自主研发，实际情况是差距越来越大，这点大家都心知肚明。原因是什么？规则掌握在人家手中，我们搞来搞去，搞不定！

广汽本田：我们也可以加入智能飞艇的研发吗？

工程师：当然没有问题，大众预订出资人要的是所有权，企业要的是利润。大众会欢迎全球所有企业共享新市场的蛋糕。

一汽：谁预订得起智能飞艇？

工程师：大众提前为货运公司支付运费，要求货运公司必然用一定利润采购智能飞艇，问题自然获得解决。货运长期应用会使智能飞艇存在的问题逐一暴露，并获得解决。问题是最好的老师，会引导技术逐渐进步。当智能飞艇已经足够安全，民用领域的应用自然可以开启。我们在大脑中要有渐进改良的概念。基于智能教育、智能飞艇，建设全球水果12小时送达体系，这个既有趣又暴利。智能化是要企业赚全产业链的钱。

比亚迪：我们需要做什么？

工程师：把你们企业希望获得的订单部分写入智能教育预订协议之中，你们推动智能教育发生，最终你们获得订单会变成契约的一部分。

比亚迪：其他企业会同意吗？

工程师：你们卖车需要征求其他企业同意吗？消费者买车需要征求其他企业同意吗？中国面临的问题是产能全面过剩，因为需求不足而引发全面性债务危机，解决债务危机的关键是获得零成本的资金，同步解锁现在的债务和未来的债务。

长安：什么是未来的债务？

工程师：未来需要支付的材料成本、运输成本和员工工资。如果你的企业将未来若干年的成本先期支付了，你的企业将出现一个奇点，那就是所有销售都是净利润。

通用：员工不认真工作怎么办？

工程师：做可追溯的开放式智能化质量管理体系，产品任何部件出现问题，都可以追溯到个人头上，智能金融体系将自动惩罚员工，大力惩罚会让所有员工要么不工作，要工作就必须对结果负责。这个东西，大家可以直接搭载华为的质量智能追溯体系。

福特：飞艇技术美国领先，我们可以帮预订消费者整合技术，这是我们的强项，流水线就是我们发明的。

工程师：为什么不呢？

对话“中国制造”

工程师：你好，“中国制造”！

中国制造：你好，我们感觉可追溯的开放式智能化质量管理体系是不是有点理论化？

工程师：你需要站在市场被嫁接到互联网上的角度去思考问题，消费者以预付款采购的基本要求是制造商商品全程可追溯。消费者可以委托百度、华为联合创造一套开放式的系统，所有制造商要供货必须选择这套系统。选择这套系统的供货商工厂是透明的，工厂内的监控系统与开放追溯系统联网，监控系统会自动扫描产品的批次、编号。工人上岗会通过智能手机（或智能手表）在这套系统上“打卡”，下班同样完成“打卡”，两个时间点锁死，就能够明确该批次产品谁是负责人。

当产品完成最后的总装和组装，交付给货运公司和快递公司，快递公司不需要填写单据，因为数据是直接通过计算机系统和智能手机系统连接的，最后送货环节签收同样由智能手机完成。当产品质量问题出现，消费者直接通过智能手机反馈给系统，要求追查责任人。偶然事故，系统会提出警告；批量事故，系统的“惩罚”机制会自然开启，通过“惩罚”企业和员工来补偿消费者损失。

如果你依然不理解这种系统，你可以打开自己的微信，把微信上的每个人想象成企业、员工、快递公司、快递员和消费者。只要这些人都是主动选择使用智能软件，这种开放系统实际会很简单地实现。企业、员工、快递公司、快递员选择这套系统是为了获得订单，消费者选择这套系统是为了消灭假冒伪劣，保障自己的权益。这套系统会不断自我强化。

当每个岗位上的工作者认真、负责程度每年提升 30%，对整个“中国制造”来说就会发生飞跃，因为商品的生命周期取决于最短板。机床精度决定于材料和制造机床的机器，制造机床的机器又取决于机床精度，而材料的质量又取决于机器和机床。整个制造业是一个环环相扣的循环，任何一个单独部门都不能改变整个环境，唯有整体努力才能出现跃升。

中国制造：这种方式好像不再需要管理了？

工程师：这同样是一个渐进的过程，由不适应到适应。工业 4.0 的核心是智能化，智能化的核心是群体开放式管理，或者说消费者管理。全程可追溯的体系内，企业的重点不是营销和管理，而是研发和创新，因为纳入系统内的产品质量是被全程统计的，一目了然。你营销做得再好，也不能改变质量差的客观现实。可追溯会使研发型的企业自然胜出，营销类的企业自然改变。

中国制造：我们理解是不是未来企业成本会变得具有刚性？营销、管理、财务等可变成本会逐渐被剔除？

工程师：确实是这样。因为预付款会让财务成本直接被清零，管理、营销成本的下降是一个渐变的过程。这些节省的成本会变成利润，企业可以凭借这些利润去采购智能机器人来替代现在的工人，去提升研发能力，去自己建设新能源供给体系。

中国制造：很多商品等待的周期是相对长的，消费者愿意等待吗？

工程师：制造商是可以提前准备一些库存的，库存量会随着智能化的深入而不断精确。最终，商品流通会实现零停留、零等待的状态，这同样是一个渐进的过程。

中国制造：这种渐进过程要多长时间？

工程师：指数增长，在相对短的时间内实现。

中国制造：另一个问题是，预订获得股权是不是会侵害我们现在的业务？

工程师："中国制造"不能开启创新的部分归预订股东，现有业务归"中国制造"。简单地说：你现在打不赢的交给大众，你现在能打赢的，还是由你来打。例如，传统农业生产归中粮，生物技术、荷兰式农业则归农民和预订消费者。传统汽车制造业和智能汽车制造订单归汽车制造商，智能汽车股权归预订消费者。传统教育归教育行业，智能教育归教师和预订消费者。传统飞机制造归波音、空客，智能飞艇归预订消费者。传统能源归中国石油、中国神华，新能源股权归预订消费者。传统机器制造归"中国制造"，智能机器、家用智能机器人归预订消费者。传统航天业归政府，民用航天业归预订消费者。传统制药公司归传统企业，智能医疗体系归预订消费者。传统计算机硬件归“中国制造”，人脑的反向工程和克隆公司归预订消费者……逻辑上，“中国制造”给予大众未来，大众给予“中国制造”现在。

中国制造：“中国制造”给予大众未来，大众给予“中国制造”现在，如何理解？

工程师：“中国制造”推动大众提取未来利润（股权财富），大众获得未来利润会给予“中国制造”充足的订单和利润，提前支付“中国制造”未来发生的成本。“中国制造”获得的是现在的利益，中国大众获得的是未来利益。未来会因“中国制造”现在问题获得解决而垂直开启。

“中国制造”每家规模以上企业的员工都可以将预订机制推过“奇点效率”。“中国制造”不能等靠要，不要听专家“忽悠”，因为专家看到的是过去，而非未来。“中国制造”应该考虑帮助政府解决问题，考虑帮助美国人解决问题，帮助日本人解决问题。“客户是上帝”和“为人民服务”绝不是空洞的口号，而是解决问题的钥匙。

中国制造：预订机制等于是给“中国制造”量身定制的机制……

工程师：群体开放式创新和“中国制造”组合才是“中国制造”的领先之道，因为群创主导的智能化只承认两个价值：一是研发，二是生产。前者，群体开放式创新是同步并联创新机制，其效率远远胜出美国人主导的传统方式；后者，生产，“中国制造”说自己是天下第二，没人敢说自己是第一。

第十六章　对话类金融企业和金融企业

对话互联网企业

工程师：你好，互联网！

BAT（**百度、阿里、腾讯**）**：**我们直接推动智能教育发生是不是更加理想？

工程师：你们愿意主动放弃股权无疑是理想的。

BAT：为什么要我们放弃股权要求？

工程师：你们三家在美上市企业获得智能教育的股权，会形成利润在内，创造财富效应在外。而你们放弃持股，就可以实现利润在内，创造财富效应在内，避免经济失衡。另外，中国从未有过垄断企业主动寻求合作的先例，所以，你们把股权给大众，经营权留给你们自己是最理想的选择。对百度、阿里、腾讯的管理层而言，财富只是一个数字。

换一个角度，如果你们三家愿意接受追加补偿的营收外奖励机制，那么，你们主导实施并无任何问题。但这要考验你们的格局和视野。

腾讯：我们看到第一部分讨论，预订消费者准备把电商交给阿里，我们可以获得什么？

工程师：信息市场做大，金融账户统一，游戏市场将可以激增若干倍。只有让消费者通过互联网获利，互联网才能持续做大，BAT目前净收入相加只有1000多亿元。造成这种情况出现的原因是，互联网公司打掉了实体企业利润，却不能像实体企业一样为大众提供就业机会。

阿里：淘宝、天猫提供了大量就业机会，怎么能说我们没有提供工作机会呢？

工程师：完成同样多的商品销售，需要的人力越少，效率越高。淘宝模式几乎12小时绑定客服，是一种“用最多时间换取最少收益”的博弈机制。阿里需要思考的是：没有淘宝客服这些销量是否会完成？智能化会给社会提供一种“以最少工作时间获得最大收益”的机制。以智能教育为例，教师录制一次视频，其服务用户数量就可以达到无限多，继续更新完全看供给者的心情。如果电商平台可以用10万个工时完成的工作，我们非要用100亿个工时去完成，那么，说明我们的模式存在巨大的改进空间。

百度：我们企业擅长技术，可以分包家用智能机器人、智能电视、智能汽车软件部分，这一市场应该比我们目前的市场容量大。我们觉得股权归大众的模式不错，因为这可以让我们与腾讯、阿里、华为、联想等企业真正建立战略性的合作伙伴关系，而非低水平的竞争关系。新领域的需求可以全方位地拉动中国智能产业，未来智能产业的容量超过汽车行业将是大概率事件。我们从数万亿市场分得几千亿都会比现在获利能力更强劲，这对美国投资人无疑也是利好消息。

对话银行

工程师：你好，银行！

银行：任何一个点推动，创新都会发生，在智能化的体系中根本不需要银行，因此，我们别无选择。我们要的条件是未来获得营收外利润，以支撑储户利息和我们行业从业者未来收入增加。

……

对话媒体

工程师：你好，媒体！

媒体：这种创新对媒体简直是灾难性的，没有广告媒体如何生存？

工程师：把收费写入契约，有价值的新闻、娱乐、电视剧、影视作品本该收费。

媒体：用户会接受吗？

工程师：任何合理条件都会被接受，因为未来被打开了，付费变得简单了。所以，当信息市场被开启，媒体会成为最大的受益者。请记住，透支未来的钱并非从消费者口袋拿的钱。还款人是智能机器，并非人类。

……

第十七章　对话企业家

债务转订单

工程师：您好，请问您的企业面临的问题有哪些？

企业家：最突出的是债务问题和融资问题。标普数据显示，截至2013年年底中国非金融类公司的债务总额共有12万亿美元，为GDP的120%。预计今后中国非金融机构的企业债券市场规模将超越美国，成为全球第一，此后规模还会超过美国和欧元区之和。

事实上，在高负债的基础上，目前企业债规模仍以前所未有的速度增长，对945家大中型上市公司的研究报告显示，这些公司的债务从2008年12月到2013年9月暴涨了160%，从1.82万亿元增至4.74万亿元。相关数据显示，目前在各个行业中，中国电力和建材企业是所有行业中杠杆最高的，截至2013年9月底，这两个行业的债务均是股权的两倍。

工程师：如果智能教育能够化解中国企业的债务危机和融资难题，那么，中国企业是否愿意参与推动智能教育？

企业家：如果能够解决我们的债务危机，我们肯定会无条件支持，但如何实现呢？通过未来股权吗？

工程师：并非通过股权，而是通过市场智能化建设。如果智能教育预订实现，企业、企业员工与消费者都有建设一个电商平台的诉求。这个电商平台不仅可以一站式提供消费者所需的商品与服务，也可以一站式满足所有企业的采购需求（设备、机器、材料、电力、煤炭、石油、有色、建材、平板玻璃、运输、物流、写字楼等等）。当这个平台建成时，中国债务危机便会迎刃而解。

企业家：为什么呢？

工程师：因为能够一站式满足所有人和企业需求的电商平台本身就相当于市场，具有实际的货币发行权，可以一次性将企业债务转变为企业订单，这是一个效率的奇点。

假设中国企业银行总负债为50万亿元，该电商平台（下称智能市场）代替中国企业承担全部债务。智能市场初始资本金为零，当所有企业在智能市场内负债总和为50万亿，对应着该智能市场现金账户余额会变为正50万亿。智能市场将这50万亿现金划拨给银行，企业欠银行的50万亿债务将由持续增长的债务变为“无息”的静止债务。

企业家：银行会同意吗？

工程师：货币是商品的等价物，智能市场划拨给银行的人民币可以购物，可以放贷，可以投资……可以胜任人民币能够完成的任何工作。银行不同意本身是没有道理的，这是其一。如果中国企业出现真正的危机，银行必然首先遭殃。按照传统方式，债务危机几乎无法化解，这是银行心知肚明的事情。因此，智能市场不仅解决了中国企业的问题，更为银行化解了危机，这是其二。因为智能市场划拨给银行的现金与企业欠智能市场的现金是相等的，这并非是无中生有，这是其三。以上三条理由，每条都是充分条件。

企业家：为什么企业原来没有想到这个办法？

工程师：任何企业都无法满足消费者、其他企业一站式购物的要求，只有市场才可以。能够满足所有个体一站式采购要求的市场才具有实际的货币发行权，所以，并非企业没有想过，而是任何企业都不能满足这个要求。

静止债务的偿还时间

企业家：企业如何偿还智能市场的债务呢？

工程师：企业在智能市场上出售商品会自然偿还债务，对产能过剩的中国企业而言，以自有产品去偿还债务是轻松的。当然，智能市场并不需要赢利，因此，消费者、客户认可的企业欠智能市场的债务并不需要偿还，可以一直挂在智能市场的企业账户上。这才是奇点的关键，也是优胜劣汰的关键。

企业家：这也太神奇了！也的确是好办法！但如果银行死活不同意怎么办？

工程师：智能市场仍然将银行债务一力承担，此时，各个企业负债账户仍分别欠智能市场一定的债务，总债务之和为 50 万亿，这对应着智能市场现金账户为 50 万亿。智能市场用这 50 万亿去帮助企业支付员工工资和采购、物流等成本。在以上成本被清零之后，企业员工购买以外的营收等于净利润，大致两年时间可以偿还银行所有债务。

企业偿还银行负债后，无须继续向银行贷款，智能市场可以长期给企业提供“无息”贷款。因此，银行如果不同意市场的要求意味着银行违约，违约的代价将是破产。所以，逻辑上，银行不敢不同意市场的要求。

企业家：但银行同意第一种还债方式，银行也会破产，因为未来没有人贷款了。

工程师：在智能市场中，奇点效率已经出现，银行作为货币中介机构已经失去了价值，这和经销商群体要被智能化淘汰的内在逻辑是一致的。至于银行未来的问题如何解决，需要银行在智能市场上与中国实体企业协商解决，主动权在实体企业手中，而不是在银行手中。只有银行主动与实体企业协商要求，实体企业才能摆脱美元的金融霸权。

企业家：我很希望了解银行问题的解决方案，否则，我感觉不踏实。

工程师：最简单的解决方案是：银行把所有现金贷给智能市场，银行坐享利息差。

企业家：智能市场自身不赢利，如何给银行支付利息？

工程师：智能市场想赢利可以随时赢利，因此，智能市场可以把清偿债务的时间推向智能化全面实现之后。未来，由智能机器人和智能机器偿还债务，这我们在第一部分已经做了较为全面的讨论。而当实体智能化全面实现之后，实际整个市场已经不在意智能市场的负债。因为，未来智能市场仍不需要偿还债务，债务会被永续地留给未来，而未来是无限的。

锁死违约的路径

企业家：未来，企业违约怎么办？

工程师：企业违约的风险是必然破产。在智能市场内交易，企业的债务可以始终挂在企业账上。假设您的企业现在欠智能市场100亿元，100年后还是100亿。如果您的企业违约，要付出的代价是先清偿这100亿债务。另外，智能市场是交易成本最低的市场，任何企业离开这个低成本的交易市场，其运行成本都会激增，在竞争中失败存在必然性。我们可以看三个案例。

案例1　一瓶最普通的啤酒在传统市场最低零售价2.5元，其成本包括1元钱生产成本，0.5元经销商成本、0.5元零售商成本，0.5元渠道维护和宣传成本。因此，最普通的啤酒在传统渠道基本是无利可图的。在智能市场，啤酒制造商的刚性成本只有一项，那就是1元的生产成本。由于可以与其他公司的商品混合批量集中送货，送货成本大致可以控制在每瓶0.1元左右。此时，啤酒售价1.5元，企业反而可以获得30%以上的净利润。同样的啤酒品牌，消费者选择智能市场可以节省40%开支，企业可以增加30%以上的净利润，价格差和净利润率差会使选择传统渠道的啤酒品牌必然破产。

案例2　一桶4升机油的生产成本约为40元，传统渠道机油经销商、汽车制造商、4S店、汽修厂等至少要吃掉60~70元成本。

因此，最低端的机油即使售价高于百元以上，机油供货商仍无利可图。在智能市场，机油的成本会变得简单与透明，40元的生产成本加3~5元的配送成本。此时，机油售价80元，企业净利润率超过40%，消费者会同步节省30%左右的养护开支。

案例3　一个工业用的水泵，生产成本20元，经销商拿货价30元，出售给企业的价格130元。如果在智能市场中，该水泵售价30元，企业净利润会接近50%，采购方会节省77%的采购成本。选择智能市场的供货商会减少市场拓展成本，将市场拓展成本投入研发领域，严把质量关。选择智能市场的采购方，会节省大量采购成本，并堵死寻租空间，大幅度降低事故率。

以上三个案例数据来源于现实市场，代表快消、高附加值、工业品三类产品，其渠道成本占总成本的比例大约在60%以上。智能市场能够将渠道成本转化为净利润，也可以说在智能市场上，所有产品都可以兼顾高利润和低价。

企业家：这样说企业赚钱也太简单了。

工程师：这难道不是企业家群体的初始目的吗？不需要托关系，不需要喝大酒，不需要走后门，不需要请客送礼，不需要为员工管理殚精竭虑，不需要为银行贷款而发愁。每天钓钓鱼、喝喝茶、摆摆龙门阵、读读书、陪陪家人、做做讲座……利润却可以大把大把地流入企业的账户。

更进一步，奇点效应

企业家：智能市场带来的效率奇点太神奇了，这让我有了得寸进尺的想法。智能市场能够将我们的税收、人员负担、采购成本一并解决吗？

工程师：既然是奇点效率，这些问题的解决都是十分简单的。首先，是政府税收。智能市场可以以您的企业年度纳税为基数，一次性帮助您的企业给政府缴纳未来20年税。我们假设您的企业未来20年纳税500亿元，那么您的企业负债表上会增加500亿的静止债务，政府的账户上会增加500亿的现金，两者相加等于零。

获得20年税收的政府，可以先清偿各种债务，因为债权人都在智能市场之内，政府债务会转化为订单。同理，公务员以账户内的现金去购买企业商品与服务，也同样会增加企业订单。因此，智能市场会将政府税收直接转化为订单，或者说将成本转化为利润。

企业家：打断一下，这样做是不是会引发恶性通胀？

工程师：在传统市场，肯定会引发通胀。因为现金会流向房地产、底商等领域投资，持续上涨的房价和底商会抬高渠道和人力成本，引发通胀。但智能市场开启后，商品的销售摆脱了底商、写字楼的绑架，大众因智能教育和预订机制的开启摆脱了房地产绑架，这就使投资房地产、底商会变得无利可图。因此，资金的去处只有一个，那就是留在智能市场内，享受稳定的利息收益或通过预订方式投到真正的创新领域，而创新领域采购设备、运输、支付人员工资仍会转化为实体企业的订单。当资金被禁锢在智能市场之内，社会效率会因企业大幅度裁员而呈现线性增长，成本会不断下降，物价会随之持续下降，企业利润率会不断上升。

企业家：我的企业中途破产怎么办？

工程师：智能市场的企业没有传统的破产方式，持续亏损企业会被智能市场收购。

企业家：收购破产企业的目的是什么？

工程师：第一方面，只有智能市场愿意高价收购破产企业。企业家和员工可以获得合理的补偿和安置，已经陷入破产危机的企业才会愿意主动选择退出（否则，很多理论上破产的企业会垂死挣扎，通过牺牲成本来扰乱市场），低效企业快速退出会给高效企业提供市场空间。例如，普通钢铁公司退出会让宝钢等龙头企业摆脱力拓、必和必拓的绑架，采购成本大幅度下降，利润大幅度上升。

第二方面，获得现金的破产企业家和员工可以选择全新的创业领域，也可以选择享受生活。大面积的破产和失业并不会对消费产生冲击，市场稳定是保证领先企业持续获利的前提条件之一。

第三方面，智能市场收购的亏损企业产能可以低价出售给领先企业。这会减少低水平的重复产能建设，使整个社会的能源、材料需求大幅度下降，能源需求总量的下降无疑又可以降低领先企业的成本支出。

以上三个方面是智能市场愿意高价收购、低价售出的原因。对智能市场而言，只要所有微单元都是健康的，企业运行情况都是良好的，债务只是一个数字，负债为零和负债100万亿并无本质差别。但对政府、企业、员工、消费者这些微单元而言，高负债则是不能容忍的。

我们接下来谈您关心的第二个问题，就是人力成本的问题。

既然银行必须将钱贷给智能市场才能生存，智能市场会自然从银行手中接过给存款人支付利息的义务。企业的净现金（扣除债务）、员工的现金、消费者的现金都会存入智能市场中，这意味着，您企业的员工工资支付会在智能市场内直接完成。

在技术上，您只要设定好每个员工每月应发的工资金额，系统会自动将现金由您的企业现金账户划拨到员工账户。智能市场会根据您的年净利润给您的企业一个无息贷款额度。净利润越高，获得无息贷款的额度越高。这个无息贷款的额度只能用于以下两个方面：一是支付被裁员工的退休金；二是购买智能化设备，替代在职员工。

这种优势企业补偿机制会让领先品牌用充足的资金去完成市场整合，去开拓海外市场，去快速提升企业智能化程度。同时，这一机制也给国企减员提供一个退出通道。当落后企业向市场申请破产保护时，优势企业开始大幅度裁员，市场整体就业数量会出现直线下降，这对应着社会和企业实际效率直线上升。在传统市场，企业更新设备需要考虑成本，但在智能市场，所有企业更新智能设备都几乎不需要考虑成本，这会加速工业 4.0 的实现。当然，大批量智能设备订单也会促使新兴智能化企业快速崛起，两者相得益彰。

智能修正

企业家：我有两点疑问：第一，不计成本的采购会不会造成新的浪费？第二，企业可以获得无息贷款，企业现金存入智能市场还会获得利息，这对智能市场公平吗？

工程师：我先回答您第一个问题。中国是以投资拉动的经济体，投资的疯狂程度远远超出我们的想象，钢铁、水泥、煤炭、建材等产量约占全球的 50%，重卡、工程机械的保有量占全球的比重接近 50%。如果智能市场解决政府财政收入问题和重化工企业、员工退出问题，这些产业每年所节省的能源和资源就至少可以满足未来 100 年持续更新设备。

例如，中国钢铁产量 10 亿吨，按照 1% 钢材用于生产智能设备（每台智能设备平均重 1 吨），每年可以更新 1000 万台新设备，或者说一年节省的钢材可以满足未来 100 年需求。所以，消费领域看似疯狂的采购与投资浪费相比根本不值得一提。另外，这种不计成本的采购同样会受到市场的约束，因为钱并不经过个人账户，任何个体都没有寻租空间（没有谋求私利的空间），每分钱都只会用在刀刃上。而且，这种权利只有真正领先的企业才拥有，市场认可程度与授信额度是直接关联的。

我接着回答您的第二个问题。智能市场只给您账户内的净现金流支付存款利息，净现金流是指您账户内的总现金减去您账户内的总债务。如果这一数值为负值，那么，智能市场不需要为您的企业支付利息。之所以智能市场要单向给予存款人支付利息，原因是：智能市场为了维持银行的利润已经给银行支付了高额贷款利息，如果智能市场不给企业净现金流支付利息，这对企业而言是不公平的。

这种不公平会让企业选择将净现金流从智能市场中提走（只

有净现金流才可以从智能市场中提走），存入银行账户。而智能市场给银行支付的贷款利息显然比存款利息更高，而非更低。所以，与其给银行支付更高的贷款利息，不如智能市场给企业支付相对低廉的存款利息。

企业家：这是不是又会使银行出现生存危机？

工程师：统一的金融账户是可追溯的，银行固有的存款会长期归银行所有。这部分利息差可以让银行稳定获利，使银行从业者更简单地获利。新创造的财富按照新机制执行，这样既可以保证银行的利息，又不会让银行无限膨胀。

企业家：明白了，在智能市场，企业可以长期赢利，这种利润一旦不断存入银行，银行贷给智能市场的资金规模就会无限膨胀，利息差就会变成一个天文数字，这对企业、消费者实际是不公平的。而如果银行只是将现有的资金存入智能市场，其获得的利息差大致和其需要支付的人员成本相当。银行贷款资金占市场总资金的比重会不断下降，几百年后这部分资产会自然消化，银行从业者也就自然消失了。

税收转化为订单

工程师：确如您所言，实际这种情况同样适合于政府税收部门。当智能市场一次性将未来若干年税款交给政府，税务部门的员工不干活儿反而比干活儿拿得更多（上班要各种办公成本）。在这种情况下，政府会自然考虑让税收部门的工作人员全薪退休。

对政府部门公务员而言，因为政府已经获得充裕的现金，公务员并不担心政府违约，所以也会乐于接受全新退休的结果。对政府而言，一次性获得天量财政收入不仅可以清偿所有过去遗留的债务，还能将公务员逐渐“养”起来，政府的远期成本会随着时间的推移而不断下降。

按照人力成本的方式，采购成本同样可以被迅速清零。当所有成本被锁死，您的企业将变成一台自动提款机，自动提款机类的企业是没有敌人的，其研发能力很容易获得飞跃。

企业家：我的企业未能实现预期销量怎么办？

工程师：整个社会的经济自由度大幅度跃升，整个市场的消费是会增加还是会降低？

企业家：显然会大幅度增加。

工程师：市场容量大幅度增加，市场集中度大幅度跃升，对您的企业意味着什么？

企业家：明白了！我的企业销量同样会大幅度增加，所以，未来我的营收会比现在的预期值更高，而不是更低。我还有一个新的疑惑，那就是我的企业裁员后，在职员工工资如何发放？大幅度加薪还是其他方式更好？

工程师：这个问题最简单的处理方式是：被裁员工按照退休处理，退休金由智能市场逐月发放，在职员工工资大幅度上调并批量发放。这样，在职的骨干员工会快速获得经济自由，焕发出创造活力。假设在职骨干员工一次性获得未来10年工资，那么，在职员工等于获得双份收益，一份源自工资，一份源自智能市场利息。

而被裁员工的工资会转化为企业未来收入的来源。您可以将被裁员工看成美国市场，实际您的企业出口换回来美元和您从被裁员工身上获得的营收是没有差别的。智能市场开启，传统渠道裁员的比例会超过 90%，制造商需要裁员的比例也会超过 50%，因为营销、管理、财务、渠道等方面的员工需求几乎不再有。

第一轮大批量裁员完成之后，并不意味着裁员就此结束，而是新裁员周期的开始。您企业的研发工程师会在智能市场上寻找智能机器人供货商，以替代各个岗位上的体力劳动者，裁员的终点是您的企业员工数量趋近于零。由于所有企业都在向零就业的方向努力，当您的企业实现智能化（零就业）时，其他行业的企业大致也已经接近零就业和智能化。

超预期+++

企业家：最终研发怎么办？

工程师：以群体开放式创新来完成，工程师群体独立于企业之外，研发成果企业以高价收购。这种开放式创新可以让企业最大限度节省成本开支，同时又不会因企业文化、老板个人爱好而禁锢研发工程师的创造力。

企业家：日常技术问题如何解决？

工程师：在智能市场上，质量问题和用户抱怨是公开的。以工作室或大学为核心的专业解决日常问题的工程师团队会主动寻找这些问题，企业只要提前将这些问题标价，研发团队认为这个价格合理自然会上门帮助企业解决问题。如果研发团队认为价格不合理，企业自然需要提高酬金。

日常问题的处理会不断细分，高度专业化的研发工程师团队可以轻松解决企业面临的工艺技术问题和难题，因为他们服务的群体并非一个企业，他们拥有的案例库是任何单个企业所无法比拟的。另外，整个社会全部采购最优产品，所有工作人员的工作变得可追溯。这会让整个“中国制造”的质量不断跃升，故障率会不断下降。

企业家：我的企业在实现智能化之后是不是要偿还智能市场的债务?

工程师：在智能化的过程中，您的企业可能已经完成了债务的清偿。

企业家：为什么?

工程师：第一，智能市场帮助您的企业扫清了低端竞争对手，您的企业市场占有率会出现大幅度增加；第二，中国消费者经济自由度超过美国中产阶层水平，使市场容量出现迅速扩张。这两个因素叠加使您的企业营收和净利润出现跃升，因此，在过程中您企业现金账户的资金会比预期更早地超过负债。超出部分会获得智能市场给予的利息，最终，您企业的负债可能是由现金利息偿还的。您的企业很可能会在智能化实现之前已经实现零负债。

举例来说，您的企业是全国领先的光伏企业。在传统市场之中，因为产能过剩和巨额银行贷款，所有光伏企业面临亏损，您的企业也很难幸免。而智能市场会借给其他行业企业无息贷款，无息贷款机制会让所有企业选择风能、太阳能，使自己企业的电力能够自给自足，这会让整个光伏市场容量瞬间放大若干倍。

由于您的企业在技术上领先，这些订单会大部分指向您的企业。没有获得订单的落后企业只有一种选择，那就是破产保护，将企业高价出售给智能市场，智能市场再以低价将您的竞争对手出售给您的企业。这样，您的企业既可以获得充足的产能以满足市场要求，同时，又可以避免劣质光伏产品流向市场。

市场的整合会在短时间内完成。假设市场容量扩大 5 倍，您的企业市场占有率由原来的 10%提升至 50%，那么，您的企业实际营收会扩大 25 倍。按照 10%的净利润率计算，在市场整合后，您企业的未来年净利润会是您现在年营收的 2.5 倍。假设您计划 10 年偿还债务，实际 10 年产生的利润的利息已经可以偿还债务。

企业家：这个又超出了我的预期。

工程师：所谓效率奇点就是要超出所有个体的预期，否则根本谈不上一种新的社会形态。在逻辑上，效率奇点是企业债务可以转化为企业利润，或者说，领先企业负债根本不需要偿还。但我们如果在讨论的开始直接说企业负债不需要偿还，大家都不能接受。以渐进的方式去实施，最终，大家会发现债务在生产的过程中会以一种无法察觉的方式完成清偿。

至简，智能！

企业家：智能市场确实很棒，但我们谈论了这么长时间，这么复杂的机制如何实现呢？

工程师：智能市场的实现并没有您想象的那么复杂，也没有什么高深的技术。您了解天猫平台吗？

企业家：了解。企业把产品上传到天猫平台上，通过天猫直销，或者企业将产品交给经销商，通过经销商在这个平台上销售。

工程师：在智能教育平台预订完成后，消费者委托第三方建设一个类似天猫平台的电商平台（包括智能手机客户端平台，两者互联互通）。这个平台可以支持企业同步上传产品，企业把产品与服务上传到该平台上，就基本完成了智能市场的主体建设。

企业家：就这么简单？

工程师：简单才会不失效。在智能市场上，每个企业会拥有两个账户：第一个是负债账户，第二个是现金账户，两者的起点金额都为零。我们前面已经分析，机制倒逼银行也会在智能市场上开户，银行只有一个现金账户。

当债权人和债务人都在智能市场上开户，企业和银行之间的债务关系只要提交给执行方，执行方即可在1~2小时内完成所有账户资金的调整。完成这一工作后，企业债务将停止增长，变成一串恒定的负数。银行账户的起点总现金数量与企业债务数量相等，智能市场起点的总现金数量依然为零。

企业家：这就完了吗？

工程师：实际已经完成了。所有的企业都欠智能市场债务，所以，智能市场尽管总资产为零，但它却可以给任何一家企业发放无息贷款。例如，中石油需要开发页岩气项目，向智能市场申请2000亿元授信，中石油的消费者和客户批准后，中石油现金账户就会增加2000亿元，负债账户同样会增加2000亿元，两者同样是平衡的。

企业家：道理是如此，但谁来给中石油授信呢？如何评估呢？

工程师：评估工作由市场完成。具体方法为：中石油提出详细的规划和预算方案，方案中要采购的设备、设备数量与供货商提供的产品与服务建立超链接，放置在智能市场授信频道，中石油的客户和消费者认为该项目可行，就会预订中石油化工产品或汽柴油。当预订金额达到2000亿元，授信即完成。也就是说，无息贷款实际是由市场中中石油的下游客户（消费者）支付的。

企业家：消费者和客户会把钱先给中石油免费使用吗？

工程师：预订等于合同，在未发生购买之前，利息依然会流向中石油客户和消费者的现金账户之中。所以，预订方没有利益损失时，预订是很容易达成的。另外，需要注意的是消费者和客户一旦预订，智能市场要求预订方就必须履约，即完成消费。客户履约会使中石油肯定可以收回这2000亿元。这2000亿现金会把中石油申请的授信权力自然填平，以上过程全部由软件执行。

我们也可以来看第二个案例。假设某风能企业希望获得500亿授信，以获得发展核心技术和提升智能化程度，则该风能企业只需在授信频道页发布相关的规划和预算方案，并将自己的风机作为预订项目，向“中国制造”企业以预订的方式出售。获得零成本资金的“中国制造”显然更愿意购买风电以降低自身的远期能源成本，因此，“中国制造”会广泛参与预订，使授信快速完成。

“中国制造”愿意参与的原因同样是在获得产品之前，利息仍归自己的企业所有，同样，一旦预订达成，采购方不能违约。这种方式会让订单集中到领先企业的旗下，使落后企业失去生存空间。在这个过程中，很可能出现不同企业同时预订，规划冲突的情况。在传统市场，这种情况很容易引发竞底。但在智能市场中，过去形成的口碑会起到决定性作用。假设金风科技的产品在过去使用过程中性能更佳，那么，口碑会使金风科技率先完成预订。在预订完成之后，预订的窗口并不会关闭，客户在自由选择的情况下会自然倾向于已经达成预订的企业。这就会形成倒逼机制，即落后企业必然向领先企业靠拢，寻求被收购或兼并。

以上两类市场授信都是基于成熟企业和成熟项目，第三类预订会是一种开放式预订，服务的群体是消费者，股权持有者也是消费者。例如，北京某位市民发起一个预订项目，项目的内容是希望在北京周边的河北农村发展荷兰式农业，相关领域的专家会自然帮助这位市民计算成本，不断优化该项目。这一过程会类似维基百科或百度知道的编辑方法，预订群体会不断增加。当达到项目所需的资金量，项目会自然启动，因为优化项目成本的过程，也是专家和企业瓜分订单的过程。项目启动后，会严格按照规划进度执行。

开放式股权

企业家：什么是开放式股权？

工程师：预订达成后，项目并不会关闭，预订消费者占股比例会随着预订人数的增加而不断减少。预订消费者获得的股权比例等于100%除以用户总数。

企业家：为什么不关闭预订窗口，让预订者感觉更踏实一些？

工程师：关闭预订窗口会造成其他未能参加预订的消费者选择重复建设，重复建设很可能会造成产能过剩。过剩产能不仅使成本增加，还会损害净利润率。智能化的终点是零成本，即预订消费者未来消费1000元，分得的红利同样是1000元，对应的股权价值为20000元。关闭预订时间窗口会使分红存在不确定性，对应的股权价值也就存在不确定性，而不确定性恰恰是寻租和风险的温床。

两个确定性消费者只能占一个。确定性的股权匹配不确定性的收益，确定性收益匹配不确定性的股权（道理相当于量子力学中的不确定性原理）。要使两者能够达到兼顾，唯一途径是使预订消费者数量达到100%，只有开放时间窗口才能达到100%。

企业家：为什么不确定股权反而可以带来确定性的收益？股权都不能确定，如何确定收益？你把我绕得有点晕了。

工程师：以智能教育为例。预订用户数量超过1亿人，预付款存入智能市场获得利息会超过运维成本，未来营收会全部转化为净利润。预订用户每年消费1000元，会获得500元分红，这个分红是确定的。可以获得500元分红对应的股权价值为10000元，这也是确定的。如果关闭预订窗口，剩余消费者开始可能会选择该平台，则1亿预订消费者分红和股权价值会分别高于500元和10000元。

但随着时间的推移，未获得股权的消费者，重复建设一个智能教育平台是大概率事件，新平台的定价很可能是每年 800 元，甚至更低。此时，旧平台必然要以降价应对，分红的金额会随之降低。当新平台预订股东超过旧平台时，很可能原有股东会舍弃旧平台，选择新平台，那么，旧平台预订股东手中的价值会变为 0。所以，关闭窗口预订股东获得股权比例是确定的，但收益和股权价值却会随着时间而变化。

反之，预订达成后，预订窗口依然开放，会使后来者直接选择已有平台。这样，消费者消费 1000 元，对应的分红 500 元和股权价值（10000 元）就会变得确定，出售知识的劳动所得是一个变量。从数学角度看，开放窗口消费者可以获得两个常量收益和一个变量劳动所得，关闭窗口消费者的三个收益都是变量。

企业家：明白了。但不关闭预订的时间窗口，项目什么时间实施？

工程师：预订金额达到预算要求即可实施。以智能教育为例，预订人数达到 1000 万基本上就可以启动了。因为预订窗口是开放的，只要平台启动，后续其他消费者参与具有确定性。这一逻辑同样适用于智能市场本身，1000 万消费者已经足够推动智能市场启动，因为很多国家的总人口也仅为千万级别。供求直接对接会让加入智能市场体系的企业成本直线下降，净利润率直线上升，参与消费者获得的好处是生活成本大幅度下降。共赢是自强化的原因。开放窗口代表合作，关闭窗口代表垄断。垄断者最终会垄断自己。

企业家：我又想到一个问题，天猫怎么办？会破产吗？

工程师：把传统电商归入金融类企业，智能市场支付给银行的利息源自未来，智能市场同样可以以透支方式给传统电商利润。这既不影响传统电商收益，又不影响实体企业净利润。未来，智能化只允许一家综合电商平台存在，因为唯一才可以与可追溯的质量管理软件对接，才能使所有问题轻松地找到责任人，才能使整个市场的成本降至最低。

这要求传统电商主动早期介入，否则，市场有权抛弃传统电商平台，因为新建电商平台的成本对整个市场而言趋近于零，而传统电商高达万亿的市值无疑属于高额债务。如果传统电商选择早期介入，市场会自然承认这一债务。如果传统电商执迷不悟，那么，市场也可能抛弃传统电商平台。这一逻辑同样适用于其他类金融企业，如保险公司、投行、券商、地产商、奢侈品商等。

小结

企业家：我梳理一下思路。

1. 达成的条件

智能教育平台预订初步达成，在智能教育平台上会自然延伸出一家智能市场。智能市场因供求直接对接而使交易成本直线下降，实现消费者和实体企业的共赢。共赢是该平台自我强化的推动力。

2. 简单算法

这个平台的算法并不复杂，企业负债账户为负值，银行现金账户为正值，两者相加之和为零。随后，企业负债停止增长，理论上，什么时间还债都可以，等于不用偿还债务。银行账户资金按照贷款利息增长，企业负债、银行账户两者分离，互不影响，这是金融体系稳定的原因。同理，政府税收账户为正值，企业新增负债为负值，两者之和同样为零。

企业、消费者存入该系统的现金为正值，可以获得稳定利息。货币全部在该平台之内，预订并不会影响买方利息收益，这会使预订快速发生。预订会代替银行审批和第三方评估，从机制上为企业提供无息贷款。

3. 成本变利润

领先企业可以把所有包袱甩给智能市场，这些包袱会由智能市场转化为企业的订单和利润。领先企业包袱越甩越少，最终自然实现智能化，企业会变成自动提款机。

4. 透明、稳定金融体系

市场中所有参与者都希望成为赢家，因此，只有创造一个不怕死、零成本、透明的超级输家，金融体系才能获得稳定。这一超级输家会给我们和世界带来一个超级稳定的金融系统，从根本上消灭经济危机和战争。

5. 共赢、开放契约

A. 企业承认消费者在新兴领域获得的股权价值。消费者以在新兴领域获得的股权价值形成强大的购买力，拉动中国企业快速实现智能化。

B. 企业给政府批量缴纳未来税款，为政府解决债务难题。政府把市场问题交给市场解决。

C. 企业批量偿还银行债务，并使银行在未来一定时期内稳定获利。银行和金融机构将整个金融市场整合到该电商平台上。

D. 实体企业大批量采购新兴可循环能源，新兴可循环能源企业放弃竞底，进行深度整合，使整体研发与技术获得跃升。智能市场帮助传统能源企业解决离职员工问题，摆脱能源对外依赖。

E. 传统企业大批量采购智能机器人，使消费者持有的智能机器人企业获得量产，并在此基础上开发智能家用机器人；智能机器人公司的盈利和股权会转化为消费者的购买力，拉动传统企业销量增长。

F. 服务商批量采购智能厨房设备和智能机器人，电商平台为服务商提供无息贷款。

G. 电商平台为高速收费企业提供无息贷款，批量清偿高速贷款，使高速公路收费员全薪退休。高速公路停止收费，智能汽车制造商负责改造智能交通体系。

H. 跨国公司享受“中国制造”等同待遇，同时必须接受人民币独立结算，必须接受智能市场共赢契约。

I. 跨国金融机构享受中国银行等同待遇，同时必须接受智能市场人民币结算。

J. 发展中国家消费者可以享受中国消费者等同待遇，同时必须接受智能市场人民币结算。

K. 发达经济体消费者可以享受中国消费者等同待遇，同时必须接受智能市场人民币结算。

L. 各国政府可以享受中国政府等同待遇，获得提前征税权，但享受提前征税权的经济体必须对智能市场体系内的企业实施零关税政策。

6. 透明契约

电商平台给所有其他市场开辟表决通道，把选择权交给美国、日本、欧洲等经济体的消费者。表决的结果是透明的、公开的，如果美国政府真的如自己标榜的那样民主，那么民意不可违背。

智能市场是稳定的、简单的、透明的、群体控制的，很容易给全球所有消费者经济自由。而华尔街模式是模糊的、复杂的、不透明的，是少数人控制的不稳定金融体系。

在最近 100 年，不稳定的金融体系给世界带来的战争灾难不计其数。战争所造成的或者与战争有关的死亡总人数估计为 1.87 亿。不稳定的金融体系还给世界带来严重的经济灾难。

只有金融机构透明化才能从逻辑上消除不稳定的金融体系，才能根治危机与战争。也只有将所有经济体利益变得高度一体化，才能摆脱零和博弈的困局。显然，透明化不能靠政府，也不能靠金融机构自律，更不能依靠个体企业努力。只有美国消费者获得知情权，才能通过合理、合法、公正、公开的方式罢免华尔街的货币发行权，才能使智能市场的人民币成为唯一的契约货币。

过去几十年，美国一直试图向东方输送价值观，但中国人却固执地坚守着自己的理念。很多人说中国人愚昧，但真实情况是美国人输送的机制透明度不够，美国人输送的金融体系稳定度不够，美国的民主形式过于落后。文明会呈现螺旋式上升，上升不是模仿，而是超越。

7. 以我们为主导的思维方式

中国有全球最强大的制造能力和供给能力，有全球最大的消费市场，有最健全的产业链供给体系，有最大的智力库资源。当我们将市场嫁接到互联网上，中国将拥有一个透明的稳定市场。我们愿意将这一稳定的金融体系分享给世界各国人民，如果跨国公司、发达经济体不接受我们的契约和金融体系，对我们而言损失为零，因为效率的奇点已经十分清晰：智能机器人生产智能机器人，智能机器人从事生产、运输、交付和服务。

过去 10 年，我们基本完成了城市化和工业化，未来 10 年，我们将可以轻松地以群体开放式创新实现智能化和无人化。智能机器人的产能突破千万的难度并不会比汽车产能突破 5000 万更高，智能农业、智能汽车、智能交通体系、智能工厂、风能、太阳能普及的难度不会比城市化的难度更高。所以，未来世界对我们而言是可有可无的。

但世界离开我们，几乎所有经济体都会陷入恶性通胀，几乎所有经济体都是瘸腿的，也是短时间不能全面建成的。正是这一逻辑让我们有底气要求他们承担相应的义务，有底气要求华尔街跟随我们的节奏去改变。如果我们错过这一时间窗口，美国、欧洲完成工业4.0升级，我们的债务危机继续恶化，我们整个市场很可能面临灾难性的坍塌事件，人民币面临卢布的问题并非没有可能。过去30年，“中国制造”为世界打工使选择权在我们手中。如果债务压垮了人民币，那么，我们过去30年的努力会付诸东流。

工程师：您总结得太到位了！

企业家：从第一部分的讨论中我已经发现了商机，我还在琢磨如何独享这一商机或者切更大一块蛋糕，但第二部分讨论让我放弃了独享的想法。企业战略最高的境界是：以阳光下战略获得规则制定权，对规则制定者而言，钱就是数字。任何一家中国企业都不可能独立地获得规则制定权，单打独斗会让我们全部成为输家！

之所以和你反复纠缠细节问题是希望抛砖引玉，最终你的解答也没有让我失望。当你说解决我企业债务问题的方案时，我已经笃定要支持智能教育和智能市场，因为这个简单的解决方案超出了我的预期，等于我以我生产的商品支付所有成本，成本以外的销售为净利润。

当你解读到可以将企业多余员工甩给智能市场时，我开始考虑怎么裁减渠道、裁员；当你解读到企业可以将采购成本阶段性清零时，我开始盘算如何引进清洁能源和智能设备；当你解读到企业债务在实现智能化之后根本无须直接偿还时，我开始想到《失控》中凯文·凯利讲的众愚成智。在智能市场，我只需考虑不断裁员，至于引入新智能设备、引入清洁能源，只需随波逐流，哪里预订更多，我就选择哪里，肯定不会错。

所以，我开始考虑华尔街。我发现只要中国市场实现智能化，全球市场会引发蝴蝶效应，首当其冲的是华尔街，因为华尔街聚集的资本规模最高。当实体企业不需要银行贷款和投资时，华尔街金融机构会因无法偿还储户和投资人利息而破产。华尔街自救的唯一途径是找我们来谈合作，被我们收编，享受与中国银行等同的待遇。（这种感觉会很棒，应该是对“中国制造”的终极奖励。）

我考虑的第二个问题是我的竞争对手——跨国公司。当智能市场能够为“中国制造”长期提供无息贷款，跨国公司的固有优势将会荡然无存。正如你所言，“中国制造”可以随时采取免费试用的办法挤压跨国公司的市场份额，这种威慑力显然比核武器更强大。如果跨国公司不调整机制，看似强大的跨国公司很容易落得摩托罗拉、诺基亚那样的下场。

逻辑上的死亡使跨国公司必然选择找“中国制造”谈合作，我开始考虑：第一，智能市场接纳跨国公司的条件是什么；第二，跨国公司加入智能市场之后，智能市场会自然延伸到跨国公司所覆盖的市场，这又会涉及结算方式的问题，而这一问题刚好与华尔街交出货币发行权相一致。

最终，我发现一个小小的电商平台所推动的智能化会将全球吸入这一体系，使中国人自然登上主导人类历史进程的舞台，这又与中国梦的诉求相吻合。

在这个过程中我在努力寻找违约的空间，我相信其他人会有同样的思考过程。但最终我承认，全程可追溯的透明、动态契约根本没有寻租和违约的空间，所有选择这一契约的人都会被不断超预期的利益俘获。因为找不到违约空间，我的思维自然被你带到了终点。回头看问题，我自然发现：原来我们可以以如此简单的方式主导人类发展进程。

> 温馨提示：鉴于假设环环相扣，可能会出现数值的不精确，前后的重复。重复是为了让读者强化记忆，因为这些重复与不精确并不影响本书表达的主题。另外，文中提到所有企业对话纯属假设与巧合，请勿对号入座。

第三部分

中国能给世界带来什么?

第十八章 东西方思维方式的差异和形成的原因

心理学家理查德·尼斯贝特曾做过一个实验，他让学生们在很短的时间内描述一幅他们看到的画有鱼缸的图片——鱼缸中有金鱼在游泳，还有一些水草。在这样一个实验中，亚洲的孩子们大多会描述整个图画，说他们看到画上有一个鱼缸，鱼缸里有金鱼在游泳，还有水草；而美国的孩子则只记得画中最主要的部分，他们更多地看到的是一条鱼。

通过大量观察与此类实验，前人给我们总结的结论是：东方人更倾向于看到环境和关系，而西方人更倾向于看到环境中的物体。中国人关注的是更广阔范围的事件，研究的是事物之间的关系，中国人认为不了解整体就无法理解局部。西方人生活在一个更为简单、更具有确定性的世界中，他们关注的是恒久不变的物体或人而不是更大的画面。他们认为自己可以控制各种事情，因为他们懂得控制物体行为的规则。

如果只是从以上简单结论来看，貌似中国人更加客观，西方人更加主观。但为什么看似更客观的中国人反而在科技创新领域几乎无所斩获呢？关于这一问题，尼斯贝特给出了一个初步原因：

“中国人认为事物是不断变化的，但总是回到原始的状态。”这一结论源自彭凯平在美国做研究生时和尼斯贝特的一段对话。中国人认知的上半句无疑是正确的，但问题的关键是下半句，总是回到原始的状态。总是回到原始状态的思维方式禁锢了主观的努力，找到我们思维始终回到原始状态的原因是打开东方创新能力的钥匙。

我们在这一章仍以讨论的方式，来探讨东西方思维的差异和形成的原因。显然，差异是明显的，也是有目共睹的，因此，我们探索的重点并非差异，而是形成的原因，后者才是东西方思维、文化融合的钥匙。

东方思维的成因

工程师：东方哲学最朴素的部分：道生一，一生二，二生三，三生万物。该描述的整体逻辑与质能方程（$E=MC^2$）完美契合。道是质能方程本身，一是物质，二是质量与能量，三是质量与能量之间的相互转化效率，转化过程产生的现象为万物。

白领：老子太牛了，我们为什么以前没有发现呢？

工程师：因为道生一，一生二，二生三，三生万物，东方人的诠释方式是A=B（B可以拆分为B、C、D……），A–B=0，A+B=100%，我们人为地偷走了转化系数V^2。在大部分东方人眼里，只有零和博弈。我们测字、算命、看风水的目的不是使A、B之间的转化系数增加，而是想通过“斗”把别人口袋的钱转移到自己口袋。通过这个模型来看，如果你认为A+B=100%，那么，

A、B要关注的肯定是比例关系，而非实际净收益。

这在投资领域表现为：东方投资人会倾向于在项目中绝对控股，而西方投资人会倾向于将控股权交给执行方。因为东方投资人认为未来可以赚的钱是一定的，比例关系决定自己的未来收益，而西方投资人认为未来可以赚的利润是一个弹性数值，将主动权交给可信赖的执行方，执行方会付出120%的努力，帮助自己赚钱，自己虽然持股少，但实际获利却可以更多。

东西方思维的差异造成契约组织形式的差异，东方投资人绝对控制的组织机构会造成投资人和执行方将大部分精力用于内斗，而西方执行方绝对控股的组织机构会使团队的主要精力用于向外拓展。所以，起点机制决定：东方自然收缩，西方自然扩张。随着时间的推移，前者会被市场淘汰，后者会自然胜出。胜出机制会获得自然强化，最终，A+B会变成X，简化式为A=X，B=X。也就是说，主观努力决定X值，未来有无限可能。

白领：为什么我们会偷走V^2转化系数？

工程师：客观环境决定主观思维方式。过去2000年，中国生产效率基本上在一个较低水平上波动，整体产出基本是一个恒定值，所以造成“中国人认为事物是不断变化的，但是总是回到原始的状态”。这一认知实际上与中国过去2000年农业社会的生产力客观相匹配。例如，在过去2000年，农产品是农民的主要收入来源，而农产品产量基本是恒定的，这种客观导致不参与市场合作者最终胜出。

白领：为什么不参与市场合作者反而会胜出？

工程师：首先，我们要明白不合作者并非不向市场出售商品，而是只出售，不购买，或者说卖得多，而买得少。这会使市场中有限的金属货币不断向“只入不出”的不合作者手中集中，当遇到自然灾害，参与市场合作（买卖基本平衡或买的更多）的农民会因为手中没有粮食或没有货币而只能选择以土地做抵押去借款，土地会因此而集中。这实际上调整的是土地比例关系，胜出者胜出并非因为推动社会效率提升，而是因为通过“只入不出”逐渐修改了劳动产出的比例关系。

胜出者会进一步强化“只入不出”的行为准则，并逐渐成为地主。当市场其他人看到胜出者胜出的路径，会选择同样方式，市场会自然衰减。中国人将这种“只入不出”视为勤俭节约的美德。但从长期看，这种美德具有典型的“损人不利己”的特性，因为效率的提升需要依托市场的分工与大循环，货币流通次数越多，交易越频繁，每个人可以获得商品的数量越多，社会效率提升的速度越快，单位产出增加的速度越快。

但勤俭节约与艰苦奋斗匹配会自然杀死市场，不参与市场合作者自然胜出，并主导了分配关系。当市场自衰减，土地持续集中，流民会自然产生，并持续增加，灾难性事件会随着“民不畏死”而出现，并陷入一个轮回之中。从秦王朝开始，中国大规模无序自我残杀几乎就没有停止过，这又是中国人认为变化的终点是原点的原因。

白领：为什么东方人未能突破这一魔咒？

工程师：至少有几个方向锁死了东方自我突破的路径。

第一，饱和的人口需求。中国西北部有着广袤的边境，与游牧民族连接，战争连绵不断。游牧民族百万级别的人口分布在几百万平方公里土地之上，对应着超级强大的机动能力，这种日常机动能力是游牧民族生存的必要条件，也使其对汉民族战争变成一种获利方式。

对汉族而言，防御是唯一低成本的途径，因为即使像汉武帝倾举国之力消灭一部分游牧民族，草原上又会兴起新的游牧民族。漫长且遥远的防御边境需要持续输送大量的粮食和物资，而边境地区主要集中在高海拔、少雨的西北部，这导致运输粮食和物资的途径只能通过陆路运输完成。陆路运输成本有多高呢？我们可以选取一个参考案例。

淮海战役中出动农民 543 万人运粮运物资，参战兵力与支前农民的比例高达 1∶9。显然淮海战役的范围并没有中国古代边境战争运粮的半径大，因此，要支持前线 10 万级别的常备军，后勤保障人员数量至少为前者的 10 倍以上，这一点沈括在《梦溪笔谈》中有详细的描述。战争是要死人的，一个几千万人口的国家，有 100 万以上的人要参与到直接和间接战争，大众为应对意外至少要生 2~3 个男孩。当大众普遍想生 2~3 个男孩时，实际生孩子的数量会达到 4~5 个（只考虑存活下来的人口数量）。

正是这个内在逻辑决定了，中国人口经过大量减损后会在 2~3 代重新进入饱和状态。人口饱和之后呢？人口增长会停滞吗？实际上并不会停滞，过饱和人口和停滞产出的矛盾必然带来流民潮。而流民潮又会将社会带回起点，意外灾难因此由小概率事件变为必然事件，这又再次强化了生育和听天由命。

第二，大陆运输高昂的成本使粮食难以自由流通。粮食自由流通意味着低附加值商品会被锁死在小范围的市场之内，小范围、有限的市场需求又很容易被过剩的劳动力所满足，这就形成了一个自锁的恶性循环。

第三，中国煤炭产地与大陆高成本运输地区重合。较少受到战争侵害兼具低廉水运成本的中国南方并没有煤炭资源，同时，南方铁矿石资源也极度匮乏，这和西方情况完全是相反的。

第四，战争需求和贸易需求刚好是相反的。战争要求统治者选择上游（顺流而下）以降低平定叛乱的成本，市场要求统治者选择下游以促进贸易和分工。显然，统治者从自身利益出发，必然会选择上游，这又会带来大量粮食和物资的“逆向”运输需求。显然这些运输依然主要靠人力完成，这又要征用大量人口，强化人口供给。

随着时间推移，统治者所在区域高度依赖这种逆向运输贸易网，一旦农民起义爆发，很容易冲垮逆向运输网，上游高密度的人口会很容易陷入粮食危机。因此，在中国从来没有攻不破的堡垒，这意味着个人财产根本得不到保障，社会契约随时可能荡然无存，干了也白干，调整比例显然比创新更符合个体利益，因为前者能够让个体处于相对有利位置。

第五，高成本同样带来高昂的统治成本。这使统治者普遍选择杀一儆百的治理方式，而杀一儆百意味着法律（契约）尺度存在巨大的可伸缩性，这又塑造了中国人后发制人的行为习惯。而这种后发制人显然又屡试不爽，因为杀一儆百的机制使所有人都不愿意为公益出头。最基层的统治单元对所谓“刺儿头”的治理办法往往是授之以利益。

当小矛盾无法在萌芽中被解决，社会矛盾会不断强化，当矛盾最终爆发就会变成法不责众和替天行道。在治理法不责众的过程中，统治者仍然会选择杀一儆百，这又会导致后发制人者胜出。当所有人习惯于后发制人时，实际上所有人就会自然失去大脑，因为大众的行为都在盯着别人。没有大脑，选择盲从的群体，会有价值观吗？答案显然是否定的。以上几个环节环环相扣，自然就杀死了创新的萌芽。

获利方式决定思维方式。在市场之中，抱着A=B思维的国人A，也深知B的思维方式，如果A要和B合作，A首先想到的是B违约怎么办？B同样是以这种方式思考A，因此，A、B要达成合作需要长时间的磨合。正是这种思维方式使我们合作的半径只能局限于家人与熟人。

市场中，A以外的B是无限多的。因此，A要想抱着对社会对国家负责的态度去做事，如果A企业所有环节都按照规定进行，A消耗的时间成本足以让A破产，那么，A在市场中被淘汰的概率几乎为100%。所以，思维会自然杀死熟人以外的合作，A圈子变成提升效率的捷径。A和A以外的客观现实是一种对立关系，A与A以外的客观现实的对立关系会随着A年龄的增长而不断加深，因为只要A的诚实和正直会一次次被愚弄，B早已经潜藏了利益比例关系。

白领：什么是潜藏利益比例关系？

工程师：A、B共同开拓一项事业，A交出了100%的营收（履约），B交出90%的营收（违约），两人公摊180%的成本支出，A实际获利为5%，B获利为15%，两个人获利的比例关系为1∶3。所以，随着时间的推移，B的寻租行为会吞噬这份事业和A的未来，B会成为短期赢家。但B会随着提供收入来源的事业的坍塌而失去最终收入来源。

A与B既是合伙人关系，也是企业与政府之间的关系，还是政府与公务员之间的关系，同样也是个体与社会之间的关系。通过隐藏的营收获利是很多中国人主要的获利方式之一，这也造就了另一种思维习惯，那就是先寻找潜台词和潜在违约空间。中国人的寻租能力会远远超出其他民族。当厚黑、潜规则、留后手成为中国人的普遍获利方式，整个社会财富会被快速清零。

白领：为什么社会财富会被清零？

工程师：原因有三点。第一，A、B合作中比例关系一旦被改写，事业的投入会自然缩减，项目会在起点打转，与竞争对手之间的差距会越来越大。第二，社会契约的一项重要内容是创新的独享权。假设A、B开创一项事业，有大众遵守的社会契约保护，A、B占这项开创性事业的比例会接近100%，而没有社会契约保护的社会，会有无数个C、D来选择后发制人模仿A、B，使开创这项事业的A、B在这个领域所占比例由100%下降至N%，甚至更低。假设N%值为30%，A、B为该项事业准备的产能、人力为100%，那么，当大量C、D进入，A、B亏损存在必然性，当开拓者A、B都出现亏损，新进入者自然难以幸免。这种情况在中国普遍存在。如视频网站兴起，中国立即蜂拥进入，时至今日，依靠外资支撑的优酷仍在亏损；团购兴起后，中国立即进入“百团大战”，这导致团购成为烧钱游戏；陌陌的成功立即引来大量手机聊天客户端的创办。第三，潜藏的获利途径会快速扭曲社会财富分配比例。如产业资本、寻租收入和其他资本蜂拥进入房地产领域，使中国房价在过去几年连番若干倍，房价暴涨意味着“中国制造”渠道和人力成本暴涨，亏损潮接踵而至。当“中国制造”在应该升级的阶段未能升级，未来在竞争中失败存在必然性。当“中国制造”的真正破产潮来临，留给国人的将是大量建筑垃圾。因为社会财富规模取决于工业、农业供给总量，当供给能力被房地产杀死，房地产也就失去了寻租对象，如果不能寻租，寻租者手中持有的资产自然会变成负债。

白领：如何改变这种思维方式？

工程师：改变的方式我们在第一、二部分已经说得很清楚，通过互联网达成永不失效的透明的契约形式，锁死投入与产出比，使所有项目变成单向给予的项目，顺应中国人喜欢索取、喜欢享受权利的特点。当契约达成，获利变成开放式获利，中国人自然会发现V^2系数，中国病人自然会不治自愈。

西方思维的成因

工程师：欧洲面积大致与中国相当：有四大半岛，分别是巴尔干半岛（希腊）、亚平宁半岛（意大利）、伊比利亚半岛（西班牙、葡萄牙)、斯堪的纳维亚半岛(北欧);七个小的半岛,日德兰半岛(丹麦)、诺曼底半岛(法国西北)、布列斯塔尼亚半岛(法国西北角)、康沃尔半岛(英国西南角)、伯罗奔尼撒半岛(希腊南部)、卡宁半岛(俄罗斯境内靠近芬兰)、克里米亚半岛(乌克兰南部靠近黑海)。如果我们看全球地图,实际上整个欧洲也可以看成亚欧大陆的一个大半岛,整个欧洲几乎被海洋包围。这一地理特征决定了欧洲的起点建立在低运输成本基础之上,具有相对较高的效率起点,粮食自由流通的难度相对较低。

白领:为什么你要多次强调地形呢?

工程师:市场有两项刚性成本,分别是运输和生产。如果运输问题不解决,根本就不能创造足量需求,没有持续的足量需求就不会产生大规模的分工与协作,自给自足就会占据主导地位。地理条件是连贯的,影响是持续的,也是客观的,因此,要了解思维方式的形成必须了解社会效率的起点环境。西方自然形成的效率起点是基于高效率之上,其转化系数 V^2 更容易被发现。

白领:但坐拥高效率起点的西方为什么自我禁锢了1000年(黑暗的中世纪)?这期间为什么西方人不能发现这种优势?

工程师:自然形成的高效率是一把双刃剑。第一,这使奴隶主和封建领主很容易镇压造反者,也很容易建设攻不破的堡垒,比如东罗马帝国的君士坦丁堡,1000多年未被攻破。第二,奴隶主和封建领主自身需求是有限的,没有外部市场的拉动,几十个奴隶服务一个奴隶主或几十个农奴服务一个封建农奴主几乎没有市场和需求。因此,中世纪的欧洲比亚洲还要差。微量需求很容易被大量的人满足，这是罗马帝国在完成城市化之后逐渐衰落的原因。

无论东西方，贵金属流通的大致方式都是战争将贵金属集中，随着统治者因投资而不断流向市场，统治者手中的贵金属最终告罄，流入贵族手中的贵金属开始被囤积，市场被禁锢。货币是契约的凭证，一旦凭证被收购，寻租者即可以低价收购优质资产，侵吞整个社会财富的比例。

死亡是创新的老师。

西方文明真正的爆发源自东方的入侵，蒙古人三次西征使欧洲人口迅速向西南北挤压，黑死病断送了欧洲 1/3 的人口，这使原有社会结构土崩瓦解。蒙古人入侵的副产品是间接解放了离蒙古人最远的葡萄牙人，被阿拉伯人统治数百年的葡萄牙人更主要的目的显然不是地理大发现，而是寻仇。弱小的葡萄牙通过大陆显然无法与摩尔人匹敌，因此，葡萄牙人开始了艰难的地理大发现之旅，贸易作为副产品给葡萄牙人带来了财富。

这个副产品逐渐成为主要目的，这种方式开始被西班牙人所效仿，并使他们获得了超预期的财富。以王权开发为主导的葡萄牙人、西班牙人在完成地理大发现后自然形成了对其既得利益——航线的保护，这倒逼荷兰人、英国人必须以新的契约形式应对。显然，在当时，无论荷兰人、英国人还是法国人，以其国王的财力和物力都无法与领先者匹敌，要与葡萄牙、西班牙竞争只有将义务和权利下移，股权契约形式开始产生，并应用于地理冒险之中。

白领：这和思维形成有什么关系？

工程师：思维由获利方式决定。地理大冒险的利益源自外部，是一种开放式的利益，A、B达成合作，并严格履约，产出会超预期；反之，A、B选择后发制人的思维，等、靠、要，A、B将在社会竞争中被淘汰。因为外部利益是相对无限的，敢为天下先的人在自己获利的同时，也为社会赢得利益，会自然地获得社会尊重。这刚好与东方社会的结构是相反的。东方的情况是大部分地区产出被锁死，获得的是固定利益。

另外，重要的一点是，无论荷兰、英国、法国都是相对较小的国家，外部广袤的市场空间可以源源不断地强化这种获利方式，使合作带给履约者更多超预期的产出。当A=X，投入是定值，产出是超预期值，人们会更关注投入与产出比，而非关注自身所占比例。X，从初期的掠夺奴隶、贵金属，会逐渐发展出种植、贸易、纺织和手工业制品。

白领：就这么简单？

工程师：如果没有新危机，实际上，最终合作者仍然会发现X并非是一个无限增长的数值。但造船业的飞速发展使英国陷入木材危机，在植物作为主导能源的时代，木材危机和现在的石油危机本质上是一致的。1536—1586年，英国木材价格暴涨了8倍，伦敦开始冻死人，英国人开始寻找替代能源。幸运的是，英国煤炭埋藏较浅，开采的难度相对较低。另外，岛国便捷的水路运输体系使煤炭运输的难度相对较低。

煤炭开采和手工业开始发展，巧合事件接踵而至。1755年，里斯本爆发大地震，死亡人数高达约6万~10万人，占全市人口的 1/5~1/4。震后重建需求和取暖需求刺激了英国纺织业和煤炭需求，运河热与纺织革命相伴发生。赢利的运河建设使合作获利的方式自发延续，一种新的能源使用方式因此被打开。英国效率出现跃升，廉价煤炭、廉价钢铁、廉价机器、稀缺的劳动力催生了蒸汽机。

白领：这又和思维有什么关系？

工程师：主要需求在外部，社会产出持续大幅度增长，合作仍然可以带来超预期的收益。人的主观能动性可以获得更多奖励，人们离零和博弈的环境越来越远。社会契约进一步强化，个体创新获得社会广泛赞誉，人们主动承担义务，以获得更多实际利益和社会的赞誉。创新再次强化了外部竞争力，使产品大范围倾销至印度、东南亚和中国等国家和地区。另外一个因素是孤立的岛国环境，使英国成为新的不能攻破的堡垒，拿破仑、希特勒都未能攻克英国。

维多利亚时代，美国广袤的国土开发、铁路建设为英国提供了大量订单，这种订单一直持续到美国内战爆发后，微量人口和大量市场需求决定了西方人选择合作思维更符合每个个体的根本利益，这和中国的情况是相反的。美国的大发展同样始于危机，美国内战期间，用于照明的鲸油价格暴涨 10 倍，这促使美国人开始寻找替代品，石油产业链因此而开启。廉价石油、廉价钢铁使美国人可以享受价格低廉的汽车和汽油，T 型车最低价格仅为 260 美元。

白领：我明白了，利益在引导思维的方向。社会契约只有履约和违约两种选择，在一个社会结构中，如果你认为其他人只想享受权利，不想承担义务，那么，其他人也会以同样的思维方式去思考问题。反之，你认为其他人会主动承担义务，那么，其他人也会以同样的思维方式去思考。

工程师：在东方社会结构中，抱有后一种想法的人在竞争中很容易被淘汰；在西方社会结构中，抱有前一种想法的人，在竞争中很容易被淘汰。假设一个中国人（A）希望和若干个人（B、C、D、E等）合作，做一个赢利项目，项目成功概率为95%，中国人（A）率先想到的是B、C、D、E等违约的概率，而其他人也抱有同样的想法，5%的风险大致对应5%的违约风险。当所有人认为其他人必然有5%的违约诉求时，5%的违约风险会被乘数效应放大，交叉放大的结果是违约风险为100%，思考的过程中项目风险自然被放大至100%。

如果A只考虑事情，而不考虑人的因素，那么，A将被100%存在的风险所消灭。因此，A只思考项目得出结论为95%的成功概率，加上合作者因素之后，会得出一个新结论，成功概率0，A的思维会自然回到原点。这类思考进行几次之后，A会逐渐放弃自己的思考，并得出结论：胡思乱想没有用，不如干点正经事。当A放弃思考，A的思维就会变成一个点，没有了逻辑。据学者调查，在底层群体中，这种情况尤为突出，而没有逻辑恰恰是传销、诈骗、邪教滋生的温床。

反观西方人（a）一个项目赢利的概率为95%，他基本不需要考虑b、c、d、e等的违约，那么，风险就是5%，他要寻求合作的b、c、d、e等也不考虑违约风险，其得出的结论具有一致性，即成功概率为95%，几个人协作的成功概率为100%。因此，社会普遍遵守契约是保证逻辑思维的基础，而社会普遍违约会让人们的思维自然走向封闭。这也是中国人学习能力和创新能力呈现反比的重要原因，学习过程中，结果具有唯一性，所有人得出的结论是一致的。而在社会中，大部分人靠修改契约隐藏营收获利，就会使原本轻松、确定的事情变成充满变数。

白领：具有逻辑思维能力的西方人为什么只见树木不见森林呢？

工程师：在一个没有契约的社会，如果你和别人合作，双方都会时刻关注对方的工作进展和财务状况（隐私），潜意识中不放心对方。而在有契约的社会，人们则更倾向专注于自己的工作，选择尊重与信任伙伴，每个人对自己的环节高度认真负责，这会提升整体质量和效率，进而在竞争中胜出。你把一个项目看成一条线，每个人负责一个关键点，每个关键点按照进度进行，才能使线展开。反之，线会蜷缩为一个点，变得没有逻辑。

这种习惯会自然带到生活习惯之中，无论家庭还是社会的话语权始终都掌握在高收入者手中，工作习惯会影响家庭和社会习惯，这是其一。社会契约的第二层含义是避免低水平重复建设，尊重别人的创新成果（这也是线性思维的保证），尊重别人的创新成果意味着自己不需要思考已经被别人占据的领域。

这是西方人思维上存在的禁区，而这又恰恰是东方人思维的习惯，研究成功者，模仿成功者。所以，正常的逻辑用数学表达为$A=V^2B$，东方人的逻辑是$A=B$，西方人的逻辑是V^2。东方的逻辑盲区在西方人眼中是常识，西方人思维中的逻辑盲区是东方人眼中的常识。

白领：线性思维的西方人逻辑严谨，会存在思维盲区吗？

工程师：会有盲区。道生一，一生二，二生三，三生万物的逻辑关系很简单，万物、三、二、一是四个不同的层面。你在万物层面难以解决的问题，如果推到三层面，可能很容易获得解决；如果在三层面不能解决，那么，你继续将其推到二层面，问题大致可以迎刃而解。举例来说：汽机油（万物）隶属于汽车后市场（三），在美国汽机油市场美孚、雪佛龙、壳牌、嘉实多、BP（英国石油）等全是产业链通吃的大鳄，任何企业想要在汽机油领域直接去和这些大鳄抢夺市场，其难度势比登天。但在汽车后市场领域，这种难度会直线下降。1979年一家汽配商店AutoZone开张，30年后，该公司已经成为机油、轮胎、配件销售的主要渠道，其净利润甚至超出了埃克森美孚。

而AutoZone为什么会脱颖而出呢？答案是该公司提供一站式服务，能够以最少的房租和最少的人力成本将最多的商品让渡给消费者。但西方分析师的分析方法往往跳过模式本身为消费者省钱的客观现实，而去分析细节，如服务、选址、灯光、产品摆放等等。客观地看待，我们会发现以上细节是市场自然进化的结果，真正的原因是消费者会像流水一样自然流向能够帮助他们省钱的低成本模式，持续的利润又反过来促进AutoZone细节的改进。

西方分析师犯的基本错误是只见树木、不见森林，只见空间结果、不见时间累积。这种只见树木、不见森林的思维方式被中国企业管理层广泛引用。对标是中国企业最常用的手段，而对标的手段显然是直接竞争对手，而非上一层级变化的趋势。在第二部分我们讨论债务危机问题之时，我们把银行扔到一边，企业债务会直接转化为订单。

而按照西方思维方式，银行只能考虑银行的问题，消费者只能考虑消费者的问题，企业只能考虑企业的问题，最终只有债务危机爆发一条路径。西方人认为契约包括契约的形式都是不可变更的，但客观上契约的形式需要随着社会效率的提升而改变。如果美国大选10年前被嫁接到互联网上，那么，美国根本不会发生今天的危机。

白领：为什么？

工程师：思维的边界被打开了，人们会自然发现一种可以以更高效的方式组织市场的办法，所有的企业员工和企业家都在选民之内，大家很容易发现，在同一时间交叉采购可以将成本清零的事实。

白领：为什么传统互联网不能自然达成这种结构？

工程师：没有一个统一的利益支点，或者说每个人目的不同。唯利是图是人的本性。

解锁人类社会的固有矛盾

工程师：宇宙的基本法是质能方程（$E=MC^2$），其中C^2的两层含义：第一个C是所有物质都遵守质能方程，因此宇宙运动过程全程可追溯；第二个C是指零秒达成。智能市场的内在逻辑与宇宙的基本法质能方程高度吻合。同样可以实现的是：一是交易全程可追溯，二是交易以最短时间达成。人类会选择这一智能市场的原因同样是该规则可以使人类实现“不劳而获”和“青春永驻”的梦想。

白领：为什么说未来是“不劳而获”呢？市场不是依然以等价交换为原则吗？

工程师：我们这里“不劳而获”的劳动是指违背人类主观意愿的劳动，或者说客观强迫你做你不喜欢做的事情，这属于劳动。而你主动做的事情属于享受，不属于劳动范畴。强迫是所有矛盾的根本，也是违约的根源。

智能市场是一种以最少时间获取超预期回报的机制，这种机制会时刻带给所有个体超预期。例如，因为智能市场可以为其提供无息贷款，某企业计划在未来 10 年逐步引入智能设备替代全部工人，并且给工人批量支付 10 年薪酬。按照约定，工人将给企业服务 10 年，但实际科技会因群体开放式创新而获得井喷式发展，工人从第二年开始就被企业用智能机器替代，到第五年该企业基本上完成了全部智能化替代。

无论哪一年被替代的工人实际都会获得两个超预期：第一个是一次性获得工资，使其获得利息和工资双份收益；第二个超预期是其实际工作时间比约定时间更短。企业最终获得的是一台真正智能化的自动提款机，品牌将获得青春永驻，中国企业家将可以更自由地以自己的名字命名自己的企业和品牌，使自己的影响力随着自己创造的品牌获得永生。

白领：为什么多次强调一次性支付 10 年薪酬？

工程师：10 年只是代表一种解决问题的方向，一次性支付会让传统市场中的圈子、关系网、组织网因不经济而自然瓦解。圈子、关系网、组织网的自然瓦解是社会创新能力释放的关键因素。

白领：创新和圈子、关系网、组织网有什么关系？

工程师：每个圈子、关系网、组织网都有自己的规则，每种规则从圈子的利益出发都是合理的。大量的圈子对应着无数个规则，社会中大部分人、大部分时间和金钱都会被浪费在设计与读懂这些规则之中。因为圈子数量对每个个体而言都是无限的，所以，在传统市场，面对圈子、关系网、组织网设定的规则，每个个体基本上只能选择成为“脑残”，否则你根本和“它”浪费不起时间。

例如，你想读懂密密麻麻的银行业务单据，至少要消耗 10 分钟以上，而且你不知道单据后面还多少张单据，所以，你到了银行就会自然切换至“机器人”模式。当然，银行也会派出一个“机器人”指挥办理业务的这群“机器人”。在这个过程中，有一个好奇的“机器人”想读懂规则，立即会遭到周围“机器人”的鄙视，因为你的行为浪费了其他“机器人”的时间。

同理，你到医院、学校，大体上也同样扮演“机器人”的角色。当然，银行、医院、学校还属于明规则，你不怕被鄙视，还可以读懂规则。但其他组织机构呢？其他圈子呢？你根本就没有机会弄懂，你想搞懂的代价是你会遭受更多经济损失和时间损失。在这种环境中，逻辑在非获利领域（不是自己主导的圈子）会变成负资产。人在这种环境生存越久，越容易失去逻辑思维能力，思维变得和圈子一样，成为圆的，封闭的。拥有这种思维的群体，创新能力会被锁定，而创新能力又直接反作用于企业赢利能力。

因此，企业只有批量支付员工工资，才能使具有主导地位的组织关系中的个体产生批量获得工资的要求，固有组织结构中的员工产生批量获得工资之后，体系内部的“机器人”才有脱离圈子的诉求。当大量圈子消失后，社会会简单到：一个大学毕业生对社会的认知和专家对社会的认知一致。此时，思维会自然沿着逻辑方向推演，因为逻辑能够带给人们明确的利益。

需要注意，圈子、关系网、组织关系并非中国所独有，其起点的作用是为了提升效率。例如，以美元为核心的现代金融体系无疑是过去推动全球化、工业化和城市化的根本动力，以认证体系为核心的跨国公司采购体系无疑也是保证质量提升的根本动力，以经销商为核心的传统分销体系同样是过去发展的根本动力，律师群体曾经是西方社会促进社会公正的根本动力。但所有组织关系随着时间的推移会出现成本递增，产出递减。当成本超过产出，固有的组织关系逐渐成为负效率的寻租单元。传统解决问题的手段是通过竞争杀死“负效率”寻租单元，带来的副产品是失业潮、经济危机和产业危机同步发生。

智能化的解决方案是：一面在逻辑上让负效率组织单元失去生存空间，另一方面给负效率组织单元的从业者以更好的收入，使负效率单元的从业者愿意主动退出，通过更省力的方式获得经济自由。当所有低效组织形式因其承载的就业退出而退出，社会效率将按照线性增长，经济危机、战争这些矛盾在时间上累积的产物将在过程中被消灭。

第十九章　现实与梦想之间的桥

我们生活在一个金字塔结构主导的社会，前文都在以平行、无推动的方式展开智能社会会为我们带来的利益。这种平行展开的方式会让国人感觉“理想很丰满，现实太骨感”。你可能读起来也会很吃力（拧巴）。最后一章，我们重新回到金字塔结构，以我们习惯的企业组织方式来搭建一座通往智能社会距离最短的桥。

路人甲的商业计划书：倒卖提货券

商业模式是倒卖提货券。

1. 什么是提货券？

提货券是某封闭商业平台（或某市场）内，无时间限制的通用的购物凭证。比如，无时间限制的京东购物卡是京东平台的提货券；无时间限制的家乐福购物卡是家乐福体系内的提货券；人民币是中国市场内的提货券；美元是全球市场的提货券……

2. 如何将受限使用的代金券升级为通用的提货券?

在天猫商城，几乎所有品牌都推出了代金券。这种代金券（下简称AT）只能在自己的天猫旗舰店使用，狭窄的使用范围限制了其流通的价值。因此，AT票面的实际价值远远低于其标注价值，大体是免费赠予消费者。如果我们将天猫上的所有品牌制造商官方旗舰店抓取到一个新电商平台（下简称TT商城）之上，我们以票面价格的9折收购这种几乎没有实际价值的AT，无疑品牌制造商会乐疯。

我们的附加条件是:（1）AT必须取消时间限制，可以在任意时间自由使用，可以像人民币一样自由分割;（2）用户在TT商城以AT购买签约品牌的商品可以享受天猫平台上同等促销和价格。以上两个条件并不过分，品牌制造商无疑乐于接受，因为AT出售给TT商城等于该公司商品以零售价的9折预售商品。

当我们各个品牌AT汇聚到一起，AT就会变为通用提货券（以下简称TT）。TT商城的总量等于各个品牌AT之和，TT的购买力在TT商城与人民币等价。我们是以9折价格收购的TT（AT升级版），会形成10个点的价格差。这决定我们可以以三级分销的方式出售TT，一种全新的生态系统会自然产生。

3. TT商城

1）线上的三级TT分销体系

一级虚拟经销商，90万人民币购买100万TT；

二级虚拟经销商，9.1 万人民币购买 10 万元 TT；

虚拟终端，0.92 万人民币购买 1 万元 TT（等价于家乐福购物卡以 9.2 折出售）；

用户在 TT 商城购物，系统默认按照 1∶1 的比例从虚拟终端手中回购 TT，使虚拟终端获利 8 个点，“高买低卖”是 TT 商城的核心竞争力。

虚拟经销商和终端，只要将人民币交给 TT 商城就可以确定性获利。

通过三级分销体系将社会闲置资金输送给急需现金的品牌制造商，通过预付款体系降低柴米油盐酱醋茶、酒水饮料日化与日杂等生活必需品的中间成本。

2）消费者与终端重合

虚拟终端的门槛是消费者。成为虚拟终端，9200 元人民币即使作为单纯的消费，其投资收益率也等价于 17% 的收益率。原因是正常 9200 元活期存款在未来一年全部用于消费，起点是 9200 元，终点是 0 元，等价于 4600 元获得活期收益。所以，800 元相对于 4600 元等价活期存款，等价于 17% 的年化收益率。消费者会轻松发现超高收益的投资途径。

消费者的数量是以亿计算的，因此，虚拟终端年消耗 TT 的规模是以万亿计算的，这将是经销商可以放心大胆地买入 TT 的原因。而经销商可以大胆吃入 TT，意味着，商业流程很容易被改写。90 万人民币的门槛很低，10 万个一级经销商每年倒卖 10 次 TT 就可以为品牌制造商创造 10000 亿预付款订单。10 万的一级经销商的门槛很低，北上广深的每个城区都藏着10万以上的一级经销商。

3）TT商城，终极模式

TT商城，会给资本获得一个确定性的赢利方式，是互联网金融的终极版本。

TT商城，将订单数据、生产、物流、配送全部甩给品牌制造商，可以完美地与工业4.0体系对接，可以消灭一切非必要的停留和成本支出，中间零停留、零损耗、零非必要运输和存储……成本的结构性下降模式会颠覆所有的传统电商平台。

TT商城，可以为传统营销渠道掌控者（白领、业务员、经销商、市民与企业剩余资金等）提供一种最简单的、确定性的获利方式，使传统渠道资本实现保值和增值，而不是被智能化“绞杀”。

TT商城，可以使财富轻松地流向二、三、四线市场，使以上市场摆脱资金单向净流出的状态，摆脱对房地产的依赖，摆脱对重化工业的依赖，使雾霾获得根治。

TT商城，是一个无限的财富蓄水池。

TT商城，最简约的大数据体系，会让假货失去藏身之所，使市场获得净化。

4. 融资规模与用途

融资规模为1.5亿元。

2000万现金，TT商城建设与运维。建设一个功能类似天猫的电商平台，先将天猫品牌制造商的数据抓取到该TT商城之上。

9000万现金，与这些品牌制造商洽谈TT经销协议，并像天猫一样将各个品牌旗舰店的管理权交给品牌企业。要求每个品牌制造商的电商部门制订在该TT商城上的年销售计划，并依据年销售计划推出AT，用9000万现金收购10000万AT，系统升级为TT。用出售TT的人民币持续购买企业手中的AT，使品牌企业大幅度降低渠道成本支出和财务成本支出。

1000万现金，招募TT三级分销网络。1~3个月时间，拉动10万个普通人，使其发展为虚拟终端。撬动27亿资金，给合作品牌企业创造30亿订单，为合作经销商带来6000万净利润，使TT商城突破爆发的临界点。

5. 项目的防火墙

京东，重资产模式，自建物流体系，通过挤压供货商货款获利，已经完成自我绑架。

天猫，以线上中间商和各种可有可无的创意产品为主导，绕过中间商直接与厂家合作，天猫等于自己终结自己。

传统大佬的优势恰恰是他们的劣势，他们要和TT商城竞争，首先要颠覆自己。杀己1万，伤敌1人，会让他们失去与TT商城竞争的机会。等到他们顿悟，优劣势已经逆转。因为TT商城倒卖的是提货券，通用提货券是真正意义上不掺水的货币。

一言以蔽之，老大没有办法玩的方向，即是创新方向。

111 微单元与TT商城

如果你没有阅读本书前面的内容，你看到路人甲的商业计划书，就感觉和痴人说梦一样。原因是“土豪”是“屌丝”思维的坐标。在天猫、京东这些“土豪”面前，我们都会不自觉地开启“屌丝”思维模式，放弃自己的思考。实际上我们根本无须思考京东与天猫，原因是TT商城对经销商是靠谱的赢利项目；TT商城对企业是预订销售，结构性提升利润；TT商城对消费者是降低生活成本，消灭假货；TT商城对员工而言是将发工资的权力掌握在自己手中。我们随意拉出一个人，他都能在TT商城的分销体系中找到自己的位置。有几百万闲钱的人做一级经销商，有几十万元闲钱的人做二级经销商，有几万元闲钱的人做终端。剩下的事情就是这些闲钱的组织方法。

1. 111 微单元

111 是一组虚拟的最小分销微单元。其中包括 1 名一级、10 名二级和 100 名终端。100 组分销微单元可以集结的现金为 3 亿元左右，足以支持TT商城启动。我们把 100 组虚拟分销微单元称为一个公社。公社内部每年至少可以消费掉 1 亿元以上的订单，这是TT商城之盾。100 名一级经销商赚取利润的诉求，是TT商城之矛。

矛和盾的完美融合使TT公社本身是一种自稳定的、零成本的结构。显然，一个微信群就包含一个微单元，100 个微信群就可以构成一个公社。所以，先组织一个公社的难度很低。

111 微单元中，有了 100 名虚拟终端，肯定会有人主动选择做经销商（大部分人在寻找靠谱的赚钱项目）。因此，111 微单元尽管仍是金字塔结构，但其整合方向却是由塔基至塔尖，这与传统的工业企业组织方式具有本质的差别。简言之，111 微单元中，普通人整合关键人，而非关键人整合普通人。所以，加入虚拟公社个体的第一身份是虚拟终端，在这个身份的基础上，才能申请更进一步的身份。

创新的整合方向是：

111 分销单元：终端（用户）→经销商→厂家

传统分销网络：厂家→经销商→终端→用户

2. 起点信誉，嫁接到品牌制造商信誉之上

当公社在线上组织完成，阻碍创新的门槛就变成起点违约风险问题。一旦将钱打入某人口袋，必然存在起点违约的风险。起点违约是实体项目难以逾越的门槛，但这个门槛对 TT 商城而言并不是问题。因为一级经销商首次打款对象可以不是 TT 商城，而是品牌制造商。

当一批商用 9000 万人民币与厂家换回 1 亿元 TT，TT 商城的品牌信誉已经建立在品牌制造商信誉基础之上，终端会（因零风险而）按照约定付款，终端付款会使经销商完成第一次获利。起点违约风险会因跨过 TT 商城付款而被有效规避掉。

3. AT与TT的互换系统

假设本书首次印刷3万册，读者买光《智能社会》，最少会达成三个以上公社，可汇聚的资金规模会达到9亿元。以9亿订单为支点，我们在TT商城可以做的创新很多。第一个方向，TT换AT。以5.4亿人民币从品牌制造商手中购买6亿TT后，TT商城的品牌影响力会自然形成。新的品牌有加入TT商城的诉求，我们可以用6亿TT与其他品牌制造商以1∶1.05的比例交换他们手中的AT，互换获得的6.3亿元TT会使商城TT规模达到12.3亿元。互换出去的6亿TT，会通过厂家的工资体系发放到厂家的员工手中，会通过厂家的采购体系派发到供货商（员工）手中，新的公社会被陆续激活……互换是可以持续进行的，因为TT能够支付部分员工工资，能够支付部分采购款，能够帮助企业降低运营成本。如果继续互换，12.3亿TT可以变为25.2亿TT。利润会在互换的过程中自然形成。这对虚拟公社的成员来说等于坐着赚钱的收益，无论如何分配都是超预期的。TT一级经销商会成为第一批经济自由的群体，他们依托TT商城可以持续开发品牌企业。

TT商城品牌影响力更进一步，可以推出AT与TT的互换申请系统。[①]审批将取代推销。

① AT本质是品牌制造商和中国企业过剩的产能，“中国制造”存在全面的产能过剩。所以，“中国制造”存在强烈的以AT换TT的愿望。例如，中信出版社不能将自己的图书发给自己的员工作为奖金，但中信出版社却可以用未来的图书销售（AT）与TT商城交换TT，将TT作为奖金发给自己的员工。海尔不能将自己的冰箱作为奖金发给员工，但海尔却可以用未来的冰箱销售来和TT商城交换TT，将TT作为奖金发给自己的员工。

4. TT在工业体系的自我强化

越来越多的企业认识到：TT是无息贷款。如果企业申请做TT经销商，假设他们手中有0.9亿元闲置人民币，他们从自己手中购买1亿元AT，0.9亿元人民币依然在其口袋。当二批商从他们手中买走1亿TT后，他们手中的人民币就会增加到1.81亿元。这种借钱方式不仅没有利息，还会增加企业订单量。这一逻辑会促使企业主动给员工涨工资，促使更多企业选择以逗发工资的方式支付薪酬，并鼓励员工用手中的闲钱去买TT，从而让0.9变为1.81的循环继续下去……会促使厂家以TT支付部分采购款，TT会沿着产业链不断向工业领域的上下游渗透。选择TT的企业会在竞争中节省营销、财务、人力和采购成本支出。工业品企业会被消费品企业带动加入TT商城，选择低成本的交易方式，选择透明的交易方式，降低采购的成本，消灭内部腐败的空间。

TT没有利息，会促使现金充足的企业获得TT后，将TT第一时间支付给供货商和员工，而第一时间支付给供货商意味着预付款机制向上游延伸，第一时间支付给员工意味着逗发工资和奖金。预付款的金额和比例会随着时间而快速放大。预付款方式会渗透到整个工业体系之中，企业的财务成本将渐进地降至零。

5. TT在商业体系的渗透

TT商城自然达到某一临界点，会出现爆发式增长，人民币在TT商城流通会创造大量的TT。因为TT从出生就没有利息，消费者有优先消费TT的诉求。在这种情况下，选择接纳TT的线下终端和服务机构会自然胜出，竞争会促使更多商业服务机构选择TT结算。而线下终端和服务机构将TT转化为人民币的办法也很简单，即成为TT经销商，将TT出售给二级经销商，这只相当于做了一个9.1折价格折让。一个饭店满大街派发的8折促销你会随手扔掉，但一个饭店通过支持TT支付让渡的9.1折优惠反而会让我们趋之若鹜，这就是TT的神奇之处。TT商城智能手机客户端将是商业服务支付领域最便捷的方式。

6. TT在消费者群体中的渗透

TT商城的股权是群体开放式创新的终极之盾。小部分股权给首创虚拟公社、TT平台的执行方和传统的互联网公司、传统电商，大部分股权以消费10000元赠送100股股权的方式送给消费者。TT商城股权会成为TT在消费者群体中快速渗透的推动力。a

7. TT商城的内在机制

TT，包含运费的通用提货券。TT，企业未履行（预售）的订单。

✓ 0.9人民币+TT商城→0.9人民币+TT

✓ 1.05AT（产能）+TT商城=TT（订单）

TT商城的内在逻辑是一台自我强化的财富增发器，以形成与

---

① TT商城在机制上将市场的主导权赋予消费者（上帝），因此没有敌人，只有朋友。

"中国制造"相匹配的财富。

AT是企业欠消费者（市场）的订单量。AT数量居高不小的企业会被TT商城自然淘汰。

TT商城与智能教育

TT商城启动后，TT商城可以同步启动智能教育。33300成员既是智能教育平台最初的内容提供者，又是智能教育平台内容的购买者。按照20%会员提供内容计算，该平台很容易达到数万个视频教学内容，使平台的雏形初步呈现。

TT商城为智能教育开通直通车频道（TT商城三级分销体系不赚取差价），分6次预售智能教育产品，定价每年1000元，一次性预售20年，合计趸付2万元。趸缴费用的消费者可以获得2万TT和若干智能教育的股权（智能教育股权，下简称XYG）。

基本模型

✓ 20000人民币→20000TT+n*20000XYG

（TT保本，XYG为净收益，n值随着时间递减，XYG的价值随时间递增）

第一次预售人数30万人，单人趸缴2万人民币，获得2万TT和估值14万XYG。

第二次预售人数300万人，单人趸缴2万元人民币，获得2万TT和估值10万XYG。

第三次预售人数3000万人，单人趸缴2万元人民币，获得2万TT和7万XYG。

第四次预售人数1亿人，单人趸缴2万元人民币，获得2万TT和4万XYG。

第五次预售人数3亿人，单人趸缴2万元人民币，获得2万TT和3万XYG。

第六次预售人数6亿人，单人趸缴2万元人民币，获得2万TT和……

TT与人民币购买力相同，因此，XYG股权属于净收益。选择时间越早，获得XYG的价值越高，这会让虚拟公社33300成员更愿意第一时间将第一次预售（福利）告知身边的朋友与同事。10倍预订很容易在一个月内完成，第二次至第六次同理。

每次在一个月内完成，整个预售会在6~9个月内完成，这将为智能教育平台带来20.666万亿人民币。智能教育每次用90%的人民币通过TT商城从品牌制造商手中购买TT。剩余10%的人民币会留在智能教育平台之内，沉淀的人民币量分别为6亿、60亿、600亿、2000亿、6000亿和12000亿，合计超过2万亿。所以，智能教育启动后将直接进入现金充足状态。

TT商城从智能教育平台获得的人民币量分别为54亿、540亿、5400亿、18000亿、54000亿和108000亿，这些订单足以吸引所有实体企业主动来TT商城提交供货申请。TT商城会因给予实体企业预付款（实体企业欠TT商城债务）而获得实际的通用支付能力。TT通用购买力会在一年之内和人民币拉平，因为智能教育的股东会主动选择TT结算。

资金沉淀与创新模型：

（1）RMB=0.9RMB+0.1RMB+AT

（2）0.9RMB+TT商城=0.9RMB+实体企业=TT——100%现金安全

（3）0.1RMB→10RMB+10USD+……——开疆辟土，创造利润

（4）TT商城与智能教育系统是贯通的，因此,（1）（2）（3）同步触发

智能教育是光速（C^2）之矛，能够以指数方式为我们创造财富。TT商城是一个光速（C^2）之盾，智能教育能够创造多少财富，TT商城就可以将多少财富筑实（转化为通用提货券TT）。两者有机配合会使所有创新项目无须上市，却可以达到比上市更好的效果。创新参与者退出方式将不再是股权，而是现金。沉淀在智能教育项目内超过2万亿的现金可以随时让33300成员以100倍现金收益退出，因为9亿人民币投入即使以100倍退出所需的现金仅为900亿人民币，这只占2万亿现金的4.5%。新退出方式，对33300创新推动者来说是一个全新的起点。

XYG最初作为一种限售股赠予消费者，消费者会关心这种股权最终是否具有流通价值。从长时间轴看，XYG肯定具有流通价值，原因是XYG将中国人的利益绑定到一起。国内市场的整合会在几个月内完成，中国市场的消费会吸引国外的内容供给，从而

吸引国外的学习者。一旦国外学习者开始广泛使用智能教育，那么，XYG每股稳定的高收益会使其自然获得流通价值。但中国消费者在2013年后陷入普遍性的焦虑，他们需要的是时间节点。虚拟公社给出时间节点的办法可以采取大小非机制，解禁顺序为：以完成整体预订的时间点为起点，从1到6年，分别解禁第一批至第六批预订消费者手中的XYG。第一批解禁规模仅为520亿元，以智能教育平台2万亿现金储备和智能教育的提款机一样的赢利能力，很容易满足其自由套现的要求。这就与33300初创成员退出具有一致性。另外，解禁股权兑现的只能是TT，而不是人民币。因为TT的发行权在市场手中，而人民币的实质发行权在华尔街手中。智能教育第二批投资人的收益同样会达到8倍。投资人投资收益的终极埋单者是全球市场。这个股市的内在逻辑具有一致性，阿里、京东、腾讯、百度的市值是中国市场现在和未来的债务。

在预售智能教育进行到第二批次，TT商城会获得54亿以上人民币，这会使TT商城的股权价值开始呈现。此时，TT商城可以按照智能教育的方式进行阶梯性预订，从而吸引更多人民币主动转化为TT。使TT商城为实体企业输送预付款订单规模在20万亿的基础上继续翻番，使实体企业员工能够一次性获得工资的金额由12个月提升至24个月。

TT商城与智能教育会让社会达成一个共识：有人民币，买TT。通过大预订开启智能化生产与供给，让每个人可以分享智能化带来的指数增长成果。

TT商城与智能社会

1. TT商城与传统产业改造升级

中国市场有多少资金？ 9万亿人民币只是冰山一角。

9万亿人民币在TT商城流通100次会产生多少TT和人民币？

答案是：500万亿TT和90万亿人民币。

这是一个超越我们认知的天文数字，但这笔财富却不难获得。因为TT商城和智能教育会让大众达成“有钱买TT”的共识，100次转化仅仅需要人民币持有者点100次鼠标确认键。

500万亿TT意味着什么？

有效GDP的10倍以上，大致相当于未来10年的生产与服务订单全部排满。我们来看问题最严重的钢铁行业。中国钢铁年产量10亿吨，每年总营收大致3万亿，利润为零，总负债大于3万亿。如果提前排满10年的订单，钢铁企业提前获得30万亿TT（等价于270万亿人民币）。3万亿用于支付银行债务，10万亿用于支付下岗工人工资，每月由TT商城代发工资。2万亿用于收购落后产能，一边收一边关，雾霾很快会被“天杀”。2014年APEC（亚太经合组织）期间的“北京蓝”是最好的明证。最终中国境内整合出一家超级钢铁集团，其账面资产至少会在10万亿资金以上，以这一资金量进行智能化升级，生产出的钢材质量必然会出现跃升，需要员工数量会很少。每个员工都可以享受绝对高薪，其工作时间最多不会超过8年，因为大量毕业生在等待新的就业机会。钢材产量锐减会使钢铁行业总营收大幅下降，但这并不引起涨价。表层原因是钢铁公司不差钱，深层次原因是TT没有利息，钢铁公司原计划10年生产的订单，可以在未来100年渐进地交付。这就摆脱了就业对环境、大众健康和未来的绑架。

钢铁行业的问题是最严重的，如果钢铁行业的问题可以毫无悬念地解决，其他行业在获得10年订单后，解决问题同样没有任何悬念和难度。我们前面已经充分论述社会效率、就业数量和物价的关系，在此不再累述。

2. TT颠覆美元的路径

1）为什么是500万亿TT？

第一，10年的订单排满，最差的企业都可以被收购，而不是破产。拥有充裕现金的企业不再急切地赚取人民币，开始以自由人的心态来对待质量、品质与创新。第二，创造500万亿TT会给政府创造50万亿人民币税收。政府负债是多少？据说大致为20万亿。政府在还清所有负债后，仍会坐拥30万亿，会变成人类有史以来最有钱的政府，也就失去了急切征收人民币的欲望。第三，员工获得10年收入，大部分劳动者获得经济上的自由和内心的安全感，会阶段性失去继续追加订单的动力。第四，公务员群体获得真正意义上的安全感，失去了腐败的欲望，开始真正有勇气审视如何为人民服务，开始实施“无为而治”。

归纳来说，主观上，整个社会因不差钱而获得安全感，不再急于创造TT。客观上，500万亿TT创造的过程中，人民币自然被政府通过税收收走了。

2）500 万亿 TT 不是终点！

500 万亿 TT 按照二八分配定律，80% 的底层群体分得 100 万亿，人均仅为 8.9 万。这个数字尽管足够使其获得经济自由，但底层并不满足。底层的资金会流向税率较低的店铺、理发店、歌厅、洗浴、温泉、桑拿等，因为这些领域更容易直接将人民币提走，更容易钻空子。阔绰的政府也会慷慨地将人民币以社会福利派发给底层，默许第二轮 TT 炒作。对政府而言，因为市场是可追溯的，人民币最终必然会流向其口袋。所以，第一轮理性的输送订单完成后，必然会有第二轮炒作性的输送订单。这一轮炒作很可能还会创造 500 万亿 TT，这一轮炒作相当于财富补偿机制，使社会财富由二八分配变为四六分配，缩小贫富差距。1000 万亿 TT 会按抛物线的形态分布。底层人均 TT 资产会超过 30 万元，社会的经济自由度出现跃升。电动汽车将获得快速普及，能源结构调整加快。污染会获得根治，城镇化会以有序、科学、智能化的方式完成。

两轮购买 TT 的过程中，银行逐渐失去贷款对象，因此推动 TT 增发会成为银行新的获利新手段。鉴于银行手中持有充足的人民币，银行会成为仅次于政府的第二赢家。所以，银行从业者并不会因智能化发生而成为利益受损者，而会自然升级为松散的天使投资人。

3）美元体系的终结

两轮购买过后，因为银行没有能力长期为人民币支付利息（银行手中有 TT，无人民币），理性的政府会选择和市场协商换取等额的TT，而将人民币存入国库。否则，存入银行，银行必然会选择与企业串通，通过滥发TT谋利，这实际对市场毫无裨益。因此，政府可能会按照马克思理论（利息是剥削的产物）将人民币锁在国库内，静静地观察市场的变化。

政府面临的第二个问题是美元。当政府摆脱这种人民币饥渴，理性的选择同样是直接将美元与TT挂钩，通过美元在TT体系中流通将美元收入中国国库。这客观上会引发一个结果，“中国制造”的强大出口能力持续收走美国市场的流动性，会使美国政府陷入实质性的破产。留给美国市场的唯一选择是按照中国路径改革，才能摆脱破产命运。民间私人组织美联储将因此失去货币的发行权。华尔街金融资产只能选择流入透明的TT体系。这是市场从华尔街手中收回垄断权的合法途径。

最终选择终结美元体系的将是美国人，推动美国人选择的原因：美元相对TT是劣币。“中国制造”智能化升级后，TT对美元价格会持续升值。中国出口数量持续减少，贸易因此获得再平衡，最终会出现贸易倒流。TT流向美国，美国产品输送至中国。

中国能源结构升级后，会使中国摆脱对中东、蒙古、俄罗斯、澳大利亚、巴西等地区的能源和矿产依赖，以上地区将没有足够的商品与中国人交换。选择TT结算，并加入中国体系是这些地区最理想的选择。未来，中国消费将成为决定其他地区命运的核武器。举例来说，如果中国停止从蒙古进口能源和矿产，人口密度太小的蒙古经济将会被轻松打入原始状态。反之，如果蒙古加入中国体系，中国将某类商品生产转移到蒙古，蒙古人将会分享到中国市场的福利。蒙古、中亚、俄罗斯、加拿大、澳大利亚这些人口密度十分小的地区，属于天然低效率地区。这种低效率是无法通过智能化短期内弥补的。所以，拥有效率奇点的TT引发的蝴蝶效应将成为人类统一的起点，执政党解放全人类的宏伟愿望会因效率的跃升而实现。

“TT无敌”的原因是以合作者利益最大化为目的，在TT背负合作者义务之时，权力会自然流入TT手中。

TT商城与群体开放式创新

TT对企业、创新者是无息贷款。TT商城天然拥有给企业、个人的授信能力。这种能力不是理论上的，而是实际存在的，这种水到渠成的权力无须经过任何论证和批准。

例1　第一公社某位成员是一名服装设计师，她在TT商城创意频道很随性地推出几款创意服装。消费者在浏览的过程中随意以TT预订，达到预订数量临界点后，服装才会开始生产。在达成过程中，服装厂和面料商会自然参与进来。这种生产方式会让服装毛利润变为净利润。全产业链和消费者都会因此获益。设计师、服装厂、面料商对质量的态度会发生根本改变，由竞底变为只推精品。

例2　第一公社的某位软件工程师，希望编写一个《时间简史》的智能手机客户端。他要将这一客户端的功能做一个清晰的描述，并在TT商城创意频道预订。消费者在浏览过程中，随意以TT预订，预订金额达到一定数量级，该工程师将可以放弃原有工作，和朋友一起组织开发该客户端。TT商城在这一创新过程中至少为该工程师提供了两项人民币体系无法给予的服务：第一是该工程师无须担心创新被企业、他人模仿与盗版，因为TT商城只承认首发；第二是充足的、不断增长的预订资金，使创新者消除后顾之忧。

例3　虚拟公社在TT商城推出智能农业，以逗缴TT换取股权的方式，将可以轻松透支未来20年智能农业的营收来解决现在的问题，同样达到上市的目的。

例4　虚拟公社在TT商城推出智能家用机器人，达成金额为5万亿，达成时间不确定。在达成10亿元之后，相关的专家和企业已经向这一方向努力……

例5　虚拟公社在TT商城推出智能医疗项目，以TT预订，达成金额为1万亿，达成时间不确定。在达成之前，已经有优秀的医生、智能化工程师和相关公司在智能医疗频道汇聚，获得几亿元TT投资后……

例6　虚拟公社在TT商城推出电动汽车项目，以TT预订，达成金额1万亿，达成时间不确定。在达成金额之前，已经有……

“先预订，后生产，生产时间不确定”，这种在人民币体系中近似荒谬的生产方式，却可以在TT体系中自然发生。TT是效率最高的货币。只要TT商城被开启，市场的选择必然是将人民币全部抛到政府口袋，帮助政府还清过去形成的负债。

劣币之所以为劣币并非自身价值问题，而是流通效率和对创新的态度问题。美元或人民币和TT实质上都是电子数字，其终极抵押担保都是生产能力。但前者是垄断的数字，其流向具有唯一性，是银行系统。而TT则是哪里在创新，就流向哪里，创新的定义由消费者决定。

智能化的基础是计划在实施之前，脑袋指挥屁股，而非屁股决定脑袋。具有C^2效率的TT能使所有脑袋参与到计划之中，从起点到新起点……因此，TT商城是群体开放式创新的起点，群体开放式创新是智能社会的起点。

矛盾统一，发现时间

TT商城完整机制：9人民币+TT商城→10TT+（1–税率）×9人民币+税收

基于TT商城之下，智能教育的完整机制：

（1）10人民币+智能教育→9人民币+1人民币——1分为2

（2）9人民币+TT商城→10TT+（1–税率）×9人民币+税收——嫁接实体，C2盾护安全

（3）1人民币→开启C2智能教育→10人民币+10美元+…——C2矛拓全球

（1）（2）（3）从零开始，反复循环，自我强化，指数增长。

TT商城与智能教育是未来全球范围内的“信息地产”领域。基于品牌制造商信誉之上的TT可以消灭投资风险，每个最普通的人可以无风险地介入。每三个月会出现一个时间上的质变点，2016年，智能社会会无悬念地开启。

西方思维为矛，东方思维为盾。按照绝对的矛思维（线性思维）推理，事件会以循环方式发生。同理，按照绝对的盾思维（A=B或零和博弈）思考，事件同样会以循环方式发生。2009年和1949年一样是逆市场周期的开始，因此，2020年和1960年在同一坐标之上，这是兰德2020结论最简单的推理路径。只有东西方思维在C^2效率下融合，矛盾互为参照系，我们才会发现真正的时间密码，主动放弃“2020宿命”①，自由选择2016年新起点。

梦想构筑在契约与科学之上

请每位读者朋友购买10本《智能社会》，送给身边的朋友和同事。每个人通过2~3次传递自然影响一组以上TT分销单元。

个体传播：1 → 10=1+10=11

群体传播：（1 → 11 → 111 →…）×（1 → 11 → 111 →…）

每位读者在完成赠书后，到微天使（www.vitianshi.com）网站登记，通过微天使网站重新按照地域组织资源。离散分布在全国各地的读者朋友会让TT商城的起点失去中心。唯有起点失去中心，每个人与客观的软件系统（透明规则）直接打交道，才能避免过程中出现绝对义务（权力和腐败）。

送10本书是智能社会和你的第一份群体开放式契约。这既是一项义务，更是一项权利。

---

① 摆脱“2020宿命”是本书写作的初衷。

问题终须有人直面，写作过程亦是给自己勇气的过程。《智能社会》写完几个月后，中国市场发生了预判之中的股灾。我放弃了等待、依赖，开始与好友陈实着手建设第一个股权共享的群体开放式创新平台——云钱包（App客户端）。如果设计进度不出现意外，云钱包会与《智能社会》图书同步推出。

读懂货币，是驾驭货币的基础

货币是什么?

最简单的理解是：卖方承认的欠条。（Money is debt.）

比如，家乐福储值卡中的储值是家乐福承认的欠条；中石油储值卡中的储值是中石油承认的欠条；中国移动储值卡中的储值是中国移动承认的欠条……中国银行系统的储值（人民币）是中国境内所有卖方承认的欠条；美元是全球所有卖方承认的欠条。

所有储值（欠条）只有支付范围的差别，而无支付能力的差别。

专用的欠条是银币，通用的欠条是金币。

自己的欠条是银币，他人的欠条是金币。

商业的目的是以银兑金。

美元是通用度最高的金币，是全球市场所有参与者在逻辑上的终极目的。这个终极目的决定了：在美元体系中，所有经济体最终都会被美元洗劫。我们将以美元为核心的银行系统中的储值称为第一类储值；与之对应，中石油、移动、家乐福、物美、汽车公司、电器公司等企业发行的储值（欠条），我们称为第二类储值。中国的未来在第二类储值之中，因为中国是世界工厂，第二类储值的发行权由生产能力决定，而不是由美联储决定。

云钱包的服务

云钱包：为卖方提供第二类储值的存储、兑换与支付服务。

存储兑换逻辑：把他人的欠条存入自己的账户，把自己的欠条存入他人的账户。

如表 1：商户^{N}账户中存储的是云钱包内所有商户（他人与自己）承认的储值（欠条），即货币；商户^{N}订单账户中存储的是其自己的储值（欠条），即未履约订单。储值是存储（+X）+（–X）=0 元，支付同样是（+X）+（–X）=0 元。新用户储值、老用户追加储值依然是（+X）+（–X）=0 元。正负零的逻辑原理使云钱包能够在总储值始终为零的情况下，为每个卖方同时创造款（+）和订单（–）。云钱包系统只需要借助人民币符号，而不需要实际使用人民币。卖方账户中属性为正的储值为金币，和微信钱包中的储值支付能力相同。属性为负的储值为银币，即订单，银币记录每个自己应该承担义务的总量。先偿还订单的卖方获得更多的储值权。

表 1　云钱包储值体系的智能平衡原理

	商户 ^{1}	商户 ^{2}	商户 ^{3}	商户 ^{4}	商户 ^{5}	……	商户 ^{100}	……
订单账户（元）	–20000	–20000	–20000	–10000	–10000	……	–1000	……
商户账户（元）	20000	20000	20000	10000	10000	……	1000	……
总账款（元）	0							

云钱包的第一属性是款和订单同步生成的预付款销售平台。

云钱包的第二属性是贷款无息的金融服务平台，其资产负债表始终为零。

> 提示：如果所有卖方都使用云钱包系统，云钱包系统可以替代金融、保险、财务、销售、市场、税收等六大领域的就业。大道至简。云钱包是一个信息终极产品，也自然是一个集成产品。读者不能将其固定理解为具有某种属性的产品，也不能套用任何已经存在的固定商业模式。相关案例：智能手机在功能上集结了收音机、录音机、电话、

手机、电脑、录像机、照相机、电视、录音笔、遥控器、手表、卫星导航、游戏机、计步器、K歌平台、图书馆等等功能于一身，智能手机的附属产品属性会逐一超越原有领域专业产品的功能，最典型的是免费车载导航的使用效果会远超传统的专业车载导航。不同人站在不同角度会看到云钱包的不同价值属性，不同属性所呈现出的功能都会超越传统平台。一个卖家使用云钱包，云钱包对1个卖家的价值是零成本的储值分销系统（对比，某国企做一套PC+卡的储值系统要花费数亿元，每年花费几千万维护成本）；两个以上卖家使用云钱包系统，云钱包对卖家的功能除了储值分销，还具有兑换功能。一个地区的卖家使用云钱包系统，云钱包系统的金币在该地区等于港币之于港人……一个国家的卖方使用云钱包储值系统，云钱包就是一台合理、合法的造币机器和订单生成器。

云钱包股权共享规则（软件核心算法）

1. C类积分联合持有云钱包50%的股权。

C类积分的获取办法：1元人民币兑换1元金币，会获赠1个C

类积分。

规则解读

（1）选择即为大股东，从逻辑上消除模仿者；金币为利息，C类积分为本金。

（2）银行、金融机构可以随时入驻成为大股东，消除创新与原金融机构的对立关系。

（3）使创新者的利益与传统金融机构的利益捆绑到一起，从机制上消除敌对思维方式。

2. B类积分联合持有云钱包50%的股权。

B类积分总量1亿枚，生成规则和兑换规则如表2。卖方用金币的10%刚好兑换走系统产生的B类积分，实现卖方持股。B类积分持股的金融逻辑：卖方获得特别存款权，利息10^N，为卖方未履约订单提供担保。云钱包出售股权所得利润（10%）刚好为云钱包2倍营收估值提供支撑。

表2 B类积分的产生规则和与金币的兑换关系

	第1阶段	第2阶段	第3阶段	第4阶段	第5阶段	……
产生金币（亿）	1	10	100	1000	10000	……
产生B类积分(千万)	1	1	1	1	1	……
金币兑换B类积分	1兑1	10兑1	100兑1	1000兑1	10000兑1	……
云钱包出售股权所得金币（亿）	0.1	1	10	100	1000	……
云钱包股权价值（亿）	2	20	200	2000	20000	……

规则解读

（1）未来不在现在之中。决策的自由度决定储值顺序：独立商户—连锁商户—品牌制造商—上市公司。需要为独立商户创造一种自担保体系，所以才需要错位分配。

（2）10^N特别存款权的设置是让“中国制造”主动争先，而不是做缩头乌龟。

（3）云钱包出售B类股权所得金币收入支配权在云钱包运维团队手中，云钱包运维团队会用金币收入投入本书论述的增量创新项目之中。增量创新项目所得净收益可以兑现B、C类积分的分红承诺。比如，云钱包内整体储值1万亿，1000亿资金的支配权在云钱包运维团队手中。这1000亿投入智能教育领域，每年可以创造的净利润至少可以达到1000亿。而按照云钱包的规则，智能教育平台同样可以按照净利润的20倍进行储值，即储值2万亿，这些储值可以直接分配B、C类持股人。2万亿订单负债并不会给智能教育带来压力，反而会约束B、C类持股人必须选择智能教育平台消费，进而消灭竞底与低水平重复建设，快速拓展海外市场。从海外市场获得更多利润，可以给B、C类持股人分配更多利润。

云端合作模型

我们先从云端看云钱包能够为我们带来什么。中国境内的上市公司、在华跨国公司、非上市主流品牌和连锁品牌向云钱包储值。以上述企业上年营收为依据，每个企业向云钱包内储值，总储值可以轻松突破100万亿（见表3）。储值行为同时为“中国制造”创造100万亿毛利润、100万亿订单和200万亿云钱包股权。款和订单同步形成，营销、财务、金融、保险4项成本直接被清零。新储值、继续储值、支付的原理都是正负零，因此永远不会破坏云钱包系统的零平衡。

表3 云钱包储值的内在逻辑（未兑换B类积分前）

	中石化	中石油	中粮	中国移动	上汽集团	……	物美	……
订单账号（亿）	–28259	–22830	–2497	–6414	–6300	……	–100	……
企业账户（亿）	28259	22830	2497	6414	6300	……	100	……
总账款（亿）	0							

100万亿金币的大致分配：1.政府提前获得20万亿税收；2.企业家、股东、股民、政府提前获得50万亿股息，A股市值会增值200万亿；3.员工提前获得20万亿工资；4.另外10万亿用于开启本书论述的增量创新项目，增量创新项目可以完成下一个100万亿的储值；5.银行、金融、保险机构以第一类储值大规模兑换第二类储值，领取100万亿股权，成为平台大股东，金融可以顺利实现智能化（第一类储值负债表修正见表4）。完成储值的分配，云钱包可以替代税收、金融、财务、保险、营销、采购等六大领域主要就业群体，让以上领域90%的从业者长期休带薪假，直至退休。

表4 第一类储值资产负债表修正

	修正前（债务危机）			修正中（银行入驻云钱包）			终极修正（储户入股云钱包）	
	政府	企业	储户	银行	政府&企业	储户	银行	储户
储蓄（万亿）	0	0	80	0	0	80	0	0
贷款（万亿）	–20	–60	0	–80	0	0	0	0

社会直接增量财富：400万亿云钱包股权+200万亿A股市值

+200 万亿金币 =800 万亿。

提示：1.储值的过程是一个利益一体化的过程，储值完成即完成全民利益的一体化。因此，读者要站在不同的时间节点思考不同的问题。如果你站在现在看智能教育储值20万亿，你会感觉存在大量争议。但如果你站在合流（储值200万亿）之后去看，全民都会希望智能教育储值20万亿，因为所有企业、金融机构、消费者都已经通过B、C类积分完成对云钱包的持股，智能教育储值、分掉对所有人有利无害，对智能教育平台同样有益无害。该平台欠大众20万亿订单就自然获得无可撼动的垄断地位，这种因给予而形成的垄断地位会成为该平台对外攻城拔寨的原动力。2.金币无息，所以读者不需要担心任何平台（包括智能教育）会因为负债高而破产，对智能企业而言，静止债务越高（捆绑消费者数量越多），其竞争能力越强。3.金币无差别，“中国制造”为创新提供了防火墙，你不需要担心订单无人履约，不履约者会失去比未履约订单更多的股权。4.创新会与传统企业形成一种实质的合作伙伴关系。如中石油因储值而持有云钱包股权，云钱包因投资而持有智能汽车股权，这会让中石油分享到智能汽车高速成长的利润和储值利润。

“玩”出未来

传统意义上最安全、最有效的路径是隐秘行动、直奔主题。譬如，我们的运维团队找到某家连锁超市（如物美），说服物美储值，物美会因B类积分而自然成为云钱包的大股东。物美的采购部可以通过一个采购会议将中粮、康师傅、统一、金龙鱼、农夫山泉、王老吉、雀巢、宝洁、联合利华、可口可乐、百事等品牌制造商拉入储值分享体系之中，成为第二批实质意义上的股东。每个品牌制造商都拥有一套完整的、覆盖所有超市、饭店的分销网络，通过一个个独立的覆盖全国的分销网络，品牌制造商可以将储值体系在两周内推向全国所有超市和饭店，并通过超市、饭店影响所有消费者。上市公司、跨国公司恰恰在消费者之中。以上创新路径很快，很靠谱，但却并不好玩。大部分人还没有反应过来，就失去了参与创新的机会。不好玩的创新方式，必然是不合理的。如果中石化是第一个储值者，你会发现按照云钱包的规则，25%的股权会收入其口袋，这对中石化毫无实际意义。过去的经验已经证明：国企股权是任何人都不能碰的符号。

未来，货币将变得不再重要。这意味着我们可以以“冒险”的方式去完成创新。传统意义上，独立商户是没有信誉的，我们就选择有限相信独立商户，这是我们设定B类积分自担保机制的初衷。读者朋友可以根据自身经济情况选择拿出一些零花钱，找到身边经常消费的商户，邀请商户通过云钱包储值，将商户手中的金币和B类积分兑换掉。我们允许商户第一次储值200元，只有小微商户才对200元储值感兴趣。这个规则决定了：你拿 1000 元人民币可以开启 5 个小商户储值，获得 100 枚 B 类积分。你可以将参与过程看成游戏。如果你选择参与这个游戏，在你买走 5 家商户第一次产生的 B 类积分之后，请顺便告知商户 B 类积分的价值和储值规则。

两点建议

1. 玩的时候不贪心，不作弊，买到 100 枚 B 类积分就收手。其终极价值会超过 1 亿元，足够让你和家人获得绝对经济自由。

2. 如果你在关键公司的关键岗位，请不要急着让你的公司储值。因为一旦关键企业储值，必然会引发整个市场的蝴蝶效应，剥夺普通消费者和独立中小商户获得黄金筹码的机会。

问：有人模仿云钱包怎么办？

答：云钱包股权共享机制将传统价值观为创新设定的死亡谷甩给了为模仿者。没有人知道银行、中石油、中石化等企业何时出手，一旦它们出手，第二天储值体系就尘埃落定了。而模仿者至少要付出两个月时间研发产品，所以，想模仿的人做的第一件事情是第一时间占位，抢 B 类积分，而一旦占位，屁股就已经坐到云钱包上了。

银行、国企不是任何人的企业，100% 的股权被某个国企所独占，对国企员工有害无利。所以，在国企储值之前，其员工也会从市场先采购B类积分，同理，民企员工、在华跨国公司员工也是如此。更进一步看，开放机制使云钱包名副其实地成为全民所有的企业，全民不仅包括中国人，更包括全人类。逻辑上选择模仿是与人类为敌。所以，你放心去玩就可以。

问：云钱包与《智能社会》的关系？

答：简单地说，智能社会论述的所有项目都需要钱。只要涉及钱，就必然涉及集资问题。你认为他人不合作是你不合作的理由，所以，尽管智能教育等项目十分简单，但你会觉得这些项目都无法落地。你都没有勇气相信他人会履约，这是读者阅读本书感觉困难重重的根源。要使创新提速，我们只能收集碎片时间，将碎片时间转化为货币，而不能直接收集人民币。

请注意下表：1. 如果没有人民币参与，云钱包和储值商户或企业依然可以获得金币，云钱包的股权价值依然会得到2倍营收放大，云钱包依然可以用股权兑换的金币去建设智能教育平台。雪中送炭是偶然，锦上添花是必然。云钱包体系不需要人民币是人民币必然选择的原因。2. 只有第一阶段的储值是严格意义上的创新，因为第一阶段是从0增长至1亿，增长的倍数是无限多。而从N至N+1阶段，储值仅仅增长10倍。更为关键的是1×10^{m}亿储值对每个下一家储值者都是金币，给下一家储值者的权利都是以自己的欠条兑换金币和10^{n}利息特别存款权。

表 5　云钱包的股权价值会与储值量同步增长（2^N拓展）

所处阶段	1	2	3	4	5	6	7	8	9	10
人民币预付款（亿）	0.1	1	10	100	……	……	……	……	……	……
订单（亿）	−1	−10	−100	−1000	−10000	−100000	−1000000	……	……	……
金币（亿）	1	10	100	1000	10000	100000	1000000	……	……	……
云钱包股权（亿）	2	20	200	2000	20000	200000	2000000	……	……	……
股权含现金（亿）	0.1	1	10	100	1000	10000	100000	……	……	……

曲则求，求之则不得。直则取，取之则不尽。

《智能社会》论述的所有创新项目都是在曲中求，都是在迎合工业社会的价值观体系。笔者的态度越诚恳，数据越详尽，读者越会觉得创新困难重重，获得成功的彼岸无限遥远。云钱包项目做的是直中取，即使没有一个读者参与，云钱包运维团队亦可以通过传统市场开发手段开启创新。

读者购书支付了费用，笔者有讲清楚问题的义务，让读者有机会获得选择的优先权。至于是否选择，那是读者的自由，与笔者无关。读者可以选择做玩家，亦可以选择做看客。读者可以选择相信，亦可以选择怀疑，这些都是读者自己的问题。